NOS BATAILLES POUR L'ENVIRONNEMENT

DES MÊMES AUTEURS

Code de justice administrative (commenté), LexisNexis, 2019.
Code de l'environnement et autres textes relatifs au développement durable (commentés), LexisNexis, 2019.

CHRISTIAN HUGLO
Méthodologie de l'étude d'impact climatique, Bruylant, 2020.
Déclaration universelle des droits de l'humanité : commentaire article par article (avec Fabrice Picod), Bruylant, 2018.
Le Contentieux climatique, une révolution judiciaire mondiale, Bruylant, 2018.
Avocat pour l'environnement : mes grandes batailles judiciaires, LexisNexis, 2013.
Une société de pollution (avec René Cenni), J.-C. Simoën, 1977.

CORINNE LEPAGE
Guide pratique des élections municipales, LexisNexis, 2020.
À bout de confiance : de la morale en politique, Autrement, 2018.
Le Choix du pire, de la planète aux urnes (avec Dominique Bourg), PUF, 2017.
Tous président !, Les Liens qui libèrent, 2016.
Atlas mondial du nucléaire : une étape dans la transition énergétique, Autrement, 2015.
Les Femmes au secours de la République, de l'Europe et de la planète, Max Milo, 2015.
Les Mains propres : plaidoyer pour la société civile au pouvoir, Autrement, 2015.
L'État nucléaire, Albin Michel, 2014.
La Vérité sur les OGM, c'est notre affaire, Charles Léopold Mayer, 2012.
La Vérité sur le nucléaire, Albin Michel, 2011.
Sans le nucléaire, on s'éclairerait à la bougie, et autres tartes à la crème du discours technoscientifique, Seuil, 2010.
Vivre autrement : essai, Grasset, 2009.
Entre colère et espoirs, ebook, 2019.
Et si c'était elle ?, Michalon, 2006.
Santé et environnement : l'abécédaire, J.-M. Laffont, 2005.
La Politique de précaution (avec François Guéry), PUF, 2001.
Oser l'espérance, R. Jauze, 2001.
On ne peut rien faire, Madame le ministre, Albin Michel, 1998.
Audits d'environnement : législation, méthodologie, politique européenne, Dunod, 1992.

ISBN : 978-2-330-15181-2

CORINNE LEPAGE
ET CHRISTIAN HUGLO

Nos batailles pour l'environnement

50 procès
50 ans de combats

ACTES SUD

À nos maîtres et inspirateurs :
Georges Vedel, Paul Lagarde,
Jehan de Malafosse, Emmanuel du Pontavice,
Jean-Marie Pelt, Paul-François Ryziger,
en témoignage de notre grande reconnaissance.

Aux magistrats visionnaires qui ont pu
nous conseiller et ont su anticiper : Pierre Bellet,
Jean-Paul Costa, Pierre Drai, Jean-Marc Sauvé,
avec gratitude et admiration.

À nos sept petits-enfants, Alix, Clara,
Daniel, Eve, Gabriel, Joseph,
Ruben, ceux qui viendront et leurs descendants,
pour qu'ils sachent ce que nous avons essayé
de faire pour eux et leurs générations.

SOMMAIRE

INTRODUCTION

Pourquoi ce livre, et pourquoi maintenant ?

Nous avons toujours cru que le droit était une force. Nous le croyons encore et sans doute plus que jamais. Peut-être le lecteur sera-t-il dubitatif devant cette affirmation au regard de la violence du monde, de la difficulté du droit et de l'État de droit à s'imposer, de la puissance économique qui peut tout écraser.

Pourtant, nous maintenons ce point de vue. Lorsque nos descendants regarderont les terribles événements qui se sont produits et continuent à se dérouler depuis environ cinquante ans, ils relèveront que, grâce à l'action des juges, le droit a pu s'imposer non seulement comme une véritable force, mais également comme un vecteur important d'innovation de nos sociétés. L'inertie, voire l'aveuglement, face à ce qui nous attend, nous, mais aussi nos descendants, reste encore la règle de l'action politique dominante.

Ce pouvoir innovant et très dynamique du droit de l'environnement est une réalité quand on mesure son émergence : il est devenu majeur alors qu'il y a un demi-siècle, il n'existait pas.

NOTRE OBJECTIF DANS LE CONTEXTE ACTUEL

Majeur ? Mais jusqu'à quel point ? On pourrait aujourd'hui être persuadé que le droit de l'environnement au niveau national est bien établi puisqu'il figure dans un très officiel code de plus de sept cents articles de nature législative (et au moins autant de nature réglementaire) et dans une charte constitutionnelle adoptée en 2004.

On pourrait, de ce fait, en déduire qu'il s'est aisément construit et qu'il repose sur de solides techniques juridiques, qu'il s'agisse de l'obligation de réaliser une étude d'impact en amont d'un projet, d'un système de responsabilité reposant sur le principe pollueur-payeur ou encore de la mise en place d'un système de réparation du dommage écologique figurant d'ailleurs dans le très sérieux Code civil en ses articles 1243 et suivants. Ces techniques font appel à une série d'outils juridiques : planification, concertation, autorisations administratives, etc.

Or, il faut bien se rendre à une triple évidence : premièrement, son émergence a été laborieuse tout au long de ces cinquante années ; deuxièmement, il est loin d'être toujours appliqué sérieusement et efficacement ; et enfin, paradoxalement, il est l'objet de régressions rendues d'autant plus significatives que les crises à répétition liées à la question environnementale deviennent un prétexte à ce recul : par exemple, la suppression des enquêtes publiques au prétexte de la Covid-19.

Comment ne pas admettre aujourd'hui que la crise de la Covid-19 est liée, au moins dans sa force de diffusion, à une crise de la biodiversité et qu'elle est probablement en rapport avec la pollution de l'air ? De même, les crises géopolitiques que nous vivons, jusqu'aux actes de terrorisme, ne sont-elles pas en lien avec l'appauvrissement du milieu naturel et les phénomènes de désertification ?

Voilà pourquoi il nous est apparu indispensable de raconter, de manière aussi vivante que possible, les conditions dans lesquelles les grands principes du droit de l'environnement ont été progressivement consacrés, et ce très largement grâce aux procès qui ont bien souvent précédé les décisions législatives. En tant qu'acteurs de la création permanente du droit de l'environnement, et après cinquante ans d'activité, nous avons souhaité partager avec le plus grand nombre notre expérience, avec ses succès et ses échecs, notre compréhension du fonctionnement du système juridique, judiciaire et sociétal au sein duquel nous évoluons, afin que ce témoignage puisse servir au mieux l'intérêt général.

Ce livre, qui certes peut intéresser les juristes, avocats et magistrats confrontés à des contentieux croissants dans le domaine dit "de l'environnement", ne leur est pas réservé, bien au contraire. Nous pensons en effet que c'est désormais la société civile qui doit s'emparer de ces sujets et qui doit donc être la mieux informée sur ce qui a été fait, sur les jurisprudences ou principes sur lesquels il est possible de s'appuyer, mais aussi sur les stratégies de contournement envisageables face à des réglementations et des comportements dont l'objectif est précisément de rendre si ce n'est impossibles, du moins très difficiles les actions juridiques. Comme le lecteur pourra le constater, les cinquante affaires dont il est ici question, que nous avons sélectionnées parmi celles que nous avons eu l'honneur de mener, témoignent de la diversité des thématiques et de la place croissante du sujet environnemental dans notre vie quotidienne.

LES DÉFIS D'HIER ET D'AUJOURD'HUI

Il y a quarante ou cinquante ans, les questions relatives à l'environnement concernaient des pollutions locales, parfois réversibles, et des sujets dits "de qualité de vie", titre que le ministère éponyme portera quelques années. Le droit de l'environnement était donc celui des pollutions et de la protection de la nature, c'est-à-dire des milieux et du vivant, ou du paysage.

Un demi-siècle plus tard, le droit de l'environnement s'est profondément transformé dans ses fondements, d'abord du fait de l'émergence de principes fondamentaux (principe de précaution, principe pollueur-payeur, principe de participation, etc.) et ensuite du fait de l'existence de très nombreux textes, d'origine internationale, communautaire, nationale ou même parfois locale, destinés à encadrer les activités économiques.

Il s'est aussi transformé dans sa nature :

– D'une part, la question sanitaire est désormais totalement imbriquée dans la question environnementale : symbole s'il en est, au niveau communautaire, la commission du Parlement européen qui traite de ces questions est la commission de l'environnement, de la santé publique et de la sécurité alimentaire (Envi). On peut ajouter que l'un des apports principaux du passage de l'un de nous deux au Gouvernement en tant que ministre de l'Environnement (1995-1997) est précisément l'introduction du volet sanitaire dans les études d'impact, lequel a eu des conséquences extrêmement importantes sur l'appréciation des projets et sur leur légalité.

– D'autre part, le droit de l'environnement a développé des ramifications dans d'autres domaines du droit : énergie, transport, urbanisme, agriculture, produits industriels et modes de production, comptabilité extrafinancière des entreprises, droit des sols, etc. Aucun domaine n'échappe aujourd'hui à la question environnementale. Le vrai sujet est l'ordre des priorités.

Tout cela explique l'intérêt que nous avons vu à raconter, vingt ans après l'adoption du Code de l'environnement et quinze ans après celle de la Charte de l'environnement, l'histoire de la création du droit de l'environnement, comme nous l'avons vécue et comme nous la vivons encore, pour permettre d'en comprendre les enjeux au travers des affaires, c'est-à-dire des combats menés par des hommes et des femmes qui bien souvent, au-delà de leurs intérêts personnels, se sont battus pour ce qu'ils estimaient être le bien commun.

Le tournant que symbolise le passage de l'Holocène à l'Anthropocène (c'est-à-dire l'ère où l'homme est dominant pour l'évolution de planète) est plus qu'historique. L'accumulation de catastrophes à la fois climatiques, sanitaires ou menaçant la biodiversité, mais également les dérives antidémocratiques auxquelles nous assistons nous sidèrent d'autant plus que l'univers médiatique dans lequel nous baignons ne favorise en rien la réflexion et l'esprit critique.

Aujourd'hui, nous avons le sentiment d'être dans une impasse ou encore au bord d'une falaise, de telle sorte que tout pas en avant peut nous paraître fatal. La transformation, nécessaire et donc attendue, nous semble d'autant plus impossible à réaliser : "Nous ne croyons pas ce que nous savons", pour reprendre l'expression remarquable de Jean-Pierre Dupuy[1].

Dès lors, face à ceux dont l'intérêt est évidemment le maintien, le plus longtemps possible, d'un système qui les favorise outrageusement, et qui, de ce fait, sont conduits à formuler des propositions dont le seul objectif est de sans cesse remettre à plus tard les transformations pourtant devenues vitales, la tentation de céder au *business as usual* est grande. À cela s'ajoute la totale incohérence des politiques publiques, nationales et internationales, qui dans le discours invoquent l'urgence mais qui, dans la réalité, ne font rien ou bien peu, voire, comme dans le cas français, reculent.

Il convient en effet de souligner la particularité de la situation française. Le *storytelling* est impressionnant, jusqu'à présenter le président de la République comme un sauveur de la planète. Le malheur est que, depuis trois ans, nous assistons à une déconstruction systématique, à une échelle industrielle, du droit de l'environnement, dont le public a d'autant plus de mal à prendre connaissance que cette politique est en parfaite opposition avec la communication officielle.

Ils ne font pas ce qu'ils disent et ne disent pas ce qu'ils font. Le premier obstacle pour les défenseurs de l'environnement est donc celui de la communication publique, qui doit être

1. Jean-Pierre Dupuy, *Pour un catastrophisme éclairé*, Seuil, 2004.

démontée avant que ne puisse être exposée la réalité, hélas, de plus en plus tragique. Dès lors, en mesurant les conquêtes réalisées au cours des cinquante dernières années, le lecteur pourra comprendre comment, en réduisant le champ d'application des textes sur les études d'impact ou les installations classées, en supprimant les outils de concertation et de participation, en abaissant les normes sous prétexte de simplification, en autorisant les préfets à déroger aux normes sociales et environnementales, en donnant, avec la loi Asap[1], le droit de commencer une construction sans que l'autorisation soit délivrée, en réduisant de manière conséquente le droit des associations à agir en justice, en autorisant massivement les régularisations, c'est toute la construction d'un droit protecteur des ressources et des individus qui est foulée aux pieds.

La réaction ne peut venir que de la société civile et donc des procès engagés contre des dizaines et des centaines d'atteintes à l'environnement qui transforment la vie de nos concitoyens et impactent un peu plus chaque jour une nature qui est en grand danger. C'est la raison pour laquelle cet ouvrage nous semble venir à point nommé pour offrir des outils à tous ceux qui ont décidé de ne pas baisser les bras et, heureusement, ils sont nombreux.

LA GENÈSE DU DROIT DE L'ENVIRONNEMENT : CONSTRUIRE ET RÉSISTER

Si l'on retourne aux sources, le droit de l'environnement est d'abord né d'un droit jurisprudentiel appliquant à la matière environnementale le droit commun, et en particulier celui de la responsabilité. Il faut repartir du principe de base selon lequel,

1. Loi d'accélération et de simplification de l'action publique du 7 décembre 2020.

en application du Code civil napoléonien qui reprend la Déclaration des droits de l'homme de 1789, la liberté consiste à faire tout ce qui ne nuit pas à son voisin ; en découle la responsabilité du pollueur, engagée sur les bases classiques de la responsabilité civile pour faute. Il est donc aisé de comprendre la base du principe pollueur-payeur avant qu'il n'existe sous la forme que l'on connaît aujourd'hui. De même la vieille législation sur les établissements dangereux, incommodes et insalubres, qui date de 1917[1], est-elle à l'origine de notre législation actuelle sur les installations classées, apparue en 1976. La loi de 1917 prévoyait déjà de soumettre les autorisations à la prévention des risques. Les exemples pourraient être multipliés.

La construction qui s'est faite au cours des années a suivi trois directions qui apparaissent très clairement dans la chronologie des affaires telles qu'elles sont présentées dans cet ouvrage.

En premier lieu, un certain nombre de textes spécifiques ont été adoptés concernant l'eau (loi du 16 décembre 1964), les déchets (loi du 15 juillet 1975), les paysages (loi du 8 janvier 1993), le littoral (loi du 16 janvier 1976), le bruit (loi du 31 décembre 1992), les produits chimiques (loi du 12 juillet 1977), les risques (loi du 22 juillet 1987), dont la portée s'est révélée en pratique assez ambiguë.

En effet, d'une part, des règles de protection *ad hoc* ont été créées alors même que des dispositifs procéduraux étaient déjà en place et que des objectifs de sauvegarde de l'environnement avaient été fixés. Les tribunaux ont donc eu à interpréter ces nouveaux textes, ce qui ne s'est pas toujours fait, loin de là, dans l'intérêt de l'environnement lorsque la juridiction suprême qu'est le Conseil d'État a dû se prononcer.

D'autre part – et c'est là toute l'ambiguïté –, un droit dérogatoire au droit commun a parallèlement cherché à protéger

1. Avec un ancêtre : le décret-loi du 15 octobre 1810 complété par l'ordonnance du 15 janvier 1815.

les agents économiques et les collectivités publiques des conséquences que pouvait avoir pour eux l'application de ce nouveau droit. Par exemple, le contentieux nucléaire a été une succession de textes dérogatoires au droit commun, destinés à protéger les acteurs du nucléaire contre les populations et les collectivités publiques en les privant des droits auxquels elles auraient pu prétendre en application des règles habituelles de droit commun.

Dans un autre domaine, celui de l'application du droit pénal, toute la législation a été pensée pour essayer de sortir le droit de l'environnement du droit pénal général, de manière à protéger les acteurs d'une éventuelle responsabilité personnelle, laissant subsister une responsabilité administrative dont en réalité tout le monde se moque car c'est le contribuable qui paie. De plus, au moment où intervient la décision de justice, les auteurs des fautes ont le plus souvent changé de poste, et ce d'autant plus que leur responsabilité aurait pu se voir engagée.

Il faudra attendre le nouveau Code pénal de 1994 pour impliquer la personne morale, en plus de ses représentants, et souvent à leur place.

Un des combats menés a donc consisté à essayer de maintenir l'application du droit commun à l'encontre des acteurs publics et privés en cause lorsqu'au titre des intérêts économiques et politiques en présence, les responsables potentiels étaient parvenus à faire sanctuariser une sorte d'immunité afin de dégager leur responsabilité éventuelle. À cet égard, le procès *Erika* devant la Cour de justice des Communautés européennes (CJCE) est une excellente illustration de la stratégie de contournement que nous avons pu mener.

En deuxième lieu, un corpus de principes fondamentaux a progressivement émergé, dont le caractère impératif était apparu du fait des carences relevées au cours des premiers contentieux : principe pollueur-payeur, principe de précaution, principe de prévention, principe de participation, principe de non-régression du droit de l'environnement, autant de règles de nature constitutionnelle, communautaire et/ou nationale.

Chaque principe a été un combat, mais son application concrète s'est révélée d'autant plus difficile encore que les grands lobbies – soutenus le plus souvent par les pouvoirs publics –, ayant parfaitement compris les risques auxquels ils étaient désormais confrontés, n'ont eu de cesse, par tout moyen juridique, politique, médiatique, de contrebattre ces principes pour essayer d'en obtenir si ce n'est la disparition de l'ordonnancement juridique, du moins la réduction à des cas particulièrement incontestables.

Les temps actuels montrent non seulement que le principe de précaution est d'autant moins appliqué qu'il est invoqué par ses adversaires, mais que, de surcroît, le principe de non-régression devient de plus en plus virtuel. Dès lors, comme pour la démocratie, rien n'est aujourd'hui acquis et le droit du citoyen à un environnement sain et durable doit être défendu. D'ailleurs, le fait qu'il ait été nécessaire d'inscrire dans le droit le principe de non-régression, auquel nous-mêmes étions assez opposés, constituait d'une certaine manière un aveu d'échec. L'objectif de tous devrait être en effet de faire progresser le droit de l'environnement ; or, admettre la nécessité d'un principe de non-régression a pour corollaire le fait de reconnaître qu'il ne progressera plus et que le combat est uniquement défensif[1].

En troisième et dernier lieu, l'internationalisation du droit de l'environnement est devenue un sujet majeur, les pollutions ne connaissant aucune frontière et les sujets touchant à la crise écologique étant devenus planétaires. S'est donc progressivement constitué un droit international de l'environnement, souvent appliqué de manière nationale mais retenant des principes

1. Ce sujet a été au cœur du débat de la fin de l'année 2020 sur la réautorisation des néonicotinoïdes.

et des règles issus soit de conventions internationales, soit de jurisprudences supranationales, soit de règles communautaires.

LES OBSTACLES

Cette construction par étapes s'est encore une fois heurtée à l'opposition parfois frontale, souvent insidieuse, des très grands lobbies et, malheureusement, des États que leurs intérêts contradictoires ont le plus souvent conduits à faire des questions environnementales une variable d'ajustement par rapport aux impératifs économiques, jugés de manière constante prioritaires. La bataille contre les grands intérêts pétroliers, nucléaires, agrochimiques témoigne de la force des combats aux armes forcément très inégales entre les victimes et les lobbies… La considération financière reste toujours extrêmement prégnante. Les procédures peuvent durer des années, voire près de vingt ans dans certains cas, l'objectif étant évidemment de mettre les responsables potentiels à l'abri le plus longtemps possible, mais aussi d'asphyxier les victimes sous des coûts de procédure qui, même s'ils sont modérés, restent hors de proportion pour nombre de personnes physiques.

Cet obstacle, qui peut être dirimant, n'est pas le seul.

En effet, si le droit permet le débat contradictoire et peut donc forcer les différentes parties en présence à produire leurs pièces, les règles de procédure, et en particulier la charge de la preuve reposant sur les victimes, sont un handicap majeur. Car il faut comprendre que les questions environnementales sont des questions très largement scientifiques avant d'être juridiques. Prouver une pollution, en rechercher les causes techniques, établir des liens de causalité sont des obligations juridiques qui ne peuvent être satisfaites qu'avec des expertises et des études scientifiques extrêmement poussées. Comment les obtenir ? C'est un sujet crucial et la compréhension extrêmement rapide que les grands lobbies ont eue de cet impératif les a conduits à organiser la connaissance scientifique de telle sorte qu'elle leur soit profitable. L'exemple le plus parlant est bien entendu celui des pesticides, mais il n'est pas le seul. La technique avait, au départ, été inventée par les cigarettiers et les producteurs d'amiante. La manipulation scientifique, la conquête des comités d'experts publics par la mise en place en leur sein de scientifiques ayant des liens d'intérêt avec l'industrie, la faiblesse croissante des moyens de la recherche publique ont progressivement rendu quasi impossible, et en tout cas très difficile, la preuve issue de la sphère publique. S'y ajoute une extension massive du secret du droit des affaires qui, jointe au prétexte de lutter contre le risque terroriste, conduit à une rétention d'informations de plus en plus considérable, ce qui signifie que le public n'a plus accès à des éléments d'information qui, il y a une dizaine d'années encore, étaient totalement accessibles.

À tout cela s'ajoute un autre phénomène : les stratégies d'intimidation à l'égard des scientifiques et l'utilisation des colloques pour mettre en avant les scientifiques proches des milieux industriels au détriment des scientifiques indépendants, réduits à de prétendus porteurs de *"bad science"*. Or, le sujet est central car, sans preuves scientifiques, il ne peut y avoir de procès, ni pour prouver la responsabilité ni même pour prouver le dommage. Les ouvrages sont nombreux qui exposent et dénoncent parfaitement ces mécanismes, et les procès que nous avons menés témoignent des difficultés que nous avons rencontrées et de la manière dont nous sommes souvent parvenus à les surmonter.

Le troisième obstacle est propre à l'organisation judiciaire française. Non seulement notre Parquet n'est pas indépendant – et par voie de conséquence les règles fondamentales de séparation des pouvoirs ne sont pas respectées –, mais encore et surtout, pour le domaine qui nous occupe, le Conseil d'État a trop longtemps joué un rôle globalement négatif sur le développement du droit de l'environnement. Le lecteur trouvera ici de très nombreuses affaires dans lesquelles le juge de première instance, généralement le tribunal administratif, a jugé positivement en faveur de l'environnement, là où le Conseil d'État s'est souvent montré extrêmement conservateur en inventant des procédures comme la faculté donnée au président de la section du contentieux de suspendre de son propre chef une décision de sursis à exécution prononcée par le tribunal administratif, sans procédure contradictoire.

La fongibilité entre les emplois dans les hauts grades de la fonction publique, les cabinets ministériels, la direction des administrations centrales et la présence au Conseil d'État explique certainement pour une part cet état de fait. À titre d'exemple, nous avons été confrontés, comme nous le verrons, à une ancienne directrice du contentieux d'un ministère, devenue présidente d'une sous-section du Conseil d'État chargée de juger une affaire qu'elle avait eu à connaître dans ses précédentes fonctions… La menace de récusation a porté, mais le malheureux requérant s'est retrouvé condamné à une indemnité sans précédent au titre des frais irrépétibles[1]. Une invitation à ne pas y revenir…

En outre, le Conseil d'État n'a jamais voulu reconnaître le préjudice écologique alors que la Cour de cassation l'a fait en 2012… La jurisprudence du Conseil d'État sur le principe de précaution, après l'arrêt de principe du 15 septembre 1998 sur les OGM, rendu dans l'affaire Novartis, est très restrictive et le Conseil d'État a accepté de promouvoir des procédures ou des jurisprudences destinées à empêcher ou décourager les plaideurs dans de très nombreux domaines qui touchent à l'urbanisme et à l'environnement.

Autrement dit, le Conseil d'État a quelquefois adopté une stratégie de contournement par rapport aux obligations

1. Par "frais irrépétibles", on entend les frais engagés par une partie pour se défendre et qui lui sont alloués par le juge quand elle gagne. Ils sont payés par la partie qui a perdu.

communautaires ou conventionnelles, cherchant à les rendre inapplicables ou encore à permettre la régularisation des procédures dont l'illégalité au fond était incontournable, en particulier au regard des règles communautaires.

En définitive, aujourd'hui, les seules vraies protection dont disposent nos concitoyens sont celle du droit communautaire et, dans une moindre mesure, celle du droit conventionnel, c'est-à-dire de la Cour européenne des droits de l'homme.

Il est clair que, tant que le Conseil d'État acceptera de s'ingénier à contrecarrer tous les progrès que l'évolution des textes pourrait permettre, l'état du droit environnemental en France restera très affaibli. Il n'en demeure pas moins qu'il sait faire preuve d'innovation et d'audace, comme c'est le cas du contentieux climatique dans l'arrêt récent du 19 novembre 2020[1], salué par la critique comme un tsunami juridique.

DÉFENDRE L'ENVIRONNEMENT : UNE LUTTE SANS RELÂCHE

La situation décrite ci-dessus est évidemment d'autant plus inacceptable que la tragédie écologique – car on ne peut même plus parler de crise – met nos vies en péril. De plus, dans une société qui perd le sens, dont l'appétence pour la violence ne cesse de croître, le rôle de la justice est encore plus fondamental.

Dans ces conditions, comment notre expérience et l'acquis des cinquante affaires décrites dans cet ouvrage peuvent-ils être utilisés par tous ceux qui le souhaiteraient ?

Tout d'abord, en comprenant ce qu'est le droit et ce qu'est le rôle d'un avocat. Le droit suit le fait. Certaines nations,

1. Il y a des exceptions qui confirment la règle, comme l'arrêt "Commune de Grande-Synthe" intervenu en novembre 2020, qui consacre la carence climatique du gouvernement. Voir p. 259.

notamment celles relevant des modèles anglo-saxons, ne travaillent qu'avec la culture du précédent. Le droit romano-germanique est plus fondé sur les textes – qui sont très nombreux et souvent contradictoires – mais la jurisprudence trouve toute sa place dans le cas où un problème s'est effectivement posé et n'a pas trouvé de solution évidente dans les textes. La particularité du droit de l'environnement est qu'il s'est construit sur le droit commun que nous avons cherché à appliquer en considération des nouvelles circonstances de temps et de lieu. Or, si le juge dispose, l'avocat propose. Et c'est précisément dans cette tâche de quête de solution, cette volonté de ne jamais considérer qu'une cause est indéfendable parce qu'un texte ou une jurisprudence donnent une réponse négative, que l'avocat peut pleinement jouer son rôle. Imaginer une stratégie de contournement, une nouvelle interprétation d'une règle ou d'une jurisprudence parfaitement connues, retrouver dans les bases du droit, dans les principes fondamentaux, la source d'une réponse à une situation parfaitement inéquitable et insupportable : c'est ce à quoi nous nous sommes attachés tout au long de ce bientôt demi-siècle dans la résolution de ces histoires humaines qui ont constitué des briques de construction du droit de l'environnement.

Notre véritable passion pour le droit dans toutes ses déclinaisons, qu'il s'agisse du droit public, du droit international, des droits de l'homme, du droit de l'environnement et de la justice en général, trouve ses racines dans ce qui est notre éthique personnelle et professionnelle.

La formation professionnelle que nous avons reçue, spécialement pendant de longues années comme collaborateurs d'un avocat au Conseil d'État et à la Cour de cassation, était celle d'avocats de droit public spécialisés, rompus aux contentieux de droit public, en particulier de droit administratif.

Notre objectif était bien sûr et tout d'abord de défendre nos clients, mais aussi de faire progresser la reconnaissance par le juge de ce qui nous paraissait essentiel, à savoir des conditions de vie dignes pour nos contemporains et nos descendants, et le maintien du milieu naturel dans des conditions propres à permettre le respect de la biodiversité et du bien-être animal. Nos convictions relatives à l'écologie ont été forgées de manière différente pour l'un et pour l'autre, mais il s'agissait autant de raisons éthiques – "laisser la maison plus belle en sortant qu'on ne l'a trouvée en entrant", pour reprendre la belle formule de George Steiner[1] – que de considérations liées à la justice la plus élémentaire.

Notre chance et en même temps notre travail ont consisté à investir un certain nombre de disciplines.

Tout d'abord le droit public, lequel, lorsque nous avons commencé à exercer, était le monopole des avocats au Conseil d'État et à la Cour de cassation, et était conçu comme la "chose" du Conseil d'État ; les tribunaux administratifs étaient encore assez proches de ce qu'avaient été les conseils de préfecture[2]. Après la création d'un premier cabinet de l'un de nous dès 1968, notre choix de créer un cabinet de droit public pur en 1978, d'assurer la formation de nos confrères[3], de développer au sein du Conseil de l'Ordre cette discipline, et enfin de mener le combat contre les chambres adjointes du Conseil d'État en 1982 – initiative qui était destinée à faire des chambres adjointes une forme de Canada Dry[4] du Conseil d'État, sans aucune garantie pour les justiciables – nous a permis d'appréhender, de manière assez large, la problématique du juge administratif.

1. George Steiner, introduction à *Éthique et environnement*, actes du colloque du 13 décembre 1996, La Documentation française, 1997.
2. Les conseils de préfecture avaient été créés par la loi du 28 pluviôse, an VIII. Ils étaient les organes juridictionnels administratifs de première instance. Ils sont devenus des organes interdépartementaux par les décrets-lois des 6 et 26 septembre 1926. Les tribunaux administratifs ont été créés en 1953.
3. Avec la réalisation, dès 1974, du livre *Manuel pratique de procédure à l'usage des avocats* (Ordre des avocats de Paris).
4. Le slogan publicitaire de ce soda populaire dans les années 1980 était "Canada Dry est doré comme l'alcool, son nom sonne comme un nom d'alcool… mais ce n'est pas de l'alcool".

Dans le même temps, les syndicats de professionnels se sont mobilisés, une association particulière a été créée par nos soins, l'Association pour le droit administratif et fiscal, qui regroupait plus de deux cents avocats.

L'ensemble, bien coordonné, a permis de convaincre les présidents des commissions des Lois des deux Assemblées de rejeter le projet de création des chambres adjointes, ce qui a entraîné ultérieurement la reprise de la réforme dans une autre perspective, approuvée par le doyen Georges Vedel qui nous avait apporté son aide et son savoir. C'est grâce à cette mobilisation qu'ont été créées les cours administratives d'appel dans plusieurs régions.

La création des cours administratives d'appel, la rédaction du premier Code de procédures administratives contentieuses en 1992, avant même la parution du Code de justice administrative que nous commentons toujours aujourd'hui, la capacité que nous avons eue, grâce à Jean-Gaston Moore, directeur de la *Gazette du Palais*, de publier dans cette revue à partir de 1980 les arrêts du Conseil d'État que nous sélectionnions nous-mêmes ont fait de nous, au-delà de la formation que nous avions reçue chez notre maître commun, Paul-François Ryziger, avocat au Conseil d'État et à la Cour de cassation, de vrais spécialistes du droit public.

Cette expertise nous a, du reste, conduits à ester nous-mêmes en justice pour contester les dispositions qui existaient antérieurement aux années 1980, lesquelles permettaient au président de la section du Conseil d'État de suspendre une décision rendue publiquement par une juridiction tout entière. Ainsi, un célèbre arrêt d'Assemblée du 2 juillet 1982, connu de tous les étudiants de droit administratif, porte notre nom[1]. S'il n'a pas été un succès contentieux, cet arrêt a néanmoins mobilisé les juristes pour améliorer la procédure administrative et la rendre plus équitable, au sens de l'article 6 de la Convention européenne des droits de l'homme.

1. CE, Ass., 2 juillet 1982, Sieur Huglo, *Rec.*, p. 257.

Cette implication dans la pratique et dans la doctrine[1] s'est renforcée avec un investissement intellectuel fort sur le droit de l'environnement. Celui-ci était naissant et avait été inauguré par la bataille dite "des boues rouges de la Montedison[2]". Ce procès fondateur, qui sera longuement examiné dans cet ouvrage, portait déjà en germe les questions du dommage écologique, de l'étude d'impact, de la prévention des dommages sur l'environnement et de la pollution internationale.

Il fallait faire progresser notre formation et notre culture. Cela a été rendu possible par une recherche de perfectionnement doctrinal doublée d'une étude aussi approfondie que possible de la science de l'environnement[3], avec l'aide d'experts biologistes qui nous ont permis d'avoir une vue plus précise de la nature même de la dimension scientifique du contentieux de l'environnement, dont l'ensemble devait être resitué dans toute sa portée et toute sa signification.

La thèse de l'un d'entre nous, soutenue en 1982 et relative à la notion de coût social en droit public, a complété notre formation en sciences biologique, écologique et économique, et a permis de renforcer notre vision du droit naissant dans un ensemble plus vaste.

Nos actions ne se sont pas arrêtées à des études mais nous ont au contraire conduits à des engagements précis dans le cadre

1. Sans être exhaustifs ni prétentieux, notre contribution à la doctrine a été considérable. Outre le *Jurisclasseur environnement*, nous pouvons citer le commentaire du Code de justice administrative et du Code de l'environnement, plusieurs centaines d'articles juridiques publiés dans de nombreuses revues, la participation à plusieurs commissions administratives, un rapport en 2008 sur la démocratie environnementale publié par La Documentation française, de nombreux ouvrages de droit et deux thèses, l'une sur le coût social en droit public, l'autre sur le juge et l'environnement.

2. Voir également Christian Huglo, *Avocat pour l'environnement*, préface de Jean-Marie Pelt et Jean-Paul Costa, LexisNexis, 2013.

3. Il faut rendre ici hommage, notamment, aux ouvrages du Pr François Ramade.

d'événements tels que celui de Tchernobyl, pour lequel nous révélons que l'information sur les effets du nuage radioactif – qui en principe n'avait pas passé la frontière – est arrivée en France notamment par notre intermédiaire, un peu comme les voyageurs du XVIIIe siècle…

L'engagement de l'un d'entre nous en qualité de ministre de 1995 à 1997 a conduit à une confrontation avec la réalité politique et administrative. Cela a également permis une évolution du droit de l'environnement vers le droit à la santé et, à terme, l'intégration des questions environnementales dans le corpus des droits de l'homme.

Mais ce départ pour des fonctions officielles de l'un a entraîné nécessairement un vide contentieux pour le cabinet car l'un de nous deux ne pouvait agir contre l'autre ! Cet assez long intermède dans notre association a été utilisé par l'associé restant pour se perfectionner dans la doctrine et créer, avec le Pr de Malafosse, avec la bénédiction du doyen Vedel et du premier président de la Cour de cassation, Pierre Drai, un *Jurisclasseur environnement* qui comportait à l'époque seulement deux volumes et qui en contient six aujourd'hui.

Ce savoir doctrinal et cette expérience ont permis d'aborder des contentieux redoutables : après celui de l'*Amoco Cadiz* qui a duré de 1978 à 1992, s'est déroulé le contentieux de l'*Erika* dans lequel le travail a été partagé entre le droit pénal, le droit administratif et la réparation du dommage écologique. Ce procès-fleuve, abordé dans la deuxième partie de cet ouvrage, permettra deux révolutions juridiques : l'application du droit des déchets aux pollutions de mer par hydrocarbures et la reconnaissance du préjudice écologique.

Notre association, de 1978 jusqu'à maintenant, avec des associés et des collaborateurs différents, dont certains sont toujours à nos côtés, a permis le développement d'un contentieux systématique de l'aménagement du territoire, de la responsabilité environnementale, et surtout de contentieux très difficiles et techniques comme ceux du nucléaire, des OGM et des produits toxiques comme les pesticides. Cette chance qui nous a été donnée de traiter de nombreuses affaires dans des domaines très variés a permis de véritables innovations.

La Déclaration des droits de l'humanité, pour laquelle nous ne cachons pas notre passion, paraît être le seul texte adapté à l'Anthropocène, équilibrant à la fois droits pour l'humanité et devoirs pour l'homme. Et l'opposition que lui manifestent tous ceux qui veulent éviter un droit efficace est pour nous de très bon augure.

Cette naissance jurisprudentielle puis ce foisonnement du droit de l'environnement résultent des efforts cumulés de personnes ou d'associations, de nous-mêmes et surtout du courage des magistrats, ou tout au moins de la plupart d'entre eux. C'est à eux, ceux d'hier, d'aujourd'hui comme de demain, que nous devons les grandes décisions. Mais, si les avocats ne posent pas les bonnes questions, il est sûr qu'il n'y aura pas de bonne réponse car il n'y aura pas de réponse du tout.

L'avocat, dans ce domaine particulier, a un devoir d'innovation, et un confrère ou tout étudiant, quel qu'il soit, pourra peut-être, à la lecture de ces différentes affaires, s'inspirer de nos expériences pour en faire son propre miel et continuer ce progrès du droit qui doit tellement au juge.

LE JUGE COMME GARANT

La spécificité du procès environnemental repose, à notre sens, sur plusieurs caractéristiques qui expliquent le recours privilégié du citoyen au juge face à des pouvoirs politiques et économiques auxquels il n'a pas les moyens de se mesurer.

D'abord, le juge rétablit une certaine forme d'équilibre entre les parties et devient le garant d'un intérêt général qui s'inscrit dans l'État de droit, lequel évolue en raison des interactions croissantes avec, au premier chef, les juridictions européennes (Cour de justice des Communautés européennes puis de l'Union européenne[1] et Cour européenne des droits de l'homme), mais aussi les autres juridictions nationales confrontées à des questions comparables, voire communes en raison de la planétarisation des sujets environnementaux.

Ce qui explique l'adaptation du juge face aux problématiques posées tient principalement aux points suivants :

– Le juge doit statuer quand il est saisi : à la différence d'un Parlement ou d'un gouvernement qui peuvent enterrer un sujet ou créer une commission, comme le disait Georges Clemenceau[2], un juge saisi doit statuer sous peine de manquement aux devoirs de sa charge (forfaiture).

– Le droit de l'environnement est fondé, à titre principal, sur une science, celle de l'écologie, et sur les sciences de l'environnement en général. Ainsi la procédure devant le juge offre-t-elle la possibilité d'un débat contradictoire à armes égales, comme en matière scientifique !

– Le juge doit motiver sa décision, c'est-à-dire expliquer les raisons de son choix, qu'il fasse droit ou non au requérant.

– La décision du juge est révisable.

Telles sont les raisons essentielles qui, sur le plan technique ou même démocratique, et en tout cas éthique, expliquent le recours au juge et la nécessité pour ce dernier de se confronter à des idées nouvelles qui ne parviennent pas encore à s'imposer.

C'est d'ailleurs précisément cette objectivisation des problèmes et les solutions nouvelles choisies par les juges qui se heurtent à la volonté des États et à celle des grands lobbies, et qui conduisent ces derniers à éviter qu'il n'y soit fait recours. Ceux-là mêmes agitent la menace d'un gouvernement des juges

1. À partir du 30 novembre 2009.
2. “Si vous voulez enterrer un problème, nommez une commission.”

et tentent de dénigrer les procès environnementaux dont l'efficacité est une évidence. C'est ce que cet ouvrage veut démontrer.

Ensuite, l'efficacité judiciaire recherchée est aujourd'hui encore plus grande dans la mesure où le juge international, le juge communautaire et les juges nationaux tirent en réalité dans la même direction. Le mouvement a commencé dans les années 1970 grâce aux juges de premier degré qui ont commencé à faire pencher la balance de leurs jugements en faveur de l'environnement.

Sans doute peut-on se demander pourquoi les juges se sont quand même prononcés en ce sens, alors que le droit formel n'existait pas. C'est l'aspect technique du sujet qui nous a interrogés et l'un d'entre nous l'a abordé dans sa thèse de droit[1].

C'est enfin et surtout une question de démocratie car le juge est celui qui est toujours et en permanence au service de l'intérêt général et du bien commun.

Il peut se tromper et se rectifier mais sa décision, émanant d'une autorité indépendante par principe, reste une *parole* au sens noble du terme. C'est par cette parole que le droit de l'environnement a été écrit et qu'il continuera d'évoluer, de s'adapter et de se transformer.

Une société sans droit de l'environnement puissant, aux niveaux local, national et planétaire, serait évidemment condamnée.

1. Christian Huglo, *Le Juge et l'environnement*, thèse soutenue le 11 janvier 1994, université Paris II.

Première partie

LA MISE EN PLACE DES OUTILS DU DROIT (1970-1995)

Lorsque commencent les grands procès environnementaux dans les années 1970, il n'y a pas à proprement parler de droit de l'environnement. Il faut donc inventer mais rester dans les limites de ce qui est possible.

Comment ? En utilisant le droit commun tant sur le plan procédural que comme règle de fond. Au fil des années, l'utilisation du droit commun va apparaître comme étant la garantie même de l'application du droit tant aux ressources naturelles qu'aux individus. En effet, les États et les industries chercheront à créer un droit dérogatoire, qui leur soit particulièrement favorable et qui permette de polluer et de nuire sans que le juge puisse s'y opposer. Une des réponses apportées par la jurisprudence a été précisément l'émergence de principes généraux propres au droit de l'environnement qui étaient autant de principes protecteurs, souvent issus du droit naturel ou de la traduction de l'idée d'intérêt général, et qui, progressivement, sont devenus des dispositions législatives, voire conventionnelles.

Cette première étape permettra donc d'aborder les grands sujets de l'environnement tels qu'ils sont apparus entre 1970 et 1995, en utilisant les textes généraux existants, puis de mettre en exergue les conquêtes permises par ces procès sur les plans du droit communautaire et national.

Les bases de la construction législative (loi sur l'air de 1961, loi sur l'eau de 1964) ont commencé à se mettre en place dans les années 1960. Mais jusqu'à la fin des années 1970, date des grandes lois environnementales françaises, et avant les premiers textes importants au niveau communautaire, le droit de l'environnement, c'est-à-dire un droit reconnaissant l'environnement comme valeur, est né de procès qui, comme déjà évoqué, ont permis d'appliquer le droit commun aux grands sujets environnementaux.

Cela n'a pas été sans mal dans la mesure où les grands pollueurs, sans parvenir aux extrémités actuelles, avaient parfois pris les devants et disposaient très souvent d'une législation ou d'une réglementation particulières destinées précisément, à l'époque, à les mettre à l'abri de toute procédure, qu'elle soit sur le fondement de la légalité ou de la responsabilité. C'est notamment le cas des pétroliers ou de l'industrie nucléaire.

Historiquement, c'est la question de la pollution des mers par les produits chimiques et par les hydrocarbures qui s'est posée en premier. Puis la pollution chimique des fleuves et la question des déchets se sont imposées dans le débat. Avec l'entrée en vigueur du programme nucléaire français et son droit dérogatoire édicté grâce à la puissance du lobby nucléaire en France, un combat pour le respect d'un minimum de règles s'est engagé. Enfin, les grandes opérations d'urbanisme d'aménagement et d'infrastructures, comme les aéroports, ont conduit à rechercher un équilibre avec la protection de l'environnement qui a progressivement obtenu quelques succès.

I

PREMIÈRE VICTIME DE LA POLLUTION : LA MER

Ce n'est pas un hasard si les grands procès ont commencé par la mer. Considérée comme une poubelle par les pollueurs de toute nature, la mer présentait pour ces prédateurs l'intérêt d'être un espace international, rendant très difficile, voire impossible, l'implication des États, lesquels de surcroît participaient allègrement à la pollution *via* les déchets nucléaires jusqu'en 1973 où leur immersion a été interdite, mais maintenue *de facto* jusqu'en 1978. Les autorisations de polluer étaient délivrées sans discernement dans le meilleur des cas, quand autorisation il y avait. Il n'est donc pas surprenant que les premiers acteurs de la lutte contre les pollutions marines aient été les pêcheurs et les villes côtières.

1. L'AFFAIRE MONTEDISON, 1972-1985 : LES BOUES ROUGES AU NIVEAU INTERNATIONAL

Première prise de conscience de la responsabilité environnementale

Faits et procédures

L'affaire qui a opposé la Corse à la société Montedison pour des déversements toxiques au large du cap Corse est une des plus importantes dans le processus de la création et du développement du droit de l'environnement. C'est une affaire fondatrice sur le plan juridique et très marquante sur le plan politique, puisque c'est probablement la première fois que l'on a vu des collectivités publiques de toutes tendances politiques se coaliser contre un ennemi commun : le pollueur.

Cette affaire est triplement majeure :

– Elle a mis fin au mythe de la mer conçue comme une poubelle industrielle en reconnaissant clairement la compétence du juge national pour une atteinte à l'environnement dans la mer internationale.

– Elle a vu l'apparition de la reconnaissance du dommage écologique dans sa première version.

– Elle a été une des sources et portes d'entrée du droit communautaire de l'environnement.

Quelle est l'histoire ? La société italienne Montecatini Edison, en abrégé Montedison, était, dans les années 1970, l'une des plus grandes sociétés de produits chimiques italiennes. Elle a décidé de créer à côté de Scarlino, sur la côte toscane, une usine qui fabriquait du dioxyde de titane à partir d'un minerai australien, l'ilménite, ce qui impliquait le déversement quotidien de 3 000 tonnes de déchets composés d'acide sulfurique, de métaux, d'oxyde de fer, éléments évidemment tous toxiques pris ensemble ou séparément.

Après une protestation des collectivités riveraines italiennes du fait du déversement opéré par pipelines dans la mer territoriale, les industriels italiens ont eu la bonne idée de déverser les déchets dans la mer internationale, par barges spécialement conçues à cet effet. Le point de déversement choisi a été celui dit "haut-fond des Veuves", lieu de pêche privilégié des marins pêcheurs de Bastia, connu à la fois pour sa dangerosité et sa richesse en poissons. Pourquoi se gêner ?

Solidaire des marins pêcheurs et voyant une atteinte grave à leur environnement marin, la Corse – qui est une île, il faut le rappeler – s'est révoltée et a interpellé les pouvoirs publics qui ont, à leur tour, saisi l'État italien, lequel leur a répondu que les Français faisaient pire encore et la même chose au moins. Ce n'était pas forcément faux et cela montre qu'en règle générale, les États ne sont pas les meilleurs défenseurs de l'environnement. Toute action diplomatique pour la conservation de la mer internationale s'est donc révélée impuissante.

Il fallait innover et la Corse grondait. Des opérations "île morte" ont été montées avec succès par le Dr Simeoni, parmi d'autres personnalités dont certaines prendront des responsabilités dans le mouvement autonomiste.

C'est dans ces conditions que, contacté par les grandes organisations associatives de Corse puis par les départements, l'un de nous deux a déposé plainte en Italie pour pollution de la mer. En effet, la loi italienne du 14 juillet 1965 prévoyait des poursuites pénales pour atteinte à la vie et à la conservation des poissons de mer, même si cette atteinte avait été commise dans la mer internationale.

L'interprétation de la loi a permis d'avoir juridiction en Italie[1]. Après la saisine des navires par la justice italienne et le blocage de ceux-ci en septembre 1973, un procès s'est déroulé à Livourne du 4 au 27 avril 1974 et le président de la société Montedison a été condamné à des peines de prison avec sursis.

Le Parlement italien devait immédiatement amnistier les coupables… Une première qui sera suivie de quelques autres.

Le procès s'est alors ouvert en France avec une question nouvelle : la juridiction française était-elle compétente alors qu'il s'agissait d'infractions commises au large de l'Italie par des Italiens ? Le juge français de première instance s'est reconnu compétent, ce qui a été confirmé par la Cour de cassation le 5 avril 1978. Un principe fondamental était ainsi reconnu : même si le délit est commis dans la mer internationale, dès lors que la pollution concerne la mer nationale, le juge local est compétent et il l'est en particulier pour l'évaluation du dommage (jugement avant dire droit[2] du 8 décembre 1976).

1. Il s'agit de la loi italienne sur la protection de la pêche en mer de 1965.
2. Par "jugement avant dire droit", on entend une première décision statuant sur la compétence avant de trancher l'affaire au fond.

Un jugement au fond, dont il n'a pas été fait appel, a été rendu le 5 juillet 1985 après une expertise démontrant la toxicité et surtout l'atteinte à la vie marine par la méthode des chaînes alimentaires.

La somme allouée aux marins pêcheurs (175 000 francs) constituait une indemnisation pour dommages causés au milieu et leurs conséquences ; celle des collectivités corses, plus que symbolique (500 000 francs), était l'indemnisation d'un dommage moral ayant des conséquences sur le plan économique, et sur ce que l'on peut appeler leur image de marque.

Apports de l'affaire

La procédure a mobilisé les efforts des collectivités corses aidées par la Ville de Marseille et la Ville de Nice. La tournure internationale donnée à ce procès a été accompagnée de la création de l'Union des villes de la Méditerranée. Cette organisation a lutté pendant plusieurs années pour la protection de ce milieu fragile, protection consacrée en partie par le droit international et les quatre conventions dites "de Barcelone" de 1976, relatives à la protection de la mer Méditerranée.

Parallèlement, les démarches pour réguler la production de dioxyde de titane en Europe ont abouti et la première directive européenne sur ce sujet date de 1978. Il convient de souligner l'importance de ce texte dans la mesure où, à l'époque, la Communauté économique européenne (CEE) ne disposait d'aucune compétence en matière environnementale.

Comme on le verra ci-dessous, le procès Montedison est un procès fondateur. Il a permis le développement de la responsabilité environnementale des grands groupes industriels par la prise de conscience du dommage écologique, d'une part, et de la nécessité de le prévenir par une étude d'impact, d'autre part. Ce procès marque également l'importance des expertises scientifiques car, en l'espèce, sans les expertises réalisées au sein de la faculté des sciences de Paris et les travaux du Pr Drach et de son assistante, Denise Viale, les effets et les conséquences d'une pollution marine n'auraient pu être analysés.

Ce procès aura finalement duré plus de treize ans et aura permis un développement du droit de l'environnement et de la mer face au droit des transports maritimes et à celui des déversements en mer. Il s'agit donc incontestablement d'un procès fondateur du droit de l'environnement dans toutes ses dimensions, nationale, communautaire et internationale.

2. L'AFFAIRE DE LA BAIE DE SEINE ET LE REJET DES BOUES JAUNES ET ROUGES[1]

Les boues rouges au niveau national : le bras de fer avec les hautes juridictions

Faits

Il n'y a pas que les Italiens qui polluent ! La baie de Seine est un milieu fragile et, dans les années 1970-1980, elle était également atteinte par d'importantes pollutions chimiques liées à des activités industrielles installées à Rouen et au Havre. Les marins pêcheurs du Havre et de la baie de Seine étaient menacés par ce que l'on appelait les "boues jaunes" et les "boues rouges" semblables à celles de la Montedison, comme l'avaient été les marins pêcheurs corses.

Le déversement des boues rouges s'effectuait au moyen d'un pipeline de plusieurs centaines de mètres qui débouchait dans la baie de Seine. L'usine Thann et Mulhouse[2] rejetait en mer, quotidiennement, 400 tonnes d'acide sulfurique, 160 tonnes de sulfate de fer et 18 tonnes de divers solides comprenant plusieurs métaux lourds, notamment du fer, du titane, du zinc, du plomb, du cuivre et du cadmium.

1. Sur ces sujets, voir Christian Huglo, *Avocat pour l'environnement*, *op. cit.*
2. Cette usine, installée au Havre, fabriquait du dioxyde de titane, lequel est utilisé comme pigment blanc des émaux blancs recouvrant les meubles de cuisine.

Les boues jaunes correspondent aux résidus des phosphogypses qui servent de base à la fabrication des engrais pour l'agriculture. Le déversement des phosphogypses était effectué par l'entreprise Rhône-Poulenc Industries et par la société Azote et produits chimiques (APC). Les produits chimiques étaient déversés au moyen de barges à clapets et, à l'instar de l'usine de la Compagnie française de l'azote (Cofaz), par pipeline installé également à l'embouchure de la Seine, à proximité des rejets de l'usine Thann et Mulhouse.

Pour obtenir les phosphogypses, il faut recourir à l'acide phosphorique qui s'obtient par addition de l'acide sulfurique au phosphate minéral. Cette opération chimique génère un résidu non soluble constitué en majeure partie par du sulfate de calcium, ainsi qu'un certain nombre d'éléments insolubles et de métaux lourds contenus originellement dans le minerai utilisé. Ces déchets résultant du processus de production sont également présents dans les rejets.

Certains prélèvements devaient montrer que, même à plusieurs centaines de mètres du point de rejet, les concentrations étaient létales pour la faune et la flore marines. De plus, les travaux du Pr Drach avaient montré que les rejets en grande quantité d'acide sulfurique entraînaient la catalyse des métaux lourds, c'est-à-dire les rendaient absorbables par le vivant, ce qui est donc, évidemment, extrêmement dangereux pour la vie et la santé des poissons, et à plus long terme pour la santé des humains qui les consomment.

Toutes ces grandes entreprises, essentiellement françaises, généraient, il va de soi, un nombre d'emplois assez important, c'est-à-dire environ 300 à 600 emplois au minimum pour chacune d'entre elles.

Bien entendu, on peut réfléchir sur l'utilité des engrais chimiques pour l'agriculture ou celle du dioxyde de titane pour rendre le revêtement des cuisinières ou des frigos encore plus blanc, mais là n'est pas la question. À l'époque, ce n'était pas le sujet. En revanche, et avant même la question de l'atteinte au milieu, c'est l'existence même des 400 marins pêcheurs – environ une centaine au Havre et 300 du côté de la baie de Seine et de Honfleur – qui était en cause, ainsi que tous les emplois induits par leur activité[1].

Il est vrai que le procès Montedison avait marqué les esprits et que ce qui était judiciairement possible au Sud devait pouvoir l'être dans le Nord. C'est dans ces conditions que le Comité des pêches de Honfleur et le Syndicat des marins pêcheurs du Havre et de la baie de Seine ont décidé d'engager les procédures qui paraissaient les plus utiles.

Stratégie mise en place

La politique judiciaire dite "de la tenaille" que nous avions inventée, c'est-à-dire l'attaque directe des autorisations administratives et la plainte pénale simultanée, fut mise en place.

Ce choix s'explique aisément. En effet, dans tout procès relatif à la pollution, les questions de la preuve et de l'expertise sont déterminantes puisque les autorisations administratives constituent à elles seules une réelle apparence de légalité des rejets. Il faut toujours, en pareil cas, remonter et, surtout, démonter les raisonnements scientifiques qui ont conduit à la délivrance de ces autorisations puis saisir le juge pénal pour infraction.

Du point de vue de l'application du droit pénal, les choses n'étaient pas évidentes car, en matière de pollution marine, il n'existait à l'époque qu'un simple décret du 31 décembre 1912 modifiant les grands textes de 1852 sur la pêche marine, qui réprimait la mort du poisson en mer par pollution d'une simple contravention de cinquième classe.

1. Un nombre d'emplois induits de l'ordre de plusieurs milliers si l'on comptait les réparateurs de bateaux, les commerçants poissonniers, les restaurants, les entités touristiques : les marins pêcheurs pouvaient dire qu'ils protégeaient plus que leur propre emploi.

Techniquement, il n'est pas possible de déposer une plainte avec constitution de partie civile sur la base d'un texte contraventionnel. L'instruction n'est obligatoire qu'en matière de crime. Elle est facultative en matière de délit et elle n'est quasiment jamais pratiquée ou est moins praticable pour les contraventions, sauf accord du procureur de la République qui en réfère à l'époque au ministre de la Justice.

Quant aux autorisations administratives, elles sont données sous forme d'arrêtés très complexes et précis, qui sont susceptibles de recours dans le délai de deux mois suivant leur publication au recueil des actes administratifs.

Mais, en l'occurrence, les arrêtés avaient été publiés uniquement dans le département de la Seine-Maritime et non pas du côté de la rive sud de la baie de Seine. Aucun délai n'avait donc commencé à courir à l'encontre de ces arrêtés pour les marins pêcheurs du Calvados.

Difficultés rencontrées au niveau des juridictions supérieures

Il s'avère que la mise en place de ces procédures, tant administrative que pénale, a donné lieu à des incidents tout à fait extraordinaires, qui ont révélé des dysfonctionnements aussi bien au niveau de la procédure administrative devant le Conseil d'État qu'au niveau de la Cour de cassation, pour la procédure pénale. Le mot "dysfonctionnements" est faible. C'est un véritable thriller qui s'est ici joué : leur puissance permettait aux industriels d'obtenir des juges suprêmes, ainsi que de l'État, des décisions qui non seulement constituaient une forme d'abus de droit, mais témoignaient en outre de leur capacité à passer par pertes et profits des dispositions de droit commun qui pouvaient être appliquées à l'environnement.

Pour une fois, ce n'est pas la question du lien de causalité entre les rejets et les dommages qui a été la plus délicate. Pour la partie scientifique et la démonstration du caractère polluant des rejets et de la nécessité de réparer le préjudice des marins pêcheurs, il n'y eut pas beaucoup de difficultés. Toute la base documentaire qui avait été utilisée lors du procès de la Montedison a servi au procès de la baie de Seine avec, en prime, le rapport parlementaire du sénateur Virgile Barel qui avait pris fait et cause pour l'affaire corse, étant lui-même élu des Alpes-Maritimes. Des experts privés furent mobilisés, comme le Pr Chassé, qui sont venus apporter leur contribution à la démonstration du caractère polluant tant des boues rouges que des boues jaunes.

Le tribunal administratif de Rouen pour la partie administrative et le tribunal de police du Havre, pour le volet pénal, ont l'un et l'autre parfaitement rempli leur mission. De plus, le procureur de la République du Havre est venu en personne à l'audience du tribunal de police pour soutenir l'accusation.

C'est la question de la durée de la toxicité qui a été au cœur de tous les débats et la thèse des marins pêcheurs, solidement étayée, permettait de l'emporter assez facilement.

Pour l'anecdote, on rappellera cette réplique savoureuse de l'un d'entre nous à un de nos excellents confrères qui soutenait que les poissons pouvaient survivre cinq minutes au moins dans un milieu pollué : "Je suppose dans ces conditions que vous avez prévu d'acheter une montre pour chacun d'eux !"

S'agissant de la procédure administrative, il faut rappeler ici qu'à l'époque, et cela reste vrai en partie aujourd'hui[1], on ne pouvait obtenir la suspension d'une autorisation administrative par le simple dépôt du recours. Il fallait déposer ce qu'on appelait alors une requête aux fins de sursis à exécution[2], qui ne pouvait

1. La procédure a évolué ; le référé-suspension a remplacé le sursis à exécution qui permettait la suspension de la décision en cas d'urgence et avec un moyen sérieux. Le référé-liberté peut permettre également la suspension d'une mesure en quarante-huit heures s'il est porté atteinte à un droit fondamental, une liberté publique. Les décisions de référé-suspension sont susceptibles, selon le cas, d'appel ou de cassation ; dans les deux cas, il s'agit d'une décision juridictionnelle rendue au terme d'une procédure contradictoire.

2. En droit français, les recours ne sont pas suspensifs. Pour obtenir qu'une décision prise ne s'applique pas, il faut un jugement de suspension de cette autorisation. Pour qu'un tel jugement puisse intervenir, le demandeur doit prouver à

être accordée par le juge administratif que si, outre la démonstration du caractère sérieux des moyens[1] soutenus par le recours, l'urgence de la suspension était nécessaire et évidente en l'espèce.

Dans les années 1970-1980, on présentait et on obtenait le sursis à exécution d'un tribunal administratif en formation ordinaire de jugement et, à l'issue d'une procédure contradictoire, un jugement motivé. Or, il existait à l'époque une procédure au Conseil d'État selon laquelle le président de la section du contentieux pouvait suspendre un jugement du tribunal administratif par une ordonnance non motivée et à la suite d'une procédure non contradictoire, donc confidentielle (ce qui n'est pas vraiment représentatif, c'est le moins que l'on puisse dire, de l'idée que l'on peut se faire d'un procès équitable). C'était là une survivance d'une forme de droit divin du Conseil d'État qui pouvait, hors de toute enceinte contradictoire, rendre une décision selon son bon vouloir.

Ce qui devait arriver arriva : le juge de première instance a appliqué le droit. Le tribunal administratif de Rouen a en effet, une première fois, suspendu les autorisations administratives, suspension qui fut confirmée d'ailleurs par une ordonnance civile du président du tribunal des référés du Havre.

Mais, quelques jours après, le Conseil d'État suspendait le jugement du tribunal administratif de Rouen, réduisant à néant la procédure de suspension des autorisations. La pollution pouvait continuer allègrement. Merci, monsieur le président de la section du contentieux du Conseil d'État !

Pour le moins étonnés par cette procédure, nous engageâmes une action au Conseil d'État contre son existence même, qui se termina par un arrêt d'Assemblée (la plus haute formation

la fois l'urgence et le bien-fondé de sa requête. Aujourd'hui, le sursis à exécution est devenu le référé-suspension ; les conditions ont évolué mais ne sont pas profondément différentes.

1. Le terme "moyen" est utilisé dans le langage juridique comme synonyme d'argument susceptible de démontrer l'illégalité d'une décision.

du Conseil d'État) du 2 juillet 1982, qui porte notre nom et que tous les étudiants connaissent[1]. Pour éviter d'aborder la question de ce que l'on peut appeler la "justification du procès non équitable", le Conseil d'État eut alors l'idée de faire soutenir par son commissaire du Gouvernement l'argument suivant lequel la décision de suspension du sursis à exécution du président du contentieux n'avait pas pour but de supprimer les effets d'un jugement mais de rétablir le caractère exécutoire de l'autorisation administrative…

Le barreau et les syndicats de la juridiction administrative se sont émus, puis ont protesté, et cette procédure a finalement disparu du nouveau Code de justice administrative. Mais, sur le terrain des événements, le mal était fait, les rejets pouvaient continuer tant que dureraient les contentieux.

C'est pourquoi il fut alors nécessaire de faire progresser très rapidement la procédure pénale contre les entreprises avec demande de réparation civile. L'affaire fut rondement menée et les marins pêcheurs furent accueillis dans leurs demandes tant pénales que civiles par le tribunal de police du Havre.

Appel fut interjeté par les entreprises devant la cour d'appel de Rouen qui confirma la condamnation pénale, ce qui les entraîna à saisir la Cour de cassation.

Miracle et stupéfaction ! Pendant que la procédure pénale était instruite devant la chambre criminelle de la Cour de cassation, le ministère de l'Environnement décida de modifier le texte d'incrimination, le fameux décret du 31 décembre 1912, ce qui entraîna automatiquement ce que l'on appelle l'"abrogation *in mitius*[2]", qui rendait alors vaine toute procédure pénale fondée sur l'ancien texte, le nouveau étant considéré comme nécessairement meilleur que le précédent…

1. CE, Ass., 2 juillet 1982, Sieur Huglo, *Rec.*, p. 257, et *Gaja*, 15e éd., p. 835.
2. Lorsqu'une infraction fait l'objet d'une peine adoucie en cours de procédure, le prévenu bénéficie de cette atténuation qui s'applique de manière rétroactive.

Mais ce n'est pas là la seule surprise. Alors que la cour d'appel de Rouen avait rendu son arrêt et nommé un expert pour évaluer le préjudice, la Cour de cassation décida, sans être saisie du pourvoi contre l'arrêt civil, d'annuler la décision de ladite cour d'appel[1] ! Les juridictions supérieures s'étaient donc liguées pour étouffer les procédures et les décisions des juges de première instance. Cette situation provoqua une forte colère des marins pêcheurs qui bloquèrent les régates de Deauville et le port du Havre, un peu comme l'avaient fait leurs homologues corses.

Peu de temps après, miraculeusement, les rejets des boues rouges ont été ramenés à un niveau beaucoup moins inacceptable et les déversements de phosphogypses ont purement et simplement cessé car l'ensemble des résidus a été stocké à terre.

Il n'est pas sûr que la baie de Seine, et loin de là d'ailleurs, ait retrouvé aujourd'hui une qualité du milieu supérieure car le port autonome de Rouen a décidé, au cours de l'année 2016, d'y envoyer ses boues de dragage. Le procédé est tout à fait discutable et les premiers résultats de la procédure n'ont pour l'heure pas prospéré[2].

Quelques leçons à tirer

Cette bataille de la baie de Seine constitue incontestablement un symbole en soi de l'indifférence par rapport à la protection de la qualité écologique du milieu marin. D'abord, c'est l'ignorance de l'importance des milieux fragiles par les autorités administratives et judiciaires de haut niveau qui frappe l'esprit. Puis apparaît la question de fond : que vaut la constatation de la fragilité et du caractère exceptionnel d'un milieu face à des intérêts à court terme ? Même si, finalement, a été obtenu

1. Une note a été publiée notamment sur ce point par le Pr J. H. Robert, *Revue de sciences criminelles*, 1986, p. 882.

2. En effet, le tribunal administratif de Rouen, saisi d'un recours contre l'autorisation de déverser ces boues de dragage, a rejeté le recours en suspension pour absence de moyen sérieux. Le recours au fond n'est pas encore jugé.

un résultat concret – le stockage et le recyclage des déchets –, on était encore loin de l'idée de l'économie circulaire... mais c'était le premier pas.

La seconde constatation que l'on peut faire, c'est que l'efficacité des procédures du contentieux de l'environnement a finalement commencé à progresser. En revanche, le procès a révélé que l'organisation de l'État était peu satisfaisante, car dans tous les cas, encore aujourd'hui, le ministère de l'Environnement reste chargé de défendre les pollueurs devant la juridiction administrative puisque c'est grâce aux autorisations délivrées que le mécanisme fonctionne.

Il n'en reste pas moins que c'est pratiquement toujours le juge de première instance qui, comme on le constate aujourd'hui dans le contentieux climatique, reste le plus attentif à cette nouvelle définition de l'intérêt général que l'on dénomme "développement durable".

3. TIOXIDE OU L'ÉTAT S'EN MÊLE

Comment l'État peut mettre par terre "sans y toucher directement" des procédures fondées en droit et en fait

Faits et procédures

Dans la catégorie des rejets polluants dans la mer, boues rouges et boues jaunes, il ne faut pas oublier les rejets de l'usine de la société Tioxide qui était installée près de Calais, au bord de la Manche. En fait, cette usine produisait deux fois plus de rejets que celle de Thann et Mulhouse du Havre.

Ayant relevé l'intérêt pour eux des procès de la Montedison et de la société Thann et Mulhouse, les marins pêcheurs de Grand-Fort-Philippe, soutenus par la Ville de Grand-Fort-Philippe, se sont constitués en association. Deux procédures furent mises en place suivant la tactique dite "de la tenaille" que nous avons déjà évoquée, c'est-à-dire l'ouverture simultanée d'une procédure pénale et d'une procédure administrative.

Sur la première partie de la mâchoire, à savoir le contentieux administratif, les juges de première instance nous donnèrent raison puisqu'un jugement du tribunal administratif de Lille réuni en assemblée obligea la société Tioxide à réviser ses autorisations et à réduire sa production, et par conséquent ses rejets.

Le raisonnement était simple. La réglementation prévoyait que l'excès du potentiel hydrogène (pH) lié aux rejets chimiques massifs, et en particulier d'acide sulfurique, devait être neutralisé. Les mesures effectuées à une distance de plus de 150 mètres du point de rejet devaient être nécessairement comprises à l'intérieur des limites prescrites par une instruction ministérielle datant du 30 juillet 1953 (qui commandait à l'époque toutes les procédures de rejets des installations classées). Pour que le pH soit neutre, il fallait qu'il respecte une fourchette comprise entre 6,5 et 8,5[1]. Cette limite n'était absolument pas respectée, et l'Administration le savait parfaitement en raison des relevés obligatoires qui étaient effectués. Mais, bien entendu, l'État fermait les yeux.

Ultérieurement, et donc sur la deuxième partie de la mâchoire, c'est sans difficulté que le juge d'instruction de Boulogne-sur-Mer décida de recevoir la plainte avec constitution de partie civile des marins pêcheurs et d'ouvrir une information pour pollution de la mer.

L'une des difficultés majeures consistait à trouver un expert suffisamment compétent dans le ressort du tribunal. L'Institut supérieur des pêches maritimes ne pouvait être retenu car il est un institut d'État[2] et les différents laboratoires connus sur

1. Le pH ou potentiel hydrogène peut être basique ou acide. Autour de 7 il est neutre, c'est-à-dire ni basique ni acide.

2. En l'espèce, un institut d'État ne pouvait être regardé comme un organisme indépendant.

le sujet n'étaient pas extraordinairement pointus. C'est alors que le juge d'instruction désigna un laboratoire privé, celui de Wimereux, qui avait déjà travaillé abondamment sur ce type de sujet.

Les inculpations[1] devaient intervenir, la procédure pénale s'enclenchait. Tout était en place pour arriver à une situation acceptable qui aurait abouti à un règlement amiable, à long terme favorable à l'environnement, comme cela s'était vu dans l'affaire de la Rosselle évoquée plus loin dans cet ouvrage[2].

Mais, catastrophe ! il se trouva que, dans le courant du mois de juillet 1980, nous fûmes convoqués par le juge d'instruction qui déplora le fait que le document recueillant la prestation de serment des experts qu'il avait nommés avait purement et simplement disparu pendant la période des vacances ! Faute d'un tel document, la procédure d'expertise était nulle. La chambre d'accusation de la cour d'appel de Douai, tout en regrettant cette erreur lamentable, ne put qu'annuler l'ensemble de la procédure. Toute plaidoirie était inutile, il fallait tout recommencer : des années de travail étaient anéanties.

La ficelle était très grosse. La "disparition" ne s'était probablement pas faite toute seule. On peut se demander si la pièce a été égarée ou volée. L'idée d'engager la responsabilité de la justice dans un tel cas et de se lancer dans une nouvelle procédure est vaine. En effet, il s'agit ici de personnes qui sont déjà victimes de la pollution et qui souffrent de pertes et de dommages, il n'est pas sérieux de les engager dans une telle voie.

Le dispositif d'attaque du dossier s'épuisait et finalement disparaissait. Mais les tours de passe-passe n'étaient pas terminés.

Quelques années plus tard, en 1986, le Conseil d'État, saisi de l'appel du jugement du tribunal administratif annulant les

1. À l'époque on ne parlait pas de "mise en examen" mais d'"inculpation".
2. Voir p. 77-79.

autorisations de la société Tioxide, rendit sa décision. Pour donner satisfaction à celle-ci, ledit Conseil d'État considéra tout simplement que la circulaire du 30 juillet 1953, sur laquelle les premiers juges avaient fondé leur décision[1], n'avait aucune valeur réglementaire[2]. C'est un scandale absolu car entre 1953 et 1985, date de l'arrêt du Conseil d'État, toutes les autorisations de rejets dans le milieu aquatique ont été systématiquement fondées sur ce texte, qu'il s'agisse du milieu aquatique d'eau douce ou d'eau de mer. Et ce même Conseil d'État avait déjà eu l'occasion de se prononcer sur des autorisations délivrées sur cette base sans jamais mettre en cause la qualité juridique de cette circulaire !

Ainsi, pour sauver la société Tioxide, la haute juridiction administrative n'a pas hésité à anéantir purement et simplement toutes les autorisations de dizaines et de centaines d'industries auxquelles on avait imposé ce texte.

Les marins pêcheurs de Grand-Fort-Philippe n'avaient pas la force de bloquer le port du Havre ou les régates de Deauville-Trouville et la procédure s'enfonça tout bonnement dans le sable.

Ce qu'il faut retenir

L'effet de la procédure mise en place fut tel qu'il empêcha la délivrance de nouvelles autorisations de rejets. Mais ce n'est pas la seule chose qu'il faut retenir de cette affaire.

Il faut également souligner qu'alors, les juridictions supérieures ne suivaient pas du tout sur la question environnementale. Il a fallu attendre trente ans pour que le dommage écologique soit reconnu par la Cour de cassation dans l'affaire de l'*Erika*. On ne pouvait donc à ce moment-là que compter

1. CE, 17 janvier 1986, Société Tioxide, n° 05863.

2. C'est un double scandale. Cela signifiait que l'État était dans l'illégalité absolue depuis plus de trente ans. Mais cela signifiait aussi que le Conseil d'État, qui n'avait jamais soulevé le problème, le faisait au détriment de l'équité la plus élémentaire et de l'environnement pour satisfaire l'industrie.

sur la sensibilité des juges de première instance aux questions sociales et environnementales.

Mais tout n'est pas là. Il faut dire sans crainte que l'État n'est pas un honnête homme[1] et qu'il arrive que ses juridictions suprêmes ne brillent pas par leur courage et tout simplement leur volonté d'appliquer le droit. En revanche, les juridictions de premier degré ont très vite compris l'importance du sujet et ont accepté d'appliquer les règles de droit commun, ce qui a conduit à des solutions tout à fait satisfaisantes. De leur côté, pendant trop longtemps les juridictions suprêmes n'ont pas fait preuve d'innovation.

4. LA MARÉE NOIRE DE L'*AMOCO CADIZ*
La mer toujours… mais polluée par le pétrole

Pour apprécier l'importance de cette affaire, il faut rappeler que la Bretagne avait déjà subi l'affront d'une première marée noire désastreuse en 1967 (affaire du *Torrey Canyon*), à propos de laquelle les communes bretonnes s'étaient vu refuser toute indemnisation[2]. Cette marée noire avait été suivie de deux incidents plus petits mais significatifs : l'échouement de l'*Olympic Bravery* en février 1976 et le naufrage du *Boehlen* sur l'île de Sein en novembre de la même année.

Le cabinet avait été consulté sur ces différentes affaires, lesquelles n'avaient pas pu aboutir à de véritables procédures, excepté des expertises. Mais il fallait attendre pour faire parler le droit. Ce fut l'affaire de l'*Amoco Cadiz*, la marée noire la plus importante qu'a connue la Bretagne.

1. Selon le baron Joseph-Dominique Louis (1755-1837), jadis ministre des Finances : “L'État doit être le plus honnête homme de France.”
2. Voir l'arrêt de la cour d'appel de Rennes du 3 juillet 1969 – affaire Commune de la Baule.

Faits
Le 16 mars 1978, vers 21 heures, le navire *Amoco Cadiz*, pétrolier libérien de 220 000 tonnes, s'échouait sur les côtes de la Bretagne nord, à Portsall, malgré de vaines tentatives de remorquage. Il y perdait sa cargaison, du pétrole brut venant d'Arabie saoudite et destiné à être déchargé au port de Rotterdam.

Les faits, révélés ultérieurement grâce aux procédures américaines, devaient démontrer que les causes du naufrage étaient dues à la fois à la mauvaise conception et surtout au mauvais entretien de l'appareil à gouverner. Le système hydraulique avait été obstrué par des chiffons. Dépourvu de l'usage du gouvernail, le navire n'avait pu être sauvé par le remorqueur allemand venu à son secours et son échouement était alors devenu inéluctable. Mais, à l'époque, on accusait le remorqueur et l'État…

La marée noire qui en est issue a donc couvert plus de 400 kilomètres de côtes, ce qui a nécessité des opérations de nettoyage gigantesques, l'Administration faisant appel à l'armée et aux bénévoles. En juillet 1978, une bonne partie du pétrole brut avait été ramassée. Le dommage écologique avait d'ores et déjà été consommé. En subissaient les conséquences les communes touchées et leur population permanente ou temporaire, les ostréiculteurs, les marins pêcheurs, les commerçants, les hôteliers et restaurateurs ainsi que les associations de protection de la nature et de défense des oiseaux.

Un challenge juridique
D'un point de vue juridique, l'affaire apparaissait sans solution… En effet, la convention instituant les Fonds internationaux d'indemnisation pour les dommages dus à la pollution par les hydrocarbures (Fipol), qui devait être mise en œuvre ultérieurement (affaire du *Tanio* en 1980 et affaire de l'*Erika* en 1999), n'avait pas été ratifiée ni, bien entendu, instituée. Il existait une convention dite "de 1969" sur la responsabilité civile pour les hydrocarbures, mais les voies judiciaires offertes

par cette convention et les indemnités espérées face à ce système juridique très protecteur du droit maritime (puisqu'il faut démontrer la faute personnelle du propriétaire qui, en l'espèce, était libérien) n'offraient aucune opportunité.

Au surplus, l'enquête pénale ouverte devait bloquer logiquement toute procédure civile puisque, dès juillet 1978, la chambre d'accusation de la cour d'appel de Rennes avait inculpé les principaux protagonistes sur la base d'un texte dérisoire (une simple contravention prévue par un décret du 31 décembre 1913). Ainsi, l'ouverture de cette procédure entraînait l'application de la règle "Le pénal tient le civil en l'état[1]".

On pouvait, au mieux, espérer au bout d'une dizaine d'années un premier résultat du côté de la juridiction pénale sur la base de la procédure ouverte à Brest, puis de longues années de procédure civile sans espoir tangible de recouvrement...

Il fallait donc innover et rechercher les responsabilités premières. Celles-ci se trouvaient aux États-Unis puisque le navire libérien *Amoco Cadiz* était la propriété de la société internationale Amoco International, elle-même filiale du groupe Standard Oil of Indiana, toutes deux basées à Chicago.

La voie était toute tracée pour le procès. Il fallait attaquer sur le terrain de l'adversaire. Plus facile à dire qu'à faire ! D'abord, il n'y avait aucun précédent, l'État était totalement opposé à une procédure spécifique des collectivités locales et, bien que nous ne mesurions pas le coût d'une telle procédure aux États-Unis, nous savions qu'il fallait mobiliser des moyens considérables. Pour donner une idée de la pression qui s'exerçait sur nous-mêmes et sur les élus, en l'espace de quelques mois deux plaintes furent déposées contre nous au Conseil de l'Ordre. Elles n'aboutirent

1. Ancien adage du droit français qui résumait une disposition du code de procédure pénale suivant laquelle, quand il était jugé de la même affaire devant les deux juridictions, le procès civil était suspendu en attente du jugement pénal. Ce principe visait à éviter tout risque de décisions contradictoires.

évidemment pas puisque aucune faute professionnelle n'avait été commise, mais c'était une manière de faire pression sur nous, jeunes avocats (on rappellera qu'à l'époque Corinne Lepage avait vingt-sept ans, Christian Huglo pas vraiment beaucoup plus, elle avait prêté serment en 1975 et lui fin 1968…).

Une organisation hors norme

Le procès aux États-Unis, pour une affaire de cette dimension, se fait devant un tribunal fédéral au sein duquel on peut écarter la présence d'un jury, ce qui a été fait pour des raisons évidentes[1], mais on ne peut échapper à l'application des règles de procédure fédérales qui sont extraordinairement détaillées et très lourdes à gérer. Cette procédure, de type accusatoire, est cependant une aide puissante quand il s'agit de remonter la chaîne des responsabilités dans des affaires aussi complexes que celle de l'*Amoco Cadiz* où l'on trouve un navire libérien, des sociétés américaines, des assurances anglaises, un propriétaire de la cargaison néerlandais, un remorqueur allemand, un chantier espagnol et des victimes françaises qui se comptaient ici par milliers.

Si l'État français faisait le procès de son côté, les Bretons avaient décidé d'engager, fin août 1978, un procès massif aux États-Unis : deux départements, plus de 80 communes et environ 3 000 commerçants, hôteliers, ostréiculteurs et marins pêcheurs.

Un procès aux États-Unis commence toujours par la procédure d'enquête sur les faits, sur les personnes et sur les biens en cause[2], et par la mise en évidence de preuves qu'il faut renouveler à l'audience devant le tribunal. La procédure promet ainsi d'être bien longue.

Par ailleurs, il fallait résoudre, en tout premier lieu, la question du financement du procès et écarter les avocats au

1. Il était très aléatoire de présenter un cas de victimes françaises devant un jury populaire américain, par définition non concerné par la pollution, mais qui pouvait être soucieux de défendre une compagnie américaine.

2. Dite "procédure de découverte" *(discovery)*.

pourcentage (puisque, si cela avait été le cas, près de la moitié des indemnités environ serait passée entre leurs mains). Pour gérer cela et financer le cabinet américain chargé des procédures (le cabinet Curtis & Prevost), il a fallu créer un établissement public spécialisé, le Syndicat mixte du littoral nord-ouest de la Bretagne, dont nous avions rédigé les statuts avec le conseil d'André Lepape, maire de Trébeurden et vice-président de la Caisse des dépôts. Il convenait non seulement de choisir un cabinet compétent et renommé, mais surtout de constituer un "état-major" de personnalités du monde du droit, destiné à appuyer le procès en France, le Pr Emmanuel du Pontavice, Geneviève Viney, et surtout le Pr Paul Lagarde (aidé du Pr Fadlallah) et le doyen Georges Vedel. Ceux-ci sont venus nous prêter leur concours infiniment précieux. Le doyen Vedel devait devenir, au cours du procès sur les dommages devant le juge fédéral de Chicago, le témoin de droit de l'État français et des collectivités bretonnes.

Finalement auront lieu, de 1978 à 1992, deux procès en un. Le procès de première instance de Chicago a été divisé en deux parties, l'une sur la responsabilité, l'autre sur les dommages. La première fut très fructueuse, la seconde beaucoup plus hasardeuse.

La première partie a permis de faire apparaître, grâce à la procédure d'enquête, ce que nous n'aurions jamais trouvé en France et, grâce à la consultation des documents adverses, que le pétrolier en question consommait beaucoup trop de liquide hydraulique et qu'il aurait dû faire des réparations qui avaient été perpétuellement différées par l'armateur pour des raisons financières.

Ce qui est extraordinaire dans le jugement sur les responsabilités du 17 août 1984, c'est avant tout la condamnation de la maison mère pour les agissements des sociétés qu'elle détenait : le groupe Standard Oil a donc été condamné avec ses filiales. On soulignera qu'en France en 2019, la condamnation de la mère pour les filiales n'est toujours pas possible à quelques exceptions mineures près[1] !

Il restait à organiser la deuxième partie du procès, face aux efforts décuplés de l'adversaire. Les indemnités ont été réduites en première instance et, heureusement, considérablement augmentées devant la Cour fédérale d'appel de Chicago qui devait statuer définitivement le 20 janvier 1992. Après pratiquement quatorze ans de procès, la maison mère, responsable pour ses filiales, a dû payer à l'État plus de 1 milliard de francs et aux Bretons, pris dans leur ensemble, près de 220 millions de francs, ce qui équivaut au total à un peu plus de 200 millions d'euros[2].

Quels enseignements pour ce procès marathon ?

D'abord, une victoire symbolique très importante pour le droit de l'environnement. En effet, parmi toutes les affaires de marées noires ou de pollutions qu'ont connues les États-Unis et qui ont été lancées à l'initiative de victimes étrangères (par exemple les victimes indiennes dans l'affaire de Bhopal), toutes ont échoué. La seule qui soit parvenue à terme est celle de l'*Amoco Cadiz*.

La deuxième victoire concerne, comme nous venons de le voir, la responsabilité de la maison mère pour les filiales : cette reconnaissance marque la condamnation du système des pavillons de complaisance. La décision de la Cour fédérale de Chicago a créé un précédent qui a bénéficié à l'ensemble des Américains. La France ou l'Europe n'en ont que très peu tenu compte, sauf exceptions rarissimes (notamment dans certaines circonstances dans le droit de la pollution des sols).

1. Le devoir de vigilance créé par la loi Sapin 2 est très en deçà d'une responsabilité des sociétés mères pour leurs filiales.
2. Le procès a été relaté avec plus de détails dans Christian Huglo, *Avocat pour l'environnement*, *op. cit.*

Le troisième enseignement concerne l'étendue des dommages, et en premier lieu l'obligation de rembourser intégralement les services publics qui ont procédé au nettoyage, que ce soit ceux des collectivités locales ou ceux de l'État. Cette solution n'était pas évidente à l'époque et même aujourd'hui, vingt-cinq ans plus tard, elle ne se retrouve pas intégralement dans la jurisprudence internationale[1].

Enfin, l'affaire de l'*Amoco Cadiz* a eu une grande influence sur la réforme du Code pénal de 1994, qui a institué la responsabilité de la personne morale à côté de la responsabilité personnelle des dirigeants sociaux poursuivis pour des infractions en matière d'environnement.

Si, finalement, le dommage écologique n'a pas été consacré par le tribunal de Chicago, c'est uniquement par manque de précédent en France car il n'existait qu'une seule décision, celle du tribunal de première instance de Bastia (voir l'affaire Montedison, p. 41-45). Mais dans l'affaire de l'*Erika*, vingt ans plus tard, grâce à l'expérience acquise par l'affaire de l'*Amoco Cadiz*, celui-ci a enfin été reconnu par la cour d'appel de Paris, puis par la Cour de cassation dans sa décision du 25 septembre 2012. Aujourd'hui, cette obligation de réparer le dommage écologique figure dans le Code civil à la suite de la loi du 8 août 2016, dite "Loi pour la reconquête de la biodiversité, de la nature et des paysages".

Pour en terminer, il faut rendre un hommage particulier au sentiment de solidarité dont a fait preuve toute la Bretagne face à une telle catastrophe.

L'histoire du naufrage de l'*Amoco Cadiz*, qui a donné lieu à plusieurs ouvrages et plusieurs films, a été considérée comme

1. Ainsi, la Cour internationale de justice a rendu récemment un arrêt qui ne prend en considération ce type de dommage qu'à la condition que les services publics en cause aient engagé des actions exceptionnelles : CIJ, 2 février 2018, Costa Rica c/ Nicaragua, indemnisation due par la république du Nicaragua à la république du Costa Rica, rôle général n° 150.

un élément marquant de l'année 1978. Il est entré dans les mémoires tant en raison de l'importance de la pollution, qui a endeuillé la Bretagne et marqué profondément les Français, qu'en raison du succès remporté grâce à la détermination sans faille des victimes bretonnes contre ce qui était à l'époque une des Sept Sœurs[1].

1. On appelait les "Sept Sœurs" (titre de l'ouvrage d'Anthony Sampson, Alain Moreau, 1976) les sept plus grandes compagnies pétrolières à l'époque : BP, Texaco, Gulf Oil, Royal Dutch Shell, Standard Oil of New Jersey, Standard Oil of California et Standard Oil of New York.

II

LES POLLUTIONS CHIMIQUES DES EAUX FLUVIALES NE CONNAISSENT PAS DE FRONTIÈRES

La pollution des mers a été le premier nid de contentieux parce que les États et les industriels considéraient généralement qu'il s'agissait d'une poubelle dans laquelle tout pouvait être déversé et que le système d'autorisation était particulièrement léger. Et, lorsqu'il ne l'était pas suffisamment, comme dans l'affaire de Tioxide, le Conseil d'État se permettait de l'écarter purement et simplement.

La pollution des fleuves, et notamment des fleuves transfrontaliers, s'est révélée plus délicate dans la mesure où la victime pouvait être un autre État, qui n'avait aucun intérêt économique à la pollution mais qui, au contraire, avait un intérêt économique et financier à ce qu'elle disparaisse. C'est exactement ce qui s'est produit avec l'affaire de la pollution du Rhin par les potasses d'Alsace.

5. LE PROCÈS DES COLLECTIVITÉS NÉERLANDAISES CONTRE LES MINES DE POTASSE D'ALSACE ET L'ÉTAT FRANÇAIS

Un véritable procès-fleuve qui dura trente ans

Le procès de la pollution du Rhin, qui a opposé des collectivités néerlandaises aux Mines de potasse d'Alsace et à l'État français, est, à tous les sens du terme, un procès-fleuve : par sa durée, par sa dimension et par les procédures mises en œuvre, mais aussi au sens propre du terme puisqu'il concernait la salubrité de ce grand fleuve mythique qu'est le Rhin.

En ce qui concerne la durée, il s'est passé effectivement presque trente ans entre le moment où, en 1979, les premiers recours ont été déposés contre les autorisations de rejets des Mines de potasse d'Alsace et le moment où le Conseil d'État a rendu, en 2007, sa décision hésitant à confirmer le jugement du tribunal administratif de Strasbourg qui avait condamné l'État français à régler 30 millions de francs de dommages et intérêts au profit des parties néerlandaises et de la Ville d'Amsterdam en particulier[1].

Un procès-fleuve encore par les procédures puisque toutes – qu'elles soient pénales, civiles ou administratives, qu'il s'agisse de référés civils et administratifs ou d'expertises – ont été mises en œuvre pour obtenir un seul et même résultat : l'arrêt des rejets des saumures (ou chlorures) dans le Rhin à l'initiative des Mines de potasse d'Alsace.

Faits et procédures

Le procès, c'est celui de l'eau pure du Rhin et c'est, si l'on peut dire *au plan symbolique*, le procès de la solidarité européenne en matière d'environnement. En effet, la Hollande a conquis environ un tiers de son territoire sur la mer et elle n'a que très peu de nappes phréatiques. Pour s'alimenter en eau potable, elle doit utiliser l'eau du Rhin qui traverse d'abord la Suisse, puis la France, l'Allemagne, avant d'arriver en Hollande.

Pour des raisons sanitaires, on ne peut pas tolérer dans l'eau potable distribuée aux populations un taux de pollution de plus de 350 milligrammes par litre d'ions chlorures par seconde. Pour en limiter à grands frais les inconvénients, les collectivités hollandaises ont mis en place un dispositif

1. CE, 26 juillet 2007, n° 282177.

très sophistiqué d'épuration et de stagnation des eaux dans les dunes qui bordent le littoral de la mer du Nord et ont tenté en même temps de limiter l'atteinte des conduites d'eau, composées de fonte dont la corrosion est accélérée par l'arrivée massive de sel.

D'où provenaient ces chlorures ? Tout simplement de la production des Mines de potasse d'Alsace qui n'épuraient en aucune façon leurs rejets.

Les Mines de potasse d'Alsace, qui ont disparu depuis 2005, ont été constituées sous la forme d'une société anonyme filiale à 100 % de l'établissement public industriel et commercial de l'État, Entreprise minière et chimique. Le site des Mines de potasse d'Alsace était basé dans la région de Mulhouse, au bord du Rhin, et avait pour activité essentielle la production de potasse. Cette société extrayait du sous-sol alsacien la potasse brute et la traitait en vue de sa commercialisation. L'opération industrielle consistait à plonger la sylvinite extraite du sol dans des bacs de dissolution remplis d'eau froide et saturés de chlorure de potasse. Le mélange, porté à ébullition puis refroidi, permettait d'en extraire la potasse pure. Le reste, considérable, était rejeté directement dans le Rhin sans aucun traitement (ce que ne faisaient pas, de l'autre côté du Rhin, les industriels allemands).

L'augmentation de la population en Hollande et la persistance de la pollution des eaux du Rhin avaient logiquement conduit les autorités hollandaises à promouvoir, dans les années 1970, un étrange traité, dit "traité du Rhin", qui rassemblait la Hollande, l'Allemagne, la France et la Suisse. Selon ce traité, les Hollandais acceptaient de verser d'énormes sommes d'argent aux entreprises polluantes, et en particulier à l'État français, pour résoudre la question de la pollution issue des Mines de potasse d'Alsace. 30 millions de francs ont été effectivement versés à cette époque. La contrepartie était tout aussi délétère pour l'environnement puisqu'il s'agissait d'injecter ces saumures dans le sous-sol alsacien.

On soulignera que, pour l'État comme pour l'industriel, il n'était alors pas question d'obliger ce dernier à traiter convenablement ses déchets. Le résultat est qu'aujourd'hui encore, les mêmes déchets que ceux des Mines de potasse, provenant des Salines de Nancy, sont un problème environnemental majeur pour la ville de Metz et sa région. À l'époque, soucieuses de leurs ressources en eau, les collectivités locales avaient refusé l'injection des saumures dans le sous-sol en eau profonde et en particulier dans la Grande Oolithe[1], et ce afin de préserver l'avenir. La décision d'injection fut annulée par le tribunal administratif puis confirmée par le Conseil d'État. Cette décision était donc acquise, mais les rejets dans le Rhin continuaient et de surcroît, tranquillement, l'État français conservait les 30 millions de francs. Ce n'était évidemment pas du goût des Hollandais !

Le procès a donc été conduit par la province du Nord de la Hollande, la Ville d'Amsterdam, toutes les sociétés de distribution des eaux et toutes les associations de gestion des eaux de la Hollande.

Une procédure s'imposait, à savoir, avant tout, rechercher l'annulation des décisions administratives permettant les rejets et éventuellement ouvrir une information pénale à Mulhouse pour pollution des eaux. Un tel procès supposait un certain nombre de précautions et donc de justifier en particulier de l'intérêt à agir des collectivités néerlandaises et de leur droit à se constituer partie civile en France, ce qui a été reconnu assez rapidement par la Cour de cassation et sa chambre criminelle.

Mais il fallait des résultats. Le 27 juillet 1983, le tribunal administratif de Strasbourg considéra que les autorisations de rejets étaient illégales pour le simple motif que l'État français aurait dû prendre en considération les effets sur l'environnement

1. Formation géologique sédimentaire, présente dans le département du Haut-Rhin et qui renferme de l'eau chaude et minéralisée.

à l'étranger de ses décisions d'autorisation de rejets dans un fleuve international. Incontestablement, c'était là une innovation qui était en quelque sorte la suite logique de l'affaire de la Montedison déjà évoquée et de l'affaire de la rocade de La Baule qui sera traitée plus bas[1]. C'est à partir de cette décision qu'un véritable bras de fer s'est engagé entre les collectivités néerlandaises et l'État français.

Pour éviter les conséquences de l'annulation de la décision des rejets et la fermeture des Mines de potasse d'Alsace, l'État français a appelé la section des travaux publics du Conseil d'État[2] au secours, laquelle a alors inventé, début août 1983, le concept de "décision de régularisation". L'idée était simple : lorsqu'il y a annulation d'une décision de rejet ou d'une décision d'exploitation d'une installation classée pour la protection de l'environnement, l'Administration peut délivrer immédiatement un ordre de régularisation qui permet à l'industriel de continuer son activité comme si de rien n'était. En réalité, si régularisation il y a, elle ne pourrait résulter que de la délivrance d'une nouvelle autorisation donnée dans des conditions régulières et après une procédure régulière. Rien de tel dans l'innovation du Conseil d'État. Il s'agit en toute simplicité de passer outre à la chose jugée et de donner une prime à la pollution. Cela passe difficilement en France. Cela passe encore plus mal dans des démocraties occidentales qui ont un rapport à l'État de droit un peu plus rigoureux que le nôtre.

Par un arrêt de section du 14 avril 1986, le Conseil d'État a validé les principes qui étaient soutenus en première instance par le tribunal administratif[3]. Cependant, les régularisations

1. Voir p. 41-45 et 122-125.

2. Le Conseil d'État comporte deux grandes divisions qui en principe sont indépendantes : l'une rassemblant les sections administratives (travaux publics, sociale, finances et intérieur) et l'autre étant constituée de neuf chambres de jugement réunies sous la dénomination "section du contentieux".

3. Voir recueil des arrêts du Conseil d'État, p. 116.

continuaient, les annulations prospéraient de plus belle, ce qui fit que les collectivités néerlandaises étaient pratiquement abonnées, en quelque sorte, à des décisions d'annulation du tribunal administratif de Strasbourg qui restaient évidemment sans effet…

C'est alors que furent entreprises, contre les Mines de potasse d'Alsace, des actions civiles en dommages et intérêts qui eurent un certain succès puisque le tribunal de Mulhouse accorda à l'époque aux collectivités néerlandaises la somme de 4 millions de francs à titre de provision, qui fut aussitôt versée mais rapidement bloquée par la chambre d'appel des référés de la cour d'appel de Colmar : le nationalisme local devait l'emporter contre l'intérêt de "ces étrangers".

Une première plainte pénale, qui avait été confiée à une juge d'instruction, fut frappée d'amnistie. La seconde fut anéantie par un arrêt de la chambre d'accusation[1] de la cour d'appel de Paris statuant en correctionnel.

Mais il n'en restait pas moins que les Mines de potasse d'Alsace avaient poursuivi leurs rejets sans autorisation pendant la période comprise entre le moment où le jugement du tribunal administratif du 27 juillet 1983 avait pris effet et celui où les arrêtés préfectoraux de régularisation étaient intervenus. Ceux-ci ne pouvaient pas, quoi qu'il en soit, intervenir rétroactivement.

Une expertise en profondeur fut diligentée à la requête du juge d'instruction par le tribunal de Paris. Un expert fut nommé, M. Flaugnatti, qui rendit, après plusieurs voyages et expertises en Hollande, un avis fort motivé concluant à des dommages et intérêts sérieux au bénéfice des collectivités néerlandaises. Curieusement, on retrouvait dans ses conclusions les mêmes chiffres de 30 millions de francs. Ce rapport, fort important et utile, fut effectivement utilisé dans des procédures

1. La chambre d'accusation est l'organe d'appel des décisions du juge d'instruction.

administratives en dommages et intérêts, comme dans la procédure pénale.

S'agissant de la procédure pénale, et pour sauver encore une fois les Mines de potasse d'Alsace, la cour d'appel de Paris accepta, à la demande du ministère public, de classer l'affaire à partir d'un raisonnement fondé sur l'idée selon laquelle, quand les responsables des Mines de potasse d'Alsace avaient demandé les autorisations administratives, ils n'avaient pas eu conscience de ce que ces demandes aboutissaient à des décisions illégales et ne pouvaient, dans ces conditions, avoir eu l'intention de commettre le délit de pollution des eaux… Autrement dit, quand un délinquant demande à pouvoir continuer de commettre son délit, il n'a pas conscience qu'il commet ce délit…

Les Mines de potasse d'Alsace étaient encore une fois sauvées. Mais rien n'empêche un requérant de demander des dommages et intérêts sur un même sujet dès lors que la cause juridique est différente.

C'est alors qu'une procédure de dommages et intérêts dirigée, cette fois, contre l'État fut entreprise devant le tribunal administratif de Strasbourg qui avait entériné le rapport de l'expert et condamné l'État à 30 millions de francs de dommages et intérêts.

La cour administrative d'appel de Nancy annula le jugement, et au Conseil d'État les débats furent très vifs puisque les conclusions du commissaire du Gouvernement (aujourd'hui le rapporteur public) furent très favorables aux collectivités néerlandaises. Un long délibéré clôtura l'affaire, hélas, par une décision de rejet qui fut rendue en 2009.

Entre-temps, les Mines de potasse d'Alsace furent fermées et le combat judiciaire cessa.

La pollution, elle, avait pu perdurer pendant vingt ans. Les tours de passe-passe juridiques inventés par nos plus hautes juridictions l'avaient permis et la France avait gardé 30 millions de francs qui ne lui appartenaient pas, et c'est avec raison que les autorités néerlandaises furent bien réticentes à restituer les sommes qui lui avaient été attribuées à la suite du jugement du tribunal administratif de Strasbourg.

Enseignements de l'affaire

Des conclusions assez claires peuvent être tirées de ce marathon judiciaire. Tout d'abord, l'émergence de nouveaux principes de droit. Ensuite, l'inapplication du droit en France dès lors que l'État estime que sont en cause des intérêts essentiels (même pas majeurs) et l'acceptation corrélative par les juges suprêmes de faire œuvre d'"innovation" juridique – c'est-à-dire de ne pas hésiter à tordre le droit – pour s'affranchir du droit commun et faire prévaloir les intérêts industriels.

Premièrement, donc, le succès de cette affaire réside dans l'émergence de nouveaux principes de droit : le premier est relatif à la consécration de la règle selon laquelle un État, pour prendre une décision en matière d'environnement, doit considérer ses effets à l'étranger. Cette idée se retrouve également dans la directive de 1985 n° 85/337 sur les études d'impact, aujourd'hui modifiée, et dans la convention d'Espoo, convention internationale sur les études d'impact internationales.

En outre, un droit d'accès à la justice et un droit à l'environnement pour les étrangers ont été consacrés par la jurisprudence dans l'attente de conventions internationales, comme la convention d'Aarhus[1], et de l'évolution du droit européen de l'environnement.

Deuxièmement, l'affaire de la pollution du Rhin est une affaire symbolique car l'on voit que les questions que l'on peut qualifier d'intérêt général tant pour l'État que pour la

1. La convention d'Aarhus, du 25 juin 1998, est une convention internationale qui reconnaît les droits fondamentaux à l'environnement pour les citoyens, c'est-à-dire le droit à l'information, le droit à la participation et le droit à une justice équitable en matière environnementale.

population, à savoir la protection de l'eau, ont du mal à s'imposer face à une industrie inféodée à l'État, lequel n'hésite pas à travestir les procédures du droit pour protéger ses intérêts économiques. L'État n'est plus alors arbitre, il est à la fois juge et partie, et défenseur principal camouflé de l'entreprise qui est sa propriété. Cette situation traduit parfaitement la difficulté qu'il y a à faire émerger l'État de droit en France.

6. L'AFFAIRE DE LA POLLUTION DU RHIN PAR L'USINE SANDOZ DE BÂLE, DITE "AFFAIRE TCHERNOBÂLE"

Quand les pompiers éteignent un incendie et suscitent une pollution chimique

Faits et procédures

L'accident eut lieu en novembre 1986. Il s'agit d'un cas de pollution massive du Rhin à la suite d'un incendie survenu dans l'usine Sandoz de Bâle, connu d'ailleurs sous le vocable d'"incendie de Schweizerhalle" ou encore "de Tchernobâle" puisque les faits sont survenus quelques mois après l'explosion aussi dramatique que spectaculaire de la centrale nucléaire de Tchernobyl.

Même s'ils ne sont pas vraiment comparables, les faits sont graves puisque des produits chimiques de l'usine Sandoz ont été accidentellement déversés en quantité massive dans le Rhin.

Il a toujours été difficile de savoir quelle était la cause exacte de ce déversement : le manque de vigilance en ce qui concerne la maîtrise des mécanismes de lutte contre l'incendie ou encore l'action des pompiers intervenant vigoureusement pour éteindre cet incendie et causant indirectement la pollution du Rhin.

Ce qui est certain, c'est que, pendant plusieurs jours, il a été absolument impossible de pomper de l'eau du Rhin pour alimenter en eau potable toutes les communes riveraines de

Suisse, d'Alsace, d'Allemagne et pire encore en ce qui concerne la Hollande. Comme on l'a déjà indiqué, le tiers de ce pays dépend pour l'eau potable essentiellement du Rhin puisqu'il n'a pas de nappe phréatique. Pendant plusieurs jours, les Hollandais ont dû vivre sur leurs réserves en attendant que la pollution s'élimine dans la mer, et pourtant il fallait bien gérer le quotidien.

C'est ainsi qu'a été mise en place une technique de correspondance entre les avocats des collectivités hollandaises et celui des Mines de potasse d'Alsace. Le dialogue qui s'est établi, audelà du contentieux, a permis d'éviter toute difficulté et de prévoir le retour à la normale au bout de quelques semaines.

Cette pollution massive a créé une grande émotion en Alsace puisque c'est là que les principales ressources en eau potable des collectivités ont été le plus gravement atteintes.

Pour obtenir réparation du dommage, il fallait mettre en place un puissant dispositif contentieux déjà utilisé dans l'affaire de l'*Amoco Cadiz*, c'est-à-dire établir la chronologie et la géographie des faits au moyen d'une procédure rapide que l'on appelle "requête aux fins de constat d'urgence[1]", telle qu'elle était en vigueur à l'époque devant la juridiction administrative. Celle-ci aurait pu être mise en place devant le tribunal administratif de Strasbourg. Il fallait ajouter à cela ici, pour des raisons de recherche de causalité, une procédure pénale par le biais de l'ouverture d'une instruction. Celle-ci fut confiée au juge Sengelin, fort actif dans le domaine de la pollution. Il mit en place une procédure pénale internationale avec la coopération de l'Allemagne et de la Suisse, dans un premier temps.

1. Il s'agit d'une procédure prévue par le Code de justice administrative qui permet de faire nommer de façon non contradictoire un expert en quelques jours chargé de constater des faits de façon contradictoire. Il ne peut rechercher ni les causes ni les responsabilités et peut se faire communiquer tout document utile.

Or, le cabinet du ministre de l'Environnement, à l'époque Alain Carignon dont le chef de cabinet était avocat, devait en décider autrement et lança alors une procédure de règlement amiable faisant intervenir les assurances suisses.

C'est dire que le procès pénal n'eut qu'une certaine durée. L'information ouverte à la requête de la Chambre syndicale des pêcheurs à la ligne avait pourtant permis assez rapidement d'engranger le maximum d'éléments de fait significatifs, grâce à la coopération judiciaire efficace qui s'était établie entre le procureur de la Suisse, le procureur de l'Allemagne et le juge d'instruction, coopération à laquelle le cabinet a collaboré activement.

C'est ainsi, au passage, que le procureur général de la Suisse apprit aux Français que la Suisse et l'Italie avaient engagé des pourparlers très fructueux avec l'Union des républiques socialistes soviétiques (URSS) pour aboutir à régler l'affaire de Tchernobyl ! Il en allait de même pour l'Allemagne. Or, comme par extraordinaire, la France, qui avait été pourtant largement touchée, n'a rien demandé. Il est vrai qu'il aurait fallu dire la vérité sur le passage du nuage en France et reconnaître que le nucléaire pouvait créer des dommages...

Pour en revenir à l'affaire de Bâle, la mise en place de cette procédure internationale sur le plan pénal eut cependant un effet très important car elle permit de disposer assez rapidement d'éléments d'information très précis et donc de fonder une résolution amiable du litige sur des bases saines.

Il en est allé tout différemment des "négociations" engagées par le cabinet du ministre avec les autorités suisses et surtout avec les assurances suisses puisqu'elles aboutirent, pour des raisons pour le moins obscures, à ce que le gouvernement français accepte de transiger pour une somme tout à fait dérisoire.

Sans méconnaître les difficultés d'un procès à l'étranger et en particulier les problèmes d'exécution des décisions de justice, sans ignorer la longueur de ces procédures, il n'est pourtant pas évident que la solution "politique" et "confidentielle" dans une affaire de pollution de cette nature ait été la meilleure solution… en tout cas pour les victimes.

Les enseignements

Cette affaire révèle le danger que représente une volonté farouche de transaction immédiate dans une affaire de pollution internationale, sans prendre les précautions utiles et sans s'appuyer d'abord sur une démarche contentieuse.

Une procédure d'expertise sur requête aux fins de constat d'urgence[1] aurait permis une information internationale qui aurait certainement mis les Français dans une position largement plus favorable pour obtenir un résultat acceptable par tous et transparent (comme cela fut mis en place dans les affaires *Amoco Cadiz* et *Erika*[2]). Cette procédure permet, d'une part, d'identifier les acteurs de la responsabilité et, d'autre part, d'évaluer tous les aspects du dommage, y compris le dommage écologique.

Il en a été décidé autrement, pour des raisons peut-être pratiques, peut-être politiques compte tenu du fait que de nombreux Français travaillaient en Suisse et qu'il ne fallait pas risquer de heurter les autorités suisses. Mais est-ce là une raison d'affaiblir un dossier ? Suppliez l'adversaire de transiger, il en profite aussitôt.

Dans un moment où la procédure, qu'elle soit administrative, civile ou pénale, s'oriente de plus en plus vers des éléments d'ordre transactionnel, surtout par la médiation plutôt que par la conciliation, il faut retenir cette leçon selon laquelle on ne transige pas avec un dossier vide d'éléments sur les faits et sur les actions ou omissions liées à l'origine du dommage. En effet, aller trop vite pour obtenir un paiement immédiat prive de la

1. Voir note 1, p. 74.
2. Voir p. 57-64 et 171-184.

possibilité d'étayer un dossier de preuves tant sur les causes que sur les conséquences d'une pollution ; c'est donc se priver des moyens d'obtenir une juste réparation et de tirer les leçons de l'expérience.

Par ailleurs, mais c'est une autre question, peut-on transiger quand la pollution met en cause la santé publique ? La réponse est positive à la condition qu'il y ait disparition de tout dommage. C'est ce que l'on va voir dans l'affaire qui suit.

7. LA POLLUTION DE LA ROSSELLE ET LA DÉFENSE DES HABITANTS DE LA COMMUNAUTÉ URBAINE DE SARREBRUCK

Comment savoir résoudre intelligemment les conflits d'environnement transfrontières

Faits et procédures

La Rosselle qui finit par se jeter dans la Sarre, dans sa partie allemande, est une rivière d'une certaine importance qui, pendant des années, a drainé tous les rejets chimiques du plateau de Carling, qui concentrait les principales industries chimiques des groupes Total et Atochem.

Pendant des années, cette rivière ne fut en réalité qu'un égout chimique qui, passant la frontière, polluait gravement (et en particulier en hiver à la suite des inversions des températures[1]) l'atmosphère des principales villes traversées, à savoir

1. L'air le plus chaud est théoriquement le plus près du sol mais, lorsqu'il se trouve au-dessus d'une couche d'air plus froid, on dit qu'il y a une "inversion de température". Dans ce cas, en l'absence de vent, la masse d'air qui se trouve près du sol (plus froid et plus lourd), contenue tel un couvercle par l'air chaud, ne peut s'élever et se disperser dans l'atmosphère. Ce phénomène naturel n'engendre généralement pas de conséquences nocives. Cependant, en cas d'environnement pollué, les substances polluantes sont piégées et s'accumulent sous l'inversion. C'est ce phénomène qui provoqua le grand *smog* de Londres de 1952.

Grande-Rosselle, la communauté urbaine de Sarrebruck et la ville de Völklingen. Un certain nombre de professeurs de droit consultés préconisaient l'action civile en dommages et intérêts pour mettre fin à cette pollution.

Cette situation insupportable pour nos voisins allemands devait trouver sa résolution dans l'aboutissement de contentieux différents du contentieux civil que nous avions mené dans les années 1990.

Conformément à notre tactique utilisée à plusieurs reprises lorsqu'il s'agit de renverser une situation, l'action pénale jointe à l'action administrative est largement préférable car, lorsqu'on veut engager une action civile en dommages et intérêts, on n'échappe pas à une expertise préalable qui est généralement fort longue et fort coûteuse. De toute façon, il faut bien comprendre qu'en matière de pollution industrielle, un juge civil peut condamner à des dommages et intérêts des industriels qui polluent gravement un milieu ou l'air ambiant mais, en raison du principe de séparation des pouvoirs consacré par la jurisprudence du Tribunal des conflits, il ne peut pas donner d'injonction à l'Administration de faire cesser les rejets ou de retirer les autorisations administratives.

Cela fait encore partie aujourd'hui des inconvénients liés à l'existence de deux juridictions, situation à laquelle il conviendrait de mettre un terme car elle ne se justifie pas lorsque la santé est en cause.

La voie de l'efficacité doit être la première. Ce qui fut dit fut fait quand les collectivités publiques allemandes nous ont confié la défense de leurs intérêts[1]. Une information pénale fut ouverte devant le tribunal de Sarreguemines et des actions en annulation des autorisations administratives de rejets, comme dans l'affaire des Mines de potasse d'Alsace, furent entreprises devant le tribunal administratif de Strasbourg.

1. Avec l'aide et l'engagement total de Rüdiger Fürkl, avocat et ancien secrétaire d'État aux Finances de l'État de Sarre.

Les dirigeants furent inculpés mais aussitôt l'avocat des industriels, conscient des risques de la procédure, demanda d'engager immédiatement des pourparlers. Plusieurs réunions eurent lieu au siège du groupe Atochem à la Défense et les principaux éléments d'un protocole d'accord furent élaborés, document qui reste en l'état non confidentiel puisqu'il fut présenté au conseil de la communauté urbaine de Sarrebruck. Ce document prévoyait en substance d'importants investissements de l'industrie chimique pour diminuer ses rejets, un calendrier, le contrôle des accords et la prise en charge des frais de justice.

Ce qui comptait était donc ici le résultat. La pollution aurait dû concrètement disparaître. Mais notre surprise fut grande lors des débats auxquels nous devions participer et qui se déroulèrent devant le conseil de la communauté urbaine de Sarrebruck, au cours desquels de nombreuses voix d'écologistes radicaux s'opposèrent à cet accord et demandèrent la poursuite de la procédure.

Leur motion, après force arguments, dont celui du bon sens et surtout des résultats déjà obtenus plutôt que le choix de la guerre judiciaire à outrance, ne fut pas suivie, l'accord fut appliqué et il l'est encore aujourd'hui.

Sens de l'affaire

Une telle expérience préfigure à nos yeux ce que pourrait être effectivement un accord d'environnement construit en toute bonne foi parce que, d'une part, la procédure n'est finalement qu'un moyen et non une fin en soi et, d'autre part et surtout, parce que, si les instruments de la procédure apportent peut-être des condamnations de principe, des reconnaissances d'illégalité (qui sont d'ailleurs souvent couvertes par l'État, comme on l'a vu dans l'affaire des Mines de potasse d'Alsace) et bien sûr quelques fois des dommages et intérêts, tout ne se joue pas là. On ne répare pas l'environnement aussi facilement qu'on l'imagine, surtout quand il s'agit de pollution atmosphérique.

III

LE NUCLÉAIRE, DE FORTES CONTESTATIONS LOCALES

La question du nucléaire a donné lieu en France à un contentieux abondant, compte tenu du choix fait par notre pays de se nucléariser à outrance. L'industrie nucléaire et l'État, qui en réalité ne font qu'un, avaient, pour se protéger de tout risque d'incursion démocratique, évité de recourir au législateur et avaient inventé un régime totalement dérogatoire qui devait, dans leur esprit, exclure tout risque de contentieux sérieux. En effet, un décret du 11 décembre 1963, pris sur la base de deux mots ("gaz radioactifs") de la loi de 1961 sur la pollution de l'air, avait supprimé toutes les contraintes applicables aux établissements dits à l'époque "dangereux, incommodes et insalubres" pour faire du sur-mesure.

La réalité a été un peu différente de ce que les acteurs du nucléaire auraient souhaité, dans la mesure où le droit commun a permis aux tribunaux de première instance d'annuler un certain nombre de décisions, avant bien évidemment que le Conseil d'État n'intervienne pour faire prévaloir l'intérêt de l'État (nucléaire[1] ?) sur le droit. Le cabinet a eu à traiter la quasi-totalité des recours contentieux dirigés contre les réacteurs nucléaires (Flamanville, Belleville, La Hague, Golfech, Chooz, Cattenom) et de très nombreux recours contre les couloirs de lignes électriques à très haute tension. Il n'était pas possible de les

1. Voir Corinne Lepage, *L'État nucléaire*, Albin Michel, 2014.

présenter tous et nous avons donc fait un choix en faveur de trois dossiers. S'y ajouteront le cas très particulier de Creys-Malville et les premiers recours en responsabilité.

Les deux premiers dossiers présentés ici, celui de Flamanville et celui de Belleville-sur-Loire, sont particulièrement significatifs de la manière dont le droit ne s'est pas appliqué à la construction des centrales nucléaires et dont le Conseil d'État a imposé, quelles que soient les irrégularités, la poursuite du programme électronucléaire. Celui de Cattenom a été gagné grâce à la Cour de justice des Communautés européennes et constitue un des rares dossiers de contentieux nucléaire qui ait été présenté à la haute juridiction communautaire.

LES CENTRALES NUCLÉAIRES

8. LA CONSTRUCTION DE LA CENTRALE DE FLAMANVILLE
La première mise en cause de la responsabilité pénale des dirigeants d'EDF[1]

Faits et procédures

La centrale nucléaire de Flamanville (la première) a été déclarée d'utilité publique le 24 décembre 1977. La date mérite d'être retenue et constitue en elle-même une forme de jurisprudence : celle qui consiste à sortir les actes les plus contestables le jour de Noël ou le 15 août !

Cette centrale devait être réalisée en arasant la magnifique falaise de Flamanville, qui était alors exploitée par des agriculteurs, le groupement foncier agricole (GFA) de Flamanville et la famille Diguet. Une procédure d'expropriation fut donc lancée, dans la foulée de la déclaration d'utilité publique, mais EDF, qui était pressée de commencer les travaux, obtint un permis de construire dès le 30 décembre 1977. Les exploitants agricoles et l'association Crilan (Comité de réflexion, d'information et de lutte antinucléaire), qui regroupait les personnes opposées à la construction de la centrale, dont Didier et Paulette Anger qui consacreront leur vie à cette cause, saisirent alors le tribunal

1. TA de Caen, 28 avril 1978, Crilan, GFA de Flamanville et autres.

administratif de Caen d'un recours dirigé contre ce permis de construire et d'une demande de sursis à exécution. Un moyen était particulièrement solide : EDF n'était pas propriétaire du terrain et ne disposait d'aucune autorisation du propriétaire pour solliciter un permis de construire. En fait, EDF, qui bénéficiait d'un droit sur mesure (le décret du 11 décembre 1963), avait oublié qu'il existait des règles de droit commun qui lui étaient applicables comme à tout un chacun. Le tribunal administratif de Caen, dans un jugement du 28 avril 1978, ordonna courageusement le sursis à exécution du permis de construire. Il estimait en effet qu'il y avait un préjudice grave en cas d'exécution de la décision, l'arasement de la falaise, qui justifiait le sursis. Il reconnaissait par ailleurs comme particulièrement sérieux le moyen de l'absence d'autorisation du propriétaire d'araser sa falaise.

C'était évidemment une première dans un domaine où la puissance publique estimait pouvoir faire ce qu'elle voulait. Avant de voir la portée de cette décision et son intérêt aujourd'hui encore, il convient de raconter brièvement la suite de l'histoire. Quelques semaines plus tard se déroulait la visite sur les lieux dans le cadre de la procédure d'expropriation. L'exploitant, M. Diguet, était en larmes car ce terrain avait été exploité par sa famille depuis plusieurs générations. EDF avait obtenu du préfet le concours de la force publique… de telle sorte que plusieurs cars de CRS avaient été placés sur le terrain au motif que M. Diguet pouvait être armé… Le juge de l'expropriation, après avoir vérifié qu'il n'en était évidemment rien, n'avait pas apprécié ce qu'il avait considéré comme une forme de pression et s'était montré particulièrement généreux dans l'indemnité d'expropriation en indemnisant le tréfonds, c'est-à-dire la valeur de toute la carrière située sous les terres agricoles. Cela montre le contexte dans lequel ont été construites les centrales nucléaires…

Une fois le jugement du tribunal administratif rendu, EDF avait considéré qu'il s'agissait d'un chiffon de papier et que, au-dessus des lois, l'entreprise publique n'avait pas à respecter le jugement. Elle passa outre et arasa la falaise. Les requérants décidèrent alors de déposer une plainte avec constitution de partie civile pour construction d'une centrale nucléaire sans permis. Une première !

À cette époque bénie, la saisine préalable du procureur avec une plainte simple[1] n'était pas une obligation. Il est bien évident que, si tel avait été le cas, l'affaire aurait été classée ou, pire encore, qu'une information préliminaire aurait été ouverte pour un temps indéterminé, permettant à EDF de continuer tranquillement d'agir en infraction. Mais, à l'époque, les justiciables avaient encore des droits solides en matière pénale. Un juge d'instruction fut nommé en la personne du juge Lesigne.

Malgré les très fortes pressions qui s'exerçaient sur lui[2], il tint bon et inculpa[3] le directeur général d'EDF et le directeur de la centrale. Ils seront sauvés par le gong, c'est-à-dire par la loi d'amnistie décidée, le 4 août 1981, par le président Mitterrand.

Un nouveau permis de construire sera délivré pour régulariser une situation parfaitement illégale. Cette décision était pour le moins incongrue dans un contexte où le nucléaire était hors droit. En effet, aucune loi n'était venue fixer le cadre de la construction des centrales nucléaires ; tout le programme

1. Pour réduire la possibilité pour les plaideurs de saisir directement le juge d'instruction avec une plainte avec constitution de partie civile, il est désormais obligatoire de commencer par une plainte simple entre les mains du procureur de la République. Ce n'est que dans l'hypothèse où celui-ci ne donne pas suite, et en l'absence de réponse à l'issue d'un délai de trois mois, qu'une plainte avec constitution de partie civile peut être déposée. À l'époque, tel n'était pas le cas.
2. Pour la petite histoire, une "note blanche" (c'est-à-dire un document non signé émanant généralement des renseignements généraux, mais ici plus probablement de la chancellerie) proposait au juge de déclarer irrecevable la constitution de partie civile ; de plus, il avait été indiqué au magistrat, qui jouissait de la protection liée à tout magistrat, que sa femme greffière serait nommée à Nice et lui à "Hazebrouck". Il a tenu les devoirs de sa charge et rien ne s'est passé…
3. Voir la note 1, p. 55.

électronucléaire repose sur un simple décret, le Parlement n'ayant jamais été saisi[1]. Le décret du 11 décembre 1963 se fondait sur deux mots de la loi sur la pollution de l'air de 1961, qui précisaient qu'un décret fixerait les conditions des rejets atmosphériques radioactifs. Rien à voir avec tout le système juridique de création des centrales nucléaires et de fixation des rejets radioactifs liquides, par exemple.

Enseignements de l'affaire

Cette affaire démontre, d'une part, l'importance de l'indépendance de la magistrature et de la présence de juges courageux sans lesquels il ne peut y avoir d'État de droit.

Elle illustre, d'autre part, à quel point le droit commun est fondamental pour la protection des citoyens et que tout droit d'exception est, par définition, une réduction de leurs droits. L'industrie nucléaire ne s'y trompera pas puisqu'elle n'aura de cesse d'obtenir progressivement que le nucléaire échappe complètement au droit commun. Toute la construction juridique des années 2000 visera, alors que parallèlement on assiste à une privatisation partielle d'EDF et à une ouverture sur le monde qui aurait dû la pousser vers le droit commun, à sortir l'industrie nucléaire de toute obligation liée au droit commun.

Ainsi, les installations nucléaires de base ne sont pas soumises aux règles des installations dangereuses pour l'environnement, dites "installations classées pour l'environnement[2]" (ICPE). Le

1. Comment un décret peut-il intervenir sans loi ? Dans l'absolu, il ne le peut pas. Mais le Gouvernement a contourné deux mots de la loi sur la pollution de l'air de 1961 pour considérer que cela suffisait à prendre un décret qui concernait la totalité des installations nucléaires. La question de la pollution radioactive atmosphérique n'était qu'un petit volet de la construction globale qui concernait la création des centrales nucléaires et la fixation des rejets radioactifs liquides, par exemple. Ce subterfuge a été validé par le Conseil d'État.

2. À l'époque, on comptait environ 50 000 installations soumises à autorisation et 500 000 à déclaration.

droit de l'eau, qui était applicable aux installations nucléaires de base dans les années 1990, ne l'est plus depuis les années 2000 puisque des règles spécifiques sont fixées pour les centrales nucléaires en dérogation au droit général de l'eau. Mieux encore, la loi de 2006, renforcée à nouveau en 2015, exclut tout droit de l'État de suspendre ou fermer une centrale nucléaire, donnant ce pouvoir à la seule Autorité de sûreté nucléaire, présentée comme une autorité indépendante alors qu'elle n'a aucune personnalité morale. Autrement dit, l'État, pris en la personne du Gouvernement, n'encourt aucune responsabilité quant aux risques nucléaires assumés par l'exploitant, même si ce dernier a une conception très laxiste des règles qui lui sont applicables, et par l'Autorité de sûreté nucléaire qui n'existe pas sur le plan juridique puisqu'elle n'a pas de personnalité morale.

Le combat pour la soumission au droit commun de l'industrie nucléaire reste plus que jamais d'actualité.

9. LA CENTRALE DE BELLEVILLE
Comment la défense du domaine public peut venir contrecarrer l'industrie nucléaire

Faits et procédures

Lorsqu'est lancé le programme électronucléaire en 1973, le nombre de réacteurs à construire est colossal et beaucoup trop important au regard des besoins de la France. Il faut donc trouver des sites soit au bord de la mer, soit au bord de fleuves. À l'époque, le choix des sites ne se fait pas en fonction des risques potentiels ou des inconvénients possibles mais en fonction de leur facilité d'acquisition et des chances de ne pas se heurter à l'opposition des populations. C'est dans ce contexte que l'industrie nucléaire a jeté son dévolu sur le site de Belleville-sur-Loire… qui appartenait à la Ville de Paris. Pour quelle raison cette dernière était-elle propriétaire d'un site situé à plus de

250 kilomètres de Paris ? Pour une raison très simple : cette appropriation protégeait une zone de captage majeure pour l'alimentation en eau des Parisiens. Peu importe que cette acquisition et cette protection aient résulté d'une ordonnance du 1er janvier 1959 ayant valeur législative. La Ville de Paris est contrainte de céder ce terrain pour y construire une centrale nucléaire. C'était sans compter une opposition locale très forte, menée par une association présidée par un enseignant extrêmement engagé, Daniel Messelot, et par le maire de Boulleret, commune qui avait été exclue du périmètre de consultation de l'enquête publique, maire qui n'était autre qu'Arnaud de Vogüe, grand résistant et ancien patron de Saint-Gobain.

Le permis de construire fut délivré le 5 janvier 1979. L'Association pour la défense de la qualité de la vie du Val de Loire et la commune de Boulleret saisirent le tribunal administratif d'Orléans d'un recours et d'une demande de sursis à exécution. Il convient de souligner le fait que la Fédération départementale des syndicats d'exploitants agricoles s'était jointe à la requête. Par jugement en date du 13 avril 1979[1], le tribunal administratif ordonna le sursis à exécution du permis de construire. Le moyen principal retenu était l'absence d'autorisation d'occupation du domaine public qui devait, conformément à l'article R. 421-1 du Code de l'urbanisme, être jointe à la demande de permis de construire. Dans ses conclusions fort éclairantes, le commissaire du Gouvernement, M. le conseiller Bégault, retenait également le moyen d'absence de dépôt de demande au titre de la législation des installations classées, et il précisait que la loi du 19 juillet 1976 avait fait entrer les centrales nucléaires dans son champ d'application. Enfin, pour la première fois, la question du contrôle de l'étude d'impact et de son insuffisance était soulevée. À l'époque, le commissaire du Gouvernement

1. TA d'Orléans, 13 avril 1979, Association pour la défense de la qualité de la vie du Val de Loire.

avait proposé qu'un simple contrôle restreint soit exercé. Des réserves avaient été émises par les services de l'Environnement, en particulier sur l'absence de variantes de sites possibles et l'absence totale d'éléments concernant les couloirs de lignes à très haute tension.

Le tribunal administratif ordonna le sursis à exécution, suivant en cela les conclusions du commissaire du Gouvernement. Ce dernier avait également proposé au tribunal de ne pas aller dans le sens d'EDF, qui demandait que la jurisprudence du Conseil d'État permettant de ne pas ordonner le sursis, en raison des conséquences qu'il emportait, ne soit pas suivie : "L'application de cette jurisprudence reviendrait à donner à EDF un objectif de non-droit. Nous ne sommes ni pour, ni contre ce que l'on appelle sans doute abusivement l'État EDF ; nous sommes plus simplement pour l'inexistence de toute zone de non-droit dans un État de droit [...] nous pensons en définitive qu'une notion d'une opération aussi importante que la construction d'une centrale nucléaire impose un triple montage : économique, technologique et juridique. Ces montages doivent tous être d'égale sûreté. Au cas d'espèce, la défaillance du montage juridique est évidente. Elle est également réparable. Mais la sécurité juridique et peut-être la sécurité tout court vous imposent de déceler l'incident dont est victime la centrale de Belleville et d'en tirer les conséquences."

Malheureusement – ou heureusement pour le lobby nucléaire –, le Conseil d'État était là pour veiller aux intérêts d'EDF. Le 7 décembre 1979, il annula le jugement rendu par le tribunal administratif au motif qu'il n'y avait aucun moyen sérieux. Pour parvenir à cette solution pour le moins surprenante, M. Morisot, commissaire du Gouvernement, tordit quelque peu la réalité. En effet, il conclut que l'occupation du domaine public n'était pas établie au motif que les requérants n'apportaient que quelques vagues constats d'huissier. C'était totalement faux. Une expertise judiciaire contradictoire s'était déroulée, qui avait permis d'établir la réalité de l'occupation du domaine public…

Portée du jugement

Les conclusions du commissaire du gouvernement Bégault devant le tribunal administratif sont lumineuses. *Ne pas créer de zones de non-droit dans l'État de droit.* C'est ce qu'avait refusé de faire le tribunal administratif et ce qu'a fait le Conseil d'État. Comme dans l'affaire de Flamanville[1], la preuve est apportée de l'absence totale de prise en compte par EDF et par l'État du droit commun dans la construction de centrales nucléaires, ainsi que des réalités locales. La décision de construire une centrale nucléaire est quasiment considérée comme un acte de gouvernement et, si le passage par la case "juridiction administrative" ne peut être évité, le passage par la case "application du droit" est supprimé *de facto*.

Nous payons tous aujourd'hui cette insécurité juridique dont parlait M. le conseiller Bégault, et qui est une insécurité tout court. Si les études d'impact avaient convenablement été faites, si la spécificité des sites avait été prise en compte, on n'aurait pas construit de centrales nucléaires à 20 ou 30 kilomètres de très grandes agglomérations, dans des zones sismiques ou sur des nappes phréatiques essentielles, comme cela a été le cas pour Fessenheim et Belleville. Exiger le respect de l'État de droit n'est pas seulement un droit fondamental en lui-même, c'est une exigence de sécurité. Pour l'avoir parfaitement méconnue, l'administration française fait porter aujourd'hui sur les deux tiers de la population un risque considérable et très mal maîtrisé.

1. Voir p. 83-87.

10. CATTENOM

La soumission inévitable du nucléaire au droit communautaire[1]

La centrale nucléaire de Cattenom est construite à moins de 10 kilomètres de la frontière allemande, et plus précisément du land de Sarre. Les collectivités allemandes avaient laissé passer le délai de recours contentieux contre le décret de création de la centrale. Mais, lorsque sont intervenus les arrêtés du 21 février 1986 relatifs aux rejets radioactifs liquides et gazeux concernant les tranches 3 et 4 de la centrale[2], elles ont décidé d'agir.

Un recours a été déposé devant le tribunal administratif de Strasbourg – hasard du calendrier, quelques jours avant Tchernobyl – qui, par jugement en date du 11 juin 1987, a fait droit à la requête en ce qui concerne les arrêtés de rejet des tranches 3 et 4, et a saisi la Cour de justice des Communautés européennes d'une question préjudicielle[3] portant sur l'interprétation de l'article 37 du traité Euratom.

En effet, le gouvernement français n'avait saisi la Commission européenne, conformément à l'article précité[4] qui l'exige, que deux mois après que les arrêtés eurent autorisé les rejets radioactifs

1. TA de Strasbourg, 11 juin 1987, Land de Sarre et autres c/ ministre de l'Industrie.
2. La centrale nucléaire de Cattenom est dotée de quatre tranches, c'est-à-dire de quatre réacteurs de 1 300 mégawatts, mises en service par deux. Celles-ci ont fait l'objet d'autorisations tout d'abord pour les tranches 1 et 2, puis pour les tranches 3 et 4. La procédure a visé ces dernières tranches, car les délais de recours contre les deux premières étaient déjà passés. Le nombre d'autorisations est relativement important. Cela concerne à la fois les autorisations de création et celles de rejet de produits radioactifs et chimiques dans l'air et dans l'eau. Ce sont ces dernières qui ont fait l'objet du contentieux.
3. Une question préjudicielle est précisément la question posée par la juridiction nationale à la juridiction communautaire, dont la réponse est nécessaire à la solution du litige final.
4. Cet article 37 précise : "Chaque État membre est tenu de fournir à la Commission les données générales de tout projet de rejet d'effluents radioactifs sous n'importe quelle forme, permettant de déterminer si la mise en œuvre de ce projet est susceptible d'entraîner une contamination radioactive des eaux, du sol ou

liquides et gazeux. Ce qui montre les conditions particulièrement désinvoltes avec lesquelles le gouvernement français avait traité, à l'époque, la Commission, sans du reste que celle-ci proteste…

Par arrêt en date du 22 septembre 1988[1], la Cour de justice des Communautés européennes a interprété l'article 37 du traité Euratom en faisant jouer l'effet utile de ces dispositions et en considérant – ce qui paraît évident – que ce même article doit être interprété en ce sens que les données générales d'un projet de rejets d'effluents radioactifs doivent être fournies à la Commission des Communautés européennes avant que ces rejets ne soient autorisés par les autorités compétentes de l'État membre concerné.

Dans ces conditions, le Conseil d'État a bien été obligé de respecter la décision communautaire, mais il l'a fait en la privant totalement d'effet. Par arrêt en date du 30 juin 1989[2], il a annulé le jugement du tribunal administratif en tant qu'il s'était fondé sur l'illégalité des décrets de création relatifs aux autorisations de rejets concernant les tranches 3 et 4. Compte tenu de l'arrêt de la Cour de justice, le Conseil d'État n'a pu que confirmer l'annulation desdits arrêtés dans la mesure où ils étaient intervenus avant que la Cour de justice ne se soit prononcée.

Mais, en refusant l'application de la théorie des opérations complexes, c'est-à-dire le lien entre l'autorisation initiale et les autorisations de rejets successives, le Conseil d'État a, dans les faits, vidé d'application la décision de la Cour en permettant au Gouvernement de reprendre immédiatement de nouveaux arrêtés de rejets qui sont intervenus le 4 août 1989, soit après que la Commission européenne fut à nouveau consultée et eut rendu son avis.

de l'espace aérien d'un autre État membre. La Commission, après consultation du groupe d'experts visé à l'article 31, émet son avis dans un délai de six mois."

1. CJCE, 22 septembre 1988, Land de Sarre, aff. 187/87, *Recueil de jurisprudence*, p. 5013.

2. CE, 30 juin 1989, Ministre de l'Industrie, des P. et T. et du Tourisme c/ État de Sarre et autres, n° 89883.

Bien sûr, il est évident que, si le tribunal administratif de Strasbourg n'avait pas saisi la Cour de justice d'une question préjudicielle, décision sur laquelle le Conseil d'État n'avait plus aucune prise, pour Cattenom comme pour les autres centrales nucléaires françaises, aucune décision d'annulation ne serait intervenue.

Portée des arrêts

Dans l'affaire de Cattenom, comme dans celles de Belleville ou de Flamanville[1], le tribunal administratif a jugé en droit, c'est-à-dire en appliquant le droit commun au secteur nucléaire. Lorsque le Conseil d'État juge hors droit commun, il applique alors un régime juridique spécifique aux centrales nucléaires.

En effet, la théorie des opérations complexes, qui joue par exemple entre une déclaration d'utilité publique et un arrêté de cessibilité[2], devrait s'employer dans le cadre extrêmement complexe de l'enchaînement des autorisations de fonctionnement d'une centrale nucléaire, depuis le décret de création jusqu'aux autorisations de rejets. Car l'objectif final est l'autorisation de rejets et les actes qui précèdent permettent d'atteindre cet objectif. Par conséquent, il serait logique de pouvoir contester les actes précédents à l'occasion du recours dirigé contre l'acte final. C'est ce qui existe en matière d'expropriation.

Quant à l'arrêt de la Cour de justice, il est extrêmement intéressant dans la mesure où il est quasiment unique en matière nucléaire et pose le principe de l'effet utile des textes, ce qui signifie qu'une disposition doit être interprétée en ce sens qu'elle doit avoir une utilité et ne doit pas seulement être une disposition de pure forme[3].

1. Voir p. 83-86 et 87-90.

2. Un arrêté de cessibilité, qui intervient après la déclaration d'utilité publique, fixe les parcelles qui peuvent être expropriées. Il donne lieu à une procédure particulière, qui comprend une enquête parcellaire et aboutit à cet arrêté.

3. Cette jurisprudence est la première mais elle n'est pas la seule : voir l'arrêt de la CJUE, Union des industries de la protection des plantes c/ Premier ministre et

Qu'en est-il aujourd'hui ?

Sur le plan européen, l'intervention des directives sur la sécurité nucléaire devrait donner lieu, à terme, à des décisions de la Cour de justice de l'Union européenne. La question sera de savoir quelle interprétation en sera faite, compte tenu de ce que le droit commun du nucléaire reste soumis au traité Euratom et échappe par conséquent à la procédure de codécision et au contrôle du Parlement européen.

Sur le plan national, les collectivités publiques allemandes et luxembourgeoises sont de plus en plus inquiètes des dysfonctionnements à répétition de la centrale nucléaire de Cattenom. Un rapport commandé par le groupe des Verts au Bundestag pointe des normes de sûreté insuffisantes, et l'Autorité de sûreté nucléaire (ASN) évoquait dans son rapport de 2015 "plusieurs écarts au référentiel d'exploitation, ainsi qu'une maîtrise imparfaite des installations". Le feuilleton continue…

11. LA HAGUE-COGEMA : L'APPLICATION DES PROCÉDURES DE DROIT COMMUN AU NUCLÉAIRE

Le recours à l'expertise

Faits et procédures

L'ordonnance de référé rendue au mois de janvier 1980[1], aujourd'hui introuvable, est une décision importante dans le champ de l'expertise en matière nucléaire, sujet tabou s'il en est et toujours d'actualité.

autres, aff. C-514/19, 8 octobre 2020, commenté par Corinne Lepage in *Énergie – environnement – infrastructures*, n° 12, décembre 2020, commentaire 48, "Interdiction des néonicotinoides, une coopération loyale entre la France et la Commission européenne selon la CJUE".

1. Il s'agissait d'une expertise portant sur le point de savoir si l'usine de La Hague avait fait ou non l'objet d'un démarrage industriel. TA de Caen, janvier 1980, Communes de Beaumont-Hague et Bretteville-en-Saire c/ Cogema et ministre de l'Industrie.

Les faits sont assez simples. Un décret de 1976, qui n'est plus disponible, avait fixé un délai de quatre ans (soit janvier 1980) à l'usine UP2 de La Hague pour avoir un fonctionnement industriel. Or, à l'époque, le fonctionnement de l'usine de retraitement était encore très embryonnaire et bien loin d'être entré dans une phase industrielle.

Deux communes voisines de La Hague (à l'époque, tous les maires des communes avoisinantes n'étaient pas des salariés ou des proches du CEA, le Commissariat à l'énergie atomique[1], puis de la Cogema, puis d'Areva), inquiètes de ce fonctionnement, avaient souhaité une expertise pour savoir si la mise en fonctionnement industriel était ou non acquise. Malgré l'opposition farouche du ministère de l'Industrie et de la Cogema qui venait de succéder au CEA, le tribunal administratif de Caen a nommé un expert avec pour mission de rechercher si la mise en service industriel était effectivement intervenue. C'était une première et, rétrospectivement, on ne peut que reconnaître le courage du tribunal administratif de Caen de l'époque !

Le déroulé de l'expertise aurait mérité une caméra. Il faisait très froid et le train Paris-Cherbourg, parti la veille au soir, avait mis douze heures pour rejoindre sa destination… L'expert, qui avait pris un train du matin, est arrivé avec plusieurs heures de retard. Nos clients, les maires des deux communes, et nous-mêmes avons été enfermés à clé dans une petite pièce en attendant son arrivée. Toute sortie, y compris pour satisfaire des besoins naturels, ne pouvait s'effectuer qu'en présence des gendarmes… Nous étions des terroristes en puissance, avocats et élus, malgré l'ordonnance de justice.

1. Le Commissariat à l'énergie atomique est un organisme de recherche principalement articulée autour de l'énergie nucléaire, même si son périmètre s'est élargi en 2010 aux énergies alternatives. Il travaille à la fois dans le domaine civil et le domaine militaire.

L'expert nous a finalement rejoints et l'expertise s'est déroulée dans des conditions qui auraient pu être qualifiées d'abracadabrantesques dans la mesure où l'objectif de l'exploitant était de faire croire qu'il y avait une exploitation industrielle alors que, manifestement, ce n'était pas le cas. En réalité, nous n'avons pu constater que l'existence de piscines et, sous prétexte de risques de radioactivité, rien ne nous a été montré. C'était vraiment se moquer du monde !

L'expert n'a donc pu que constater ce qu'on lui avait montré : rien.

Ce qu'il faut retenir

Sans doute cette expertise n'a-t-elle eu, comme le voulaient l'exploitant et plus largement l'État, aucun effet juridique. Cependant, elle est intéressante.

D'une part, elle a démontré, comme dans les deux cas précédents de Flamanville et de Belleville, que les procédures judiciaires de droit commun étaient applicables au secteur nucléaire même si leur déroulement était hors droit commun. Et, plus de dix ans plus tard, un autre exemple d'expertise dans le domaine nucléaire se déroulera à propos de la centrale nucléaire de Creys-Malville, comme nous le verrons plus loin (p. 107-113).

D'autre part, elle a démontré que, même si l'exploitant nucléaire disposait de règles hors droit commun et se permettait de déroger aux propres règles qui lui étaient fixées, les tiers conservaient néanmoins quelques droits. Et, aujourd'hui, les exploitants nucléaires, qu'il s'agisse d'Orano (anciennement Areva) ou d'EDF, ne peuvent plus agir totalement à leur guise.

Autrement dit, ces procédures ont progressivement permis non pas de mettre un terme à l'opacité du système, qui existe toujours, mais de la réduire et de rappeler que, dans un État de droit, il peut y avoir, sous certaines limites, un droit dérogatoire mais qu'il ne peut y avoir de zone de non-droit.

LES COULOIRS DE LIGNES À TRÈS HAUTE TENSION

Un impact sanitaire discuté dès l'origine, mais seul compte le critère des paysages

La question des couloirs de lignes à très haute tension reste un sujet à la fois environnemental et sanitaire. Mais la question sanitaire, si elle a été abordée très tôt et reconnue par les tribunaux administratifs, a été niée au plus haut niveau jusqu'à une date très récente puisqu'il a fallu attendre des rapports de l'Anses, l'Agence nationale de sécurité sanitaire de l'alimentation, de l'environnement et du travail[1], des années 2010, et un arrêt du Conseil d'État appliquant enfin le principe de précaution aux couloirs de lignes, pour que le sujet soit reconnu comme tel.

En revanche, la question environnementale a très vite été reconnue comme importante, tout d'abord par les tribunaux administratifs sanctionnés systématiquement par le Conseil d'État, puis par le Conseil d'État lui-même dans l'affaire très particulière du site du Verdon[2].

1. L'Agence nationale de sécurité sanitaire et alimentaire est à la fois une agence d'évaluation des risques et de délivrance des autorisations (ce qui est éminemment contestable dans la mesure où la gestion et l'évaluation du risque devraient être deux tâches bien distinctes). Elle a été créée en 2010 et placée sous la tutelle des ministères de la Santé, de l'Agriculture, de l'Environnement, du Travail et de la Consommation. Elle résulte de la fusion de l'Agence française de sécurité sanitaire des aliments et de l'Agence française de sécurité sanitaire de l'environnement et du travail.
2. Voir p. 104-106.

12. FLAMANVILLE-DOMLOUP

Le premier coup de canif dans le droit de saccager le paysage français[1]

Les premières décisions sur les couloirs de lignes à très haute tension ont été favorables aux requérants jusqu'à leur arrivée devant le Conseil d'État.

Faits et procédures

La question des couloirs de lignes à très haute tension est née avec le programme nucléaire français. La création de la ligne Flamanville-Domloup a été la première à susciter un contentieux. Une association s'était constituée contre les couloirs de lignes à très haute tension et avait saisi le tribunal administratif de Caen d'un recours dirigé contre un arrêté du 30 juillet 1979, du ministre de l'Industrie, déclarant d'utilité publique, en vue de l'application des servitudes, les travaux d'établissement, dans les départements du Calvados et de la Manche, de la ligne électrique de circuit 400 kilovolts Flamanville-Domloup. Il s'agissait de relier, par un couloir de lignes reposant sur d'énormes pylônes appelés Beaubourg (tout un symbole), la nouvelle centrale nucléaire de Flamanville à la Bretagne.

C'était la première fois que la question des effets sanitaires des ondes électromagnétiques induites par ces lignes à très haute tension, beaucoup plus importants que ceux dégagés par les lignes à moyenne tension, était exposée et débattue dans l'enceinte d'un tribunal. À l'époque, les études d'impact prévues par la loi du 10 juillet 1976 et précisées par un décret du 2 octobre 1977 débutaient et, si la loi sur l'air du 30 décembre 1996 n'avait pas encore inscrit la santé dans le champ des études d'impact, les textes prévoyaient une étude des effets,

1. TA de Caen, 12 janvier 1982, Comité départemental de défense contre les couloirs de lignes à très haute tension, et CE 9 juillet 1982, Ministre de l'Industrie, requête n° 39584.

notamment sur les espaces naturels et agricoles, sur l'environnement, sur les équilibres biologiques et, le cas échéant, sur la commodité du voisinage, l'hygiène et la salubrité publique. En l'occurrence, ces couloirs de lignes surplombaient des zones agricoles, à la fois de production et d'élevage, ainsi que des maisons d'habitation.

Bien que les magistrats du tribunal administratif de Caen aient été quelque peu perplexes en écoutant notre plaidoirie qui faisait état d'études canadiennes relatives à l'impact des lignes à très haute tension sur des vaches, ils décidèrent néanmoins, dans leur jugement du 12 janvier 1982, d'annuler la déclaration d'utilité publique au motif principal que l'étude d'impact était insuffisante en ce que les effets des lignes n'étaient pas assez analysés et qu'il n'y avait aucune justification du parti retenu[1].

Comme indiqué, il existait déjà des études canadiennes et américaines qui établissaient l'impact de ces lignes à très haute tension sur le bétail et la production laitière. Et nombre de scientifiques s'interrogeaient sur les conséquences sanitaires de ces lignes à très haute tension. Le tribunal administratif, avec un certain courage, avait été sensible également à cette argumentation que l'étude d'impact ignorait en totalité et avait donc considéré que celle-ci était insuffisante.

Fidèle à sa position, le Conseil d'État annula le jugement dans un temps record (cinq mois). Il validait l'étude d'impact en considérant le fait que des zones prétendument de moindre impact suffisaient à justifier les raisons pour lesquelles, parmi les partis envisagés, le projet avait été retenu et que l'emplacement des supports n'avait pas à être précisé (alors qu'il entraîne des conséquences lourdes pour les exploitations agricoles) ; et

1. La formule "parti retenu", qui figure dans les textes, signifie le choix fait par l'Administration en fonction des différentes solutions possibles. En réalité, cette partie de l'étude d'impact est dans l'immense majorité des cas totalement biaisée et ne sert qu'à justifier la solution retenue en présentant les autres comme impossibles, voire inexistantes.

il se gardait bien de toute motivation sur les autres effets. Le considérant final résume parfaitement la position du Conseil d'État donnant la priorité aux réseaux : "Considérant que la construction d'une ligne [...] répond à la nécessité d'alimenter en énergie, depuis la centrale nucléaire de Flamanville, la Normandie et la région parisienne et constitue l'un des éléments du réseau national d'interconnexion à 400 kilowatts dont EDF a entrepris la réalisation ; qu'il ressort des pièces du dossier que les inconvénients de toute nature présentés par le projet litigieux, compte tenu des précautions prises pour réduire au minimum la gêne occasionnée à l'agriculture et limiter l'atteinte portée aux sites, ne sont pas excessifs eu égard aux avantages qu'il comporte." On pourrait ajouter, pour être plus conforme à la réalité, que les inconvénients, quels qu'ils soient, ne sont jamais excessifs au regard des avantages...

Portée de l'affaire

Cette jurisprudence sera constamment appliquée aux couloirs de lignes à très haute tension à deux exceptions près : la ligne du Verdon et celle du Louron[1], qui seront annulées pour des raisons d'atteinte au paysage. Mais la santé des humains ne sera prise en considération que très tardivement par l'application du principe de précaution[2], suivant finalement les recommandations de l'Agence européenne de l'environnement, très dubitative quant aux effets réels de ces ondes.

Il faudra attendre près de vingt ans pour que les premiers textes réglementaires excluent le survol direct des maisons d'habitation et exigent une distance minimale au demeurant très faible. Et les riverains n'obtiendront généralement pas, de la part du juge administratif, d'indemnisation du fait de la proximité de ces ouvrages publics.

1. Voir p. 101-104.
2. CE, Ass., 12 avril 2013, Association Coordination interrégionale.

La question des couloirs de lignes à très haute tension est toujours d'actualité. Le refus de reconnaître l'impact de ces lignes a conduit EDF à poursuivre une politique de couloirs de lignes au lieu de chercher à enfouir les lignes à très haute tension, politique qui est poursuivie dans d'autres pays européens et dont l'avantage est triple : pour la santé publique, pour les paysages et également dans la mesure où les tempêtes ne conduisent pas, chaque fois que nécessaire, à reconstruire ou à réparer des lignes détruites par les coups de vent violents.

De nouvelles lignes à très haute tension sont de manière récurrente décidées, en particulier pour assurer l'interconnexion avec nos voisins. La vision hexagonale de l'absence de risque et la toute-puissance de l'industrie nucléaire, qu'il s'agisse d'EDF, d'Enedis ou de RTE, conduisent à une jurisprudence très conservatrice et pas du tout anticipatrice. Si elle l'avait été, les personnes impactées seraient beaucoup moins nombreuses, l'activité agricole aurait été beaucoup mieux protégée, une politique d'enterrement des lignes aurait été mise en œuvre et nous aurions ainsi eu une vision du XXIe siècle et non du XXe siècle. Et on assiste aujourd'hui, avec l'affaire des compteurs Linky[1] qui posent également un problème sanitaire, au même type de comportement jurisprudentiel.

13. L'AFFAIRE DE LA LIGNE À TRÈS HAUTE TENSION DU VAL LOURON (COMMUNE DE LOUDENVIELLE)

Quand le politique finit par entendre raison

Faits et procédures

La volonté d'EDF d'établir des lignes à très haute tension vers les pays voisins pour exporter une électricité excédentaire s'est heurtée à des passages par des sites tout à fait remarquables comme

1. Voir p. 284-288.

le Verdon ou le val Louron. Dans les deux cas, mais pour des raisons différentes, ces projets ont heureusement échoué.

Le val Louron est une des plus belles vallées des Pyrénées, dont le développement touristique est un atout majeur. Pourtant, par arrêté en date du 13 juin 1990, le préfet des Hautes-Pyrénées accordait un permis de construire à EDF au motif que, malgré le site exceptionnel, cette ligne répondait à une nécessité technique impérative et que l'enfouissement n'était possible ni techniquement ni financièrement. Dès ce stade, l'histoire a cependant prouvé qu'il n'y avait aucune nécessité technique impérative et que l'enfouissement était financièrement et techniquement possible, puisqu'il a été réalisé.

Les collectivités publiques, menées en particulier par le maire de Loudenvielle, Michel Pélieu, saisirent le tribunal administratif de Pau des recours dirigés contre cette décision et sollicitèrent un sursis à exécution de ladite décision. Par un premier jugement en date du 5 novembre 1991, le tribunal administratif de Pau ordonna la suspension de l'autorisation. Et devinez la suite : par arrêt en date du 29 avril 1994, le Conseil d'État annula ce sursis.

Par jugement en date du 16 décembre 1994, le tribunal administratif de Pau persista et annula l'arrêté du préfet des Hautes-Pyrénées au motif que la ligne à très haute tension traversait une zone de montagne préservée avec une faible densité de population, une industrie touristique à peine naissante, et que l'installation des pylônes de dimension très importante porterait une atteinte sérieuse à des sites naturels et des paysages ruraux dignes d'intérêt.

L'un d'entre nous devenant ministre de l'Environnement en mai 1995, le dossier quitta le cabinet Huglo-Lepage, devenu Huglo-Molas. Par arrêt en date du 11 janvier 1996, rendu, semble-t-il, après un premier rabat d'arrêt[1] qui donnait rai-

1. Un rabat d'arrêt est un procédé qui permet, avant que la décision ne soit communiquée aux parties, de supprimer la solution choisie pour lui en substituer une autre.

son aux requérants, la cour administrative d'appel de Bordeaux annula le jugement en considérant que les sites en question ne présentaient pas de caractère exceptionnel et que le maître d'ouvrage avait pris des précautions pour limiter l'impact des pylônes ; et qu'en toute hypothèse, la méconnaissance des dispositions du Code de l'urbanisme relatives à la protection des zones de montagne était justifiée en application de l'article L. 145-8 dudit code, qui prévoit que les dispositions de protection ne sont pas applicables aux installations et ouvrages nécessaires au service public si leur localisation dans ces espaces correspond à une nécessité technique impérative.

L'affaire devenait politique et, le 3 février 1996, le Premier ministre annonça que cette ligne ne serait pas construite. Il précisait qu'il avait demandé que les études sur l'enfouissement fassent l'objet d'un programme plus ambitieux. La visite sur les lieux qui fut effectuée quelques semaines plus tard permettra au Premier ministre, Alain Juppé, d'affirmer que le sauvetage du val Louron était un des meilleurs souvenirs de son passage à Matignon.

C'est encore une fois le tribunal administratif, en l'espèce celui de Pau, qui a sauvé le dossier grâce au sursis, puis à l'annulation de la décision. La portée sera importante puisque, dix ans plus tard, Jean-Louis Borloo obtiendra d'EDF que la traversée des Pyrénées en direction de l'Espagne se fasse pour une partie en enfouissement ; ce qui était, pour la cour administrative d'appel de Bordeaux, impossible techniquement et financièrement.

C'est le premier échec pour EDF dans l'installation d'une ligne à très haute tension. Cet échec sera suivi, dix ans plus tard, par celui du Verdon. La ligne à très haute tension du Quercy-Blanc, qui était envisagée, ne sera jamais réalisée, la commission particulière du débat public[1] ayant abouti à une décision négative,

1. La commission particulière du débat public est une commission nommée par la Commission nationale du débat public, procédure instituée par la loi Barnier, qui permet d'ouvrir en amont d'un projet un véritable débat, qui suit des

grâce à la mobilisation locale et à la qualité exceptionnelle des cahiers d'acteurs[1].

Portée de l'affaire

La question de l'enfouissement des lignes à très haute tension et plus encore de la nécessité de réaliser de nouvelles lignes à très haute tension, alors que la décentralisation énergétique devrait être à l'ordre du jour, est plus que jamais d'actualité.

En faveur de cet enfouissement, la protection des sites naturels et celle de la santé humaine restent des impératifs majeurs. S'y ajoutent aujourd'hui les conséquences liées aux changements climatiques, en particulier les phénomènes extrêmes qui entraînent des chutes de lignes à répétition et, par voie de conséquence, des coûts de reconstitution et de réparation.

14. L'AFFAIRE DE LA LIGNE À TRÈS HAUTE TENSION DU VERDON : L'EXCEPTION QUI CONFIRME LA RÈGLE

Quand exceptionnellement le Conseil d'État fait prévaloir l'environnement sur la volonté d'EDF[2]

Faits et procédures

Dans le cadre de la sécurisation du transport de l'électricité en direction du Sud-Est de la France, et surtout pour permettre l'alimentation de l'Italie en électricité nucléaire, EDF avait projeté d'implanter une ligne de 400 000 volts reliant Manosque

règles codifiées, dans lequel chaque partie peut se faire entendre et présenter son point de vue.

1. Les cahiers d'acteurs sont les documents élaborés par les différents protagonistes qui veulent s'exprimer dans le cadre d'une commission du débat public sur un projet déterminé.

2. CE, 10 juillet 2006, Association interdépartementale intercommunale pour la protection du lac de Sainte-Croix, de son environnement, des lacs et des sites du Verdon, n°s 289274 et 289275.

à Nice. La ligne projetée traversait un des plus beaux sites de France, les gorges du Verdon, classées par un décret du 26 avril 1990 parmi les sites et monuments naturels en raison du caractère exceptionnel du paysage et de l'environnement naturel.

Un arrêté du ministre des Transports du 5 décembre 2005 avait déclaré d'utilité publique ces ouvrages d'énergie électrique. C'est cet arrêté que l'Association interdépartementale intercommunale pour la protection du lac de Sainte-Croix, de son environnement, des lacs et des sites du Verdon attaqua devant le Conseil d'État.

La jurisprudence du Conseil d'État sur les lignes à très haute tension, particulièrement rigoureuse, refusait de façon quasi systématique toute annulation, en particulier pour des raisons liées à l'activité économique et/ou à la santé humaine. La ligne du Verdon présentait une particularité indéniable : l'atteinte à un site d'une beauté exceptionnelle. Le Conseil d'État décida de procéder à une mesure d'instruction d'un type un peu particulier, à savoir un survol en hélicoptère du Verdon pour apprécier le caractère plus que remarquable du site.

Par arrêt en date du 10 juillet 2006, le Conseil d'État, faisant application de la jurisprudence du bilan[1], considéra que, même si la ligne projetée aurait permis de sécuriser et de renforcer le transport de l'électricité, même si elle devait se substituer à deux lignes existantes, le passage par un site classé, dont une partie était protégée au titre des espaces remarquables du littoral et de la montagne, et qui appartenait au parc naturel régional du Verdon, privait d'utilité publique le projet.

De plus, la charte du parc du Verdon prévoyait un encouragement à l'enfouissement des lignes électriques. En outre,

1. La jurisprudence du bilan est une jurisprudence inaugurée en 1971 par le Conseil d'État (ville nouvelle Lille-Est), qui amène le juge administratif, pour apprécier l'utilité publique d'un projet, à comparer ses avantages et ses inconvénients afin que les inconvénients ne soient pas excessifs au regard des avantages.

l'article L. 341-11 du Code de l'environnement posait le principe de l'enfouissement des lignes en site classé. Or, la décision attaquée autorisait une dérogation à cette règle que le Conseil d'État a également censurée, considérant que les conditions autorisant la dérogation n'étaient pas remplies.

Portée de la décision

Les exemples d'annulation d'une déclaration d'utilité publique pour assurer la protection d'un site, même remarquable, sont très rares.

Cette décision a une portée pratique considérable puisque les gorges du Verdon ont été sauvées. Au-delà, et sur le plan juridique, c'est un précédent important, assurant la prééminence d'un site de qualité exceptionnelle sur les besoins en électricité. Pour autant, des projets dans des sites remarquables ont continué, notamment dans la vallée du Quercy-Blanc, sans succès.

QUAND LE DROIT COMMUN (OU LE BON SENS) FINIT PAR L'EMPORTER

15. LE CAS À PART DE CREYS-MALVILLE
Une autre exception qui confirme la règle[1]

Faits et procédures

Le contentieux du fonctionnement de la centrale de Creys-Malville est le seul contentieux nucléaire qui ait débouché favorablement au Conseil d'État – et ce, à deux reprises – et qui ait permis une expertise sur le site.

Superphénix, qui devait être le grand frère des réacteurs nucléaires expérimentaux Phénix et Rapsodie, était un surgénérateur, c'est-à-dire un réacteur à neutrons rapides et à caloporteur sodium, dont ses promoteurs assuraient qu'il devait permettre un fonctionnement infini[2] grâce à la réutilisation des crayons de combustible de plutonium après leur passage dans une solution de sodium.

Cette installation autorisée par un décret du 12 mai 1978, validée par un arrêt du Conseil d'État du 4 mai 1979, a été mise en service en septembre 1985 pour monter en pleine puissance le 9 décembre 1986. Mais, immédiatement, les

1. CE 27 mai 1991, Ville de Genève et autres, n°s 103975 et 106552. CE, 28 février 1997, Ville de Genève et autres, n°s 161504, 161516 et 167712.

2. Le rêve des ingénieurs des Mines était de pouvoir utiliser indéfiniment le combustible nucléaire en le régénérant dans une solution de sodium, d'où le nom de "surgénérateur" donné à Superphénix.

instruments de mesure ont fait état de fuites de sodium, d'abord attribuées à des dysfonctionnements desdits instruments, puis admises comme étant des réalités physiques après trois mois de fonctionnement… Jusqu'où conduit la totale confiance en soi !

Le réacteur a donc été immédiatement arrêté en raison du danger, puisque le sodium explose au contact de l'eau et qu'aucune technique ne permet d'arrêter un incendie de sodium.

La présence de fissures de 50 centimètres, irréparables, et une transformation fondamentale du mode de fonctionnement du réacteur n'avaient pas empêché l'exploitant de demander l'autorisation de redémarrer temporairement pour empêcher la dispersion des équipes.

Tel était l'objet du décret en date du 10 janvier 1989, modifiant le décret du 12 mai 1977 qui autorisait la création de la centrale initiale. Ce décret modificatif permettait un fonctionnement du réacteur malgré l'obligation dans laquelle s'était trouvé l'exploitant de changer complètement le mode de fonctionnement, puis de supprimer le barillet[1], et enfin de vider les cuves de sodium ; et donc de revenir à un mode beaucoup plus classique de fonctionnement d'une installation nucléaire de base. Ce bricolage, qui faisait suite à une erreur de conception majeure, était particulièrement préoccupant.

La ville de Genève, étant située à moins de 100 kilomètres à vol d'oiseau de la centrale, le WWF section de Genève et la Fédération Rhône-Alpes de protection de la nature ont donc saisi le Conseil d'État des recours dirigés contre ce décret.

Par arrêt en date du 27 mai 1991, le Conseil d'État a annulé le décret en considérant qu'en cas de modification de

1. D'après le *Wiktionnaire*, "dispositif rotatif placé dans une cuve remplie de sodium, utilisé pour charger et décharger les assemblages combustibles du cœur d'un réacteur rapide refroidi au sodium ; par extension, l'ensemble formé par le dispositif rotatif et la cuve".

l'installation, les conditions auxquelles est soumise la mise en exploitation de l'installation ainsi modifiée devaient être déterminées par décret. Or, le décret du 10 janvier 1989 prévoyait une autorisation temporaire dans des conditions qui devaient être déterminées par le ministre de l'Industrie. Le Conseil d'État a considéré que le Gouvernement avait ainsi délégué des pouvoirs de manière illégale, dans la mesure où aucune condition précise n'était fixée pour les modalités. En application de ce principe, toutes les autorisations de remise en service du réacteur étaient annulées par voie de conséquence.

Entre-temps, un certain nombre de communes voisines de la centrale nucléaire avaient saisi le tribunal administratif de Grenoble d'une demande de sursis à exécution de la décision de poursuivre le fonctionnement du réacteur en date du 30 août 1989, prise sur la base du décret du 10 janvier 1989.

Devant le tribunal administratif, le ministre de l'Industrie soutint qu'il n'y avait pas d'urgence à décharger le cœur du réacteur. Le sursis ne fut pas ordonné. Mais le tribunal nomma un expert pour se rendre sur les lieux et dire s'il y avait urgence ou non à décharger le cœur du réacteur de la centrale nucléaire de Creys-Malville. Dans l'affirmative, il le chargea d'indiquer si les dispositifs techniques permettant le déchargement étaient en place, depuis quelle date, et s'ils étaient en état de remplir leur office.

On observera que cette demi-mesure avait été prise alors même que le commissaire du Gouvernement, Daniel Lanz, avait conclu au sursis à exécution pour une série de motifs d'illégalités dont l'un sera, un an plus tard, retenu par le Conseil d'État.

Cette expertise, confiée à un certain M. Pronost (dont il est piquant de relire la déposition lors de la commission d'enquête de l'Assemblée nationale conduite par MM. Galley et Bataille, et consacrée à Creys-Malville), nous permettra une visite guidée d'une centrale nucléaire en pleins travaux, alors même qu'elle était réputée fonctionner. Les matériels de secours étaient cantonnés dans un bâtiment situé à plusieurs dizaines de mètres de l'installation et n'avaient pas été déballés. Le barillet était à l'arrêt et le système pour extraire les crayons de combustible, inefficace : cela donnait une impression redoutable de manque de professionnalisme. Certes, l'expertise conduite par M. Pronost n'a pas produit de conséquences juridiques très importantes, mais elle a permis aux parties d'avoir une idée très précise de l'état réel de la centrale, excluant pour l'exploitant la possibilité de fournir une vision tronquée de la réalité. Elle a donc offert une défense plus concrète et précise à l'encontre des décisions de création successives du réacteur et elle a permis d'emporter la conviction, rarissime dans le domaine nucléaire, du Conseil d'État.

Quoi qu'il en soit, après l'annulation du décret et des autorisations de remise en service, la centrale nucléaire était à l'arrêt. Une nouvelle procédure avait été mise en œuvre avec des études d'impact et une enquête publique. Elle déboucha sur un décret du 11 juillet 1994 autorisant la création d'une centrale nucléaire à neutrons rapides de 1 200 mégawatts à Creys-Malville. Ce décret était accompagné d'une mesure de sécurité obtenue par le ministre de l'époque, Michel Barnier, affirmant le caractère de prototype du réacteur, lui assignant un objectif de recherche et prescrivant que "la production électrique du réacteur ne pourra[it] être soumise aux exigences d'approvisionnement du réseau électrique". Ce décret fut à nouveau attaqué devant le Conseil d'État par la Ville de Genève.

Lorsqu'en mai 1995 l'un d'entre nous devint ministre de l'Environnement, le dossier, qui était déjà suivi devant le Conseil d'État par un avocat au Conseil d'État et à la Cour de cassation, quitta totalement le cabinet Huglo-Lepage.

Par arrêt en date du 28 février 1997, le Conseil d'État annula ce décret en raison des modifications existant entre le décret d'autorisation et le projet soumis à l'enquête publique, dans la mesure où l'importance de la modification était telle qu'elle en affectait substantiellement la destination.

La ministre de l'Environnement refusa alors de signer un décret de redémarrage immédiat comme le souhaitait le Premier ministre, car un tel décret ne pouvait qu'être conforme à la déclaration d'utilité publique et, par voie de conséquence, réduire considérablement les mesures de sécurité prises à l'égard d'une centrale nucléaire dont les dysfonctionnements avaient été constants. La centrale fut donc contrainte de s'arrêter.

L'arrivée de Lionel Jospin comme Premier ministre en juin 1997 conduisit à la fermeture définitive de cette installation.

Portée de l'affaire

Le cas de Creys-Malville est le seul dont on peut dire qu'il a permis à la justice de fonctionner normalement et de jouer son rôle. Dans tous les autres cas, avec une exception partielle pour la centrale nucléaire de Cattenom, les jugements rendus par les tribunaux administratifs ont toujours été sanctionnés par le Conseil d'État, lequel a toujours validé le programme électronucléaire.

Mais l'erreur de conception majeure de Creys-Malville et l'incertitude concernant la filière des surgénérateurs l'ont ici emporté, les décisions juridiques traduisant en droit le bricolage technologique.

Le premier décret, celui du 2 juin 1989 (n° 89-361), permettait à une centrale nucléaire qui venait de subir un incident très grave, dont la cuve était fissurée, de continuer à fonctionner comme si de rien n'était, et sans que les règles minimales de sûreté soient applicables. Quant au second décret, celui du 29 mars 1993 (n° 93-743), il essayait de concilier l'inconciliable en permettant le fonctionnement d'un réacteur de recherche alors que c'était une centrale nucléaire qui avait été soumise à une enquête publique. Cette jurisprudence, très importante, de la conformité du projet finalement autorisé par rapport à l'enquête publique, même lorsque la décision finale améliore l'environnement par rapport au dossier soumis à l'enquête publique, trouvera plusieurs cas d'application.

La décision de fermeture de la centrale nucléaire de Creys-Malville a été juridique avant d'être politique, et ce précédent pourrait bien servir dans le cadre du débat actuel sur la fermeture des centrales nucléaires en France.

Par ailleurs, l'idée du surgénérateur continue à faire des ravages financiers (Creys-Malville a coûté près de 10 milliards d'euros), puisque ses concepteurs et leurs successeurs poussent aujourd'hui l'idée d'un réacteur Astrid, dit "de quatrième génération", qui serait en réalité la reprise du surgénérateur de Creys-Malville[1].

Le projet Astrid a tout d'abord été revu à la baisse puisqu'au lieu de construire un démonstrateur de 600 mégawatts, dont la mise en service était prévue à l'horizon 2039, le CEA a envisagé un projet de puissance réduite : entre 100 et 200 mégawatts. Le projet semble désormais abandonné. Compte tenu des milliards engloutis pour Areva-Orano et EDF, il n'est pas certain que même un petit réacteur soit financé pour un horizon qui n'apporte, du reste, aucune solution à nos problèmes à court et à moyen terme.

Cette affaire démontre l'efficacité du juge lorsqu'il accepte de jouer son rôle. Il a mis un terme à une filière qui a coûté 10 milliards d'euros au contribuable, et dont le réacteur unique produisait peu.

En revanche, il n'est pas impossible que les décisions successives des deux ministres de l'Environnement aient eu pour conséquence de permettre au lobby nucléaire d'obtenir que le Gouvernement perde le droit de fermer une centrale nucléaire, ce qui fut fait par les textes de 2006 et 2007[2].

1. Le gouvernement a décidé d'abandonner ce projet le 30 août 2019 après avoir dépensé 739 millions d'euros.

2. Lois du 13 juin 2006, du 7 décembre 2006 et du 5 mars 2007.

Existe-t-il une responsabilité dans le domaine nucléaire ?
La question de la responsabilité dans le domaine nucléaire est-elle aussi hors droit ? L'idée de départ était que le risque nucléaire n'existait pas puisque le rapport Rasmussen prévoyait un accident tous les vingt-deux mille ans… !

Mais mieux vaut être prudent… non pas pour protéger le plus possible la population mais pour protéger les intérêts du lobby nucléaire. En effet, la convention de Paris limite l'assurance du risque nucléaire à la somme très modeste de 1,5 milliard d'euros, dont 60 millions à la charge d'EDF, somme qui doit être portée à quelques centaines de millions mais qui ne l'est toujours pas.

Pour la responsabilité de droit commun, aucune règle particulière ne vient organiser la responsabilité de l'exploitant qui n'est pas soumis aux règles ICPE[1]. Deux arrêts rendus dans des domaines très différents, celui des troubles de voisinage et celui du droit du travail, illustrent l'intérêt de soumettre le nucléaire au droit commun en dehors du cas, que l'on espère ne jamais voir se réaliser, d'un accident majeur.

16. L'AFFAIRE SPIRE : UNE CENTRALE NUCLÉAIRE PEUT GÊNER DES VOISINS[2] !

Le Conseil d'État le reconnaît mais pas trop…

Faits et procédures
Le poète André Spire avait acquis avant la guerre une maison en bordure de la Loire. Il ignorait alors que, plusieurs décennies plus tard, une centrale nucléaire, celle de Saint-Laurent-des-Eaux,

1. Installations classées pour l'environnement ; il s'agit du droit commun des installations industrielles.
2. CE, 2 octobre 1987, Électricité de France c/ Spire, n° 68894. CE, 21 juillet 1989, EDF c/ Spire, n° 90746.

serait construite juste en face de cette propriété, de l'autre côté de la Loire.

Son épouse et sa fille, Marie Brunette, excédées par l'éclairage permanent, de jour comme de nuit, de la centrale nucléaire et par le bruit persistant du fonctionnement de l'installation, avaient saisi le tribunal administratif d'Orléans d'un recours tendant à voir indemniser le préjudice subi du fait de cet ouvrage. On rappellera qu'une centrale nucléaire est un ouvrage public et que les tiers sont en droit de demander réparation du préjudice subi du fait d'un ouvrage public, quelle que soit sa nature, lorsqu'ils subissent un trouble anormal et spécial.

Le tribunal administratif d'Orléans, par un premier jugement en date du 5 février 1985, avait déclaré EDF responsable et avait ordonné une expertise sur le montant de l'indemnité. Puis, par un second jugement en date du 29 juin 1987, il avait condamné EDF à verser à Mmes Spire une somme de 300 000 francs en raison des troubles de jouissance résultant des nuisances causées à leur propriété par la proximité de la centrale nucléaire de Saint-Laurent-des-Eaux et de la perte de valeur vénale de leur immeuble.

Par un premier arrêt en date du 2 octobre 1987, le Conseil d'État avait réformé le jugement en limitant le préjudice au bruit, excluant par là la lumière permanente et la perte de valeur vénale de la propriété. Puis, par un deuxième arrêt en date du 21 juillet 1989, il avait ramené la somme à laquelle EDF avait été condamnée de 300 000 à 250 000 francs, plus les intérêts de droit et leur capitalisation.

Une fois encore, ces décisions démontrent la volonté du Conseil d'État de protéger avant tout l'exploitant nucléaire, même s'il a maintenu à peu de chose près l'indemnité initiale censée compenser les préjudices de toute nature et la perte de valeur vénale.

Portée des décisions

Ces décisions sont les premières à avoir admis la responsabilité sans faute d'EDF pour le fonctionnement des centrales nucléaires lorsque celui-ci créait des nuisances excessives à leur voisinage.

Le Conseil d'État a réduit considérablement le champ d'application de cette jurisprudence en excluant des troubles pourtant parfaitement établis, comme la lumière permanente de jour comme de nuit imposée au voisinage, qui s'appelle aujourd'hui la "pollution lumineuse". Il a également exclu la perte de valeur vénale, pourtant indéniable, des propriétés. Et encore, à l'époque, le risque nucléaire était totalement nié en France, ce qui n'est plus le cas aujourd'hui.

En définitive, la haute assemblée n'a accepté d'ouvrir qu'une porte très étroite à l'indemnisation des riverains, pourtant parfaitement légitime, mais qui pouvait se révéler redoutable pour l'exploitant nucléaire.

Qu'en est-il aujourd'hui ?

La question de l'impact des centrales nucléaires sur le voisinage pourrait bien rebondir dans l'actualité, sous une forme différente.

Tout d'abord, depuis quelques années la législation interdit aux communes de construire à moins de 3 kilomètres d'une centrale nucléaire, ce qui, bien entendu, a entraîné pour celles-ci une perte fiscale. Certes, les retombées financières d'une centrale nucléaire pour les communes d'accueil et voisines ont été tout à fait considérables. Il n'en demeure pas moins que cette nouvelle réglementation a suscité une réaction de ces communes ou tout au moins de certaines d'entre elles.

Ensuite, le risque nucléaire étant désormais reconnu comme une réalité, la perte de valeur vénale des propriétés voisines des centrales nucléaires est tout autant une réalité. Il n'est pas impossible que la question puisse être reposée dans les années qui viennent.

En particulier, l'application de la législation sur les plans de prévention des risques technologiques (PPRT[1]), qui permet l'expropriation dans les zones de risque létal et qui n'est guère suivie d'effet en raison du coût d'acquisition, pourrait parfaitement être évoquée et invoquée par les riverains.

Dès lors, cette jurisprudence qui, en définitive, a été peu utilisée au cours des décennies passées pourrait l'être dans les années qui viennent.

17. QUAND LE CEA NE RESPECTE PAS LA LÉGISLATION DU TRAVAIL
La sanction de la faute inexcusable de l'employeur appliquée au CEA[2]

Faits et procédures

Cet arrêt est le premier qui admette, dans le domaine du nucléaire, la faute inexcusable de l'employeur.

M. C. travaillait au service des expérimentations chimiques à l'usine de Pierrelatte, exploitée par le Commissariat à l'énergie atomique (CEA). Son travail consistait en la mise en œuvre du procédé Chemex, destiné à séparer les différents isotopes de l'uranium. Cette activité le conduisait à manipuler un produit dit "Solvesso 150", contenant du benzène.

1. La loi sur les risques de 2003 instaure des plans de protection contre les risques technologiques autour des installations dangereuses (en particulier Seveso) avec des zones de létalité (risque de mort) et de morbidité (risque de blessures graves). Dans les premières (les zones de létalité), des interdictions de construire sont instaurées mais les populations existantes peuvent bénéficier d'un droit à partir si elles ne sont pas expropriées. Sauf que l'État n'a jamais mis les moyens nécessaires à l'application effective de cette loi.

2. Cour de cassation, chambre sociale, 13 juin 1991, CEA c/ C. et CPAM de la Drôme, n° 89-20.966.

Ce produit est de nature à provoquer une leucémie par action toxique sur le sang. Cette exposition commença en mars 1973. Les analyses de sang effectuées au début de l'année 1977 montraient une inversion de la formule sanguine de M. C. sans que l'employeur en tire quelque conséquence que ce soit.

M. C. continua son activité jusqu'en décembre 1977, alors que son état de santé se dégradait. En effet, une leucémie à tricholeucocytes fut alors diagnostiquée, conduisant à une déclaration de maladie professionnelle n° 4[1] le 17 décembre 1979, attribuée à une exposition aux hydrocarbures benzéniques.

La Caisse primaire d'assurance maladie (CPAM) reconnut la maladie professionnelle en 1980. Le CEA ne contesta pas et ne fit aucune réserve sur le bénéfice de la maladie professionnelle. Malheureusement, l'état de santé de M. C. se détériora rapidement, jusqu'à parvenir à une incapacité permanente partielle (IPP) de 100 %.

M. C. estimait qu'aucune protection ne lui avait été assurée, qu'aucune information sur la dangerosité des produits ne lui avait été délivrée, qu'aucun appareil de détection n'avait été mis en place, et que, de surcroît, il avait été conduit à être à nouveau affecté à ce service entre juillet et décembre 1977, malgré la détection des anomalies sanguines.

Il voulait donc que le personnel travaillant dans le nucléaire soit protégé de manière correcte. Ainsi, il engagea en 1987 une action pour faire reconnaître la faute inexcusable de l'employeur[2].

1. Le Code du travail prévoit l'élaboration d'une liste de maladies professionnelles reliées à un certain nombre d'activités. Un salarié qui souffre d'une de ces maladies et exerce une activité qui peut la générer bénéficie d'une dispense de preuve de lien de causalité et est pris en charge au titre des maladies professionnelles.
2. La faute inexcusable de l'employeur, définie à l'article L. 452-1 du Code de la sécurité sociale, est le manquement à l'obligation de sécurité de la part de l'employeur. Il s'agit d'une obligation de résultat, notamment en ce qui concerne les maladies professionnelles contractées par l'intéressé du fait des produits fabriqués

Le tribunal des affaires de sécurité sociale de Valence donna raison à M. C. au terme d'une audience d'une extrême dureté, au cours de laquelle le CEA, revenant sur la reconnaissance de l'origine de la maladie, prétendit qu'elle résultait d'un déplacement en Afrique qu'avait fait M. C., sous-entendant que son comportement personnel était à l'origine de sa maladie. Rappelons qu'à cette époque le sida faisait des ravages. La violence de cette négation entraîna une syncope de M. C. dans la salle d'audience.

Quoi qu'il en soit, le CEA fit appel. La cour d'appel de Grenoble, par arrêt en date du 21 novembre 1989, reconnut la faute inexcusable de l'employeur en considérant, d'une part, que le CEA avait attendu 1980 pour demander aux producteurs quels étaient les risques pour la santé de l'homme liés à l'utilisation de leur produit et, d'autre part, qu'il avait fallu attendre 1980 pour qu'une expérimentation animale et un contrôle d'ambiance soient instaurés. Et qu'enfin, avant la mise en application du procédé en 1973, aucune mesure de protection, tant cutanée que respiratoire, n'avait été prise vis-à-vis du personnel.

La défense du CEA avait consisté à prétendre que des précautions avaient été prises dans un rapport de sûreté classé "secret-défense", ce qui, à supposer que ce soit vrai puisque invérifiable, était bien entendu du plus grand intérêt pour le personnel !

Dans son arrêt, la Cour de cassation reconnut une faute d'une gravité exceptionnelle, dérivant d'un acte ou d'une omission volontaire, c'est-à-dire "une attitude particulièrement grave, impliquant de la part de l'employeur la conscience du danger couru par le salarié[1]".

ou utilisés par l'entreprise. La faute est inexcusable lorsque l'employeur avait ou aurait dû avoir conscience du danger auquel était exposé le salarié et n'a pas pris les mesures nécessaires pour l'en préserver.

1. Voir les conclusions d'Yves Chauvy, avocat général, *Droit social*, 1991, p. 162.

L'arrêt de la Cour de cassation est particulièrement sévère à l'égard du CEA : il reconnaît que celui-ci n'avait pris aucune mesure efficace de protection de ses salariés ; et qu'informé de la modification dans la formule sanguine de M. C., le CEA avait tardé à le retirer de son poste et qu'au contraire, il l'y avait affecté de nouveau alors que son état aurait dû, à cette date, le faire déclarer inapte.

Portée de l'arrêt

M. C. est décédé peu de temps après l'arrêt de la Cour de cassation, qui aura été rendu quatre ans après la saisine du tribunal des affaires de sécurité sociale et quatorze ans après que la leucémie aura été détectée.

C'est le premier arrêt qui reconnaît la faute inexcusable de l'employeur nucléaire, très protégé par la juridiction française et dont il convient de rappeler que l'essentiel de l'argumentation consistait à soutenir que les règles de sécurité figuraient dans des documents classés secret-défense.

Cette condamnation sévère a permis de soumettre au droit commun du travail les employeurs du nucléaire – ce droit commun qui mériterait d'être plus souvent rappelé lorsque l'on sait les conditions dans lesquelles travaillent aujourd'hui les employés des sous-traitants du nucléaire.

Cette décision a obligé les employeurs du nucléaire à se montrer beaucoup plus rigoureux dans la protection des salariés et à ne pas considérer que la seule application du tableau des maladies professionnelles suffisait à remplir de leurs droits les salariés victimes des leucémies et autres cancers fréquents dans le domaine nucléaire.

Mais cette protection des salariés ne s'étend pas aux sous-traitants qui ne font pas réellement l'objet d'un suivi, qui sont sous la responsabilité de leurs employeurs et non d'EDF. De plus, les fréquents changements de lieux et de postes rendent quasiment impossible l'établissement d'un quelconque lien de causalité en cas de problème de santé. Tout reste donc à construire…

Ce chapitre aurait pu être complété par de nombreuses affaires et sera suivi, dans la deuxième partie du livre, de dossiers contemporains. Il démontre le caractère hors droit qu'a cherché à créer le système nucléaire, d'une part pour agir à sa guise et en dehors de toutes règles existantes, d'autre part pour dégager sa responsabilité. Il apporte la preuve que, hormis Creys-Malville et des dossiers symboliques de couloirs de lignes à haute tension, le Conseil d'État a fait prévaloir globalement les intérêts de l'industrie nucléaire sur ceux de l'environnement.

IV

ENTRE GRANDS TRAVAUX ET ENVIRONNEMENT, IL FAUT CHOISIR

Ce quatrième volet concerne un certain nombre de projets. Qu'il s'agisse d'autoroutes, du TGV, de projets immobiliers ou d'installations classées polluantes, ils ont été les révélateurs de la prise en compte réelle ou virtuelle de l'environnement. Perdus ou gagnés – ce qui, heureusement, a été le plus souvent le cas –, ces procès ont permis de susciter une législation lorsqu'elle s'avérait indispensable, d'obtenir une application effective de la règle de droit lorsqu'elle existait et de faire reculer des projets dont le bon sens excluait la réalisation même lorsque le juge s'était montré bienveillant.

ROUTES ET AUTOROUTES

18. LE PROJET DE LA ROCADE DE LA BAULE

La défense du marais salant de Guérande[1]

Faits et procédures

Cette affaire est celle d'un procès perdu qui a entraîné une telle mobilisation de la population et des scientifiques qu'il a été finalement gagné sur le terrain.

De quoi s'agissait-il ? De quelque chose de banal *a priori* et d'absurde. En substance, le maire de La Baule, Olivier Guichard, avait décidé, au tout début des années 1970, de réaliser une voie d'accès rapide à la ville de La Baule. Cette rocade avait l'immense inconvénient de couper en deux le marais salant dit "de Guérande", exploité depuis l'Antiquité. Cet ensemble écologique exemplaire est constitué d'un réseau complexe de canaux dénommés "étiers", entretenus par les paludiers pour la production du sel.

À cette époque, les exploitants du marais salant subissaient une grave crise. Tout d'abord, le marché du sel s'écroulait face à la position de monopole des Salins du Midi : 20 % seulement des œillets étaient encore cultivés (les œillets sont la partie rectangulaire de laquelle est extrait le sel). À cela s'ajoutait la pression

1. Tous les détails de cette affaire sont relatés dans un chapitre de Christian Huglo, *Avocat pour l'environnement, op. cit.* (voir le chapitre II : "L'invention de l'étude d'impact, affaire de la rocade de La Baule, 1972-1978", p. 117-125).

foncière des grandes villes, consommatrices d'espaces et de paysages, le marais étant menacé de disparaître purement et simplement.

Tout cela justifiait, aux yeux des bétonneurs des années 1970, l'abandon des terrains nécessaires à la voie rapide. C'était sans compter sur la mobilisation de toutes les associations de défense de l'environnement, regroupées autour des paludiers Charles Perrault et Michèle de Monfort (surnommée "la Comtesse Rouge") pour sauver cet ensemble écologique extraordinaire.

La Société pour l'étude et la protection de la nature en Bretagne, qui avait à sa tête un universitaire de renom, Jean-Claude Demaure (qui est devenu par la suite maire adjoint de la ville de Nantes), avait su mettre de son côté des scientifiques comme des militants bretons.

Pour obtenir la création d'une route départementale, un simple arrêté préfectoral après enquête publique suffisait. La juridiction compétente était le juge administratif. À cette époque, il n'existait aucune obligation de faire réaliser une étude d'impact, que l'on a vue seulement apparaître dans la législation française en 1976, avec la loi de protection de la nature, puis au niveau du droit européen, avec la directive n° 85/337 du 27 juin 1985.

Or, en l'espèce et avant la lettre, l'écologie était totalement au cœur du débat. Les scientifiques avaient démontré de façon lumineuse que le marais salant constituait un tout et que toute modification du système de circulation des eaux détruisait une partie beaucoup plus importante que celle affectée par l'assiette de la voie publique : tout le système sophistiqué des étiers, qui fonctionnait en copropriété depuis l'époque romaine, était effectivement menacé.

La démonstration avait également été faite que le marais salant produisait, en matière primaire biologique, de quoi alimenter la vie marine à plus de 400 kilomètres des côtes. Comme on le sait, les espaces limitrophes comme les estuaires ou les marais salants ont une valeur écologique considérable.

Mais le fait était là : que préférer ? Le court terme et la circulation automobile ou le maintien d'un milieu naturel infiniment précieux et productif ?

Pour donner de la puissance au recours devant le tribunal administratif de Nantes, il avait donc été demandé à toutes les associations de se regrouper et de se réunir. Plus de soixante d'entre elles figuraient dans cette procédure, qui est une procédure écrite.

Devant l'émotion, et sans doute face à la force des arguments écologiques développés, notamment dans les écritures et pendant une plaidoirie de plus de deux heures, le tribunal administratif ordonna une visite sur les lieux, seul moyen d'enquête possible à l'époque puisque la notion d'expertise écologique n'existait pas.

La visite eut lieu de façon contradictoire, mais le tribunal rendit sa décision sur le fond en repoussant l'idée que l'on puisse contester l'utilité publique de la création d'une route. La théorie du bilan, dite "coût/avantage", ne l'avait pas emporté, qui venait d'apparaître dans la jurisprudence du Conseil d'État[1].

Ce dernier devait rendre un arrêt confirmatif plus qu'attristant le 7 octobre 1977, car il considérait que la rocade de La Baule ne portait pas atteinte aux cultures horticoles[2] *(sic !)*. Ce n'est pas le résultat juridictionnel obtenu mais l'existence du procès qui devait faire basculer le destin.

C'est tout simplement à la suite de la mobilisation pour l'action juridictionnelle que les opposants ont pu l'emporter aux élections des conseils municipaux, qui ont dès lors refusé tout financement du projet.

Le local avait donc pris le pas sur le central et le projet destructeur d'un écosystème précieux a pu être sauvegardé... mais pas grâce au juge !

1. CE, 1971, Ville nouvelle Lille-Est, *Gaja*, 15e éd., p. 598.
2. CE, 7 octobre 1977, requête no 99986. Le Conseil d'État veut dire en fait qu'il assimile le marais salant à un jardin horticole, comme les hortillons d'Amiens qui sont des marais d'eau douce !

Intérêt de l'affaire

Comme on le verra plus bas, l'intérêt de cette affaire est non seulement d'avoir pu mesurer l'impact des mobilisations locales, mais également d'avoir mis en lumière l'importance de l'évaluation préalable du dommage écologique avant toute réalisation d'un ouvrage susceptible de bouleverser l'environnement.

Une autre application des principes dégagés à travers l'affaire de la rocade de La Baule se retrouve également dans le contentieux de l'autoroute A400 qui devait longer le lac Léman et permettre de rejoindre la Suisse[1]. Dans un arrêt de principe, le Conseil d'État a déclaré l'inutilité du projet[2]. Car il est entré là en profondeur dans le contrôle du bilan coût/avantage.

Finalement, l'alliance entre le monde scientifique et le monde associatif, et même celui des collectivités publiques, constitue une force qui permet à la société civile de s'exprimer devant la justice et de créer la jurisprudence. Ce mouvement se perpétue aujourd'hui, comme le révèle l'analyse du contentieux climatique mondial qui connaît une véritable révolution[3].

19. L'AFFAIRE DE L'AUTOROUTE A400

La répétition positive de l'affaire de la rocade de La Baule

Par un arrêt d'Assemblée rendu le 28 mars 1997, le Conseil d'État a annulé un décret du Premier ministre déclarant d'utilité publique et urgents les travaux de construction de l'autoroute A400 entre Annemasse et Thonon-les-Bains, dans le département de la Haute-Savoie.

1. Voir ci-dessous p. 125-128.
2. CE, 28 mars 1997, Association contre le projet de l'autoroute transchablaisienne et autres, requêtes n°s 178856 et 170857.
3. Voir Christian Huglo, *Le Contentieux climatique, une révolution judiciaire mondiale*, Bruylant, 2018.

C'était la première fois et, pourrait-on dire, une des rares fois que la plus haute juridiction administrative française annulait un projet important du Gouvernement telle qu'une autoroute. Les autoroutes comme les aéroports, les lignes de chemin de fer ou les centrales nucléaires sont généralement considérés par le juge administratif supérieur comme revêtus d'une présomption d'intérêt général irréfragable[1], ce qui fait que les contentieux concernant ces sujets ont, en général, peu de chances d'aboutir.

La création de la ligne ferroviaire à grande vitesse Poitiers-Limoges, affaire dans laquelle le Conseil d'État a annulé la déclaration d'utilité publique de cette ligne, en est une autre rare illustration[2].

C'est dire tout l'intérêt qui s'attache à cette première qu'a constituée l'affaire de l'autoroute A400, qui présente une certaine symétrie, mais dans le sens contraire, avec l'affaire de la rocade de La Baule évoquée plus haut[3].

Tout d'abord, de quoi s'agissait-il ?

Faits et procédures

Le projet de l'Administration était de réaliser une autoroute sur une distance de 35 kilomètres – cette autoroute étant en quelque sorte un démembrement de l'autoroute A40 (Mâcon-Saint-Gervais), qui devait relier le sud de la ville d'Annemasse à la ville de Thonon-les-Bains. L'aboutissement de cette liaison autoroutière avait été limité à Thonon-les-Bains car, dans la conception primitive, elle aurait dû aller jusqu'à la frontière suisse à Saint-Gingolph. Or, il s'avère que la Suisse ne tolère pas les poids lourds. C'était en réalité une autoroute qui se terminait en cul-de-sac !

1. "Irréfragable" signifie que la présomption d'intérêt général est en l'espèce irréfutable.
2. On trouvera un commentaire détaillé de cette annulation dans la revue *Énergie – environnement – infrastructures*, n° 6, juin 2016, commentaire 50.
3. Voir p. 122-125.

Elle ne servait pas à grand-chose : les villes d'Annemasse et de Thonon-les-Bains se reliaient par la route nationale 206, puis, par option, par la route nationale 5 ou par la route départementale 903, ces deux trajets ayant une longueur égale ou inférieure à celle de l'autoroute projetée et comportant des tronçons à 2 × 2 voies.

Voilà une parfaite illustration de la théorie absurde qui consiste à casser des œufs sans vouloir réaliser d'omelette. L'inutilité publique était évidente et il fallait la clamer haut, ce que firent les opposants lors de l'enquête publique. Pour cela, comme dans l'affaire de la rocade de La Baule, il fallait mettre en place un puissant dispositif d'attaque. De très nombreuses associations et de très nombreux particuliers se sont portés requérants devant le Conseil d'État.

On citera le requérant principal, l'Association contre le projet de l'autoroute transchablaisienne, mais aussi, parmi de nombreux autres, l'Association d'aménagement du quartier de Genevray, la Fédération Rhône-Alpes de protection de la nature, la Fédération nationale des associations d'usagers des transports, le Comité antibruit et de défense de l'environnement rhônalpin, l'association Protection santé environnement et de très nombreuses communes. C'était là encore, en quelque sorte, la manifestation de la volonté locale contre la volonté de l'État.

Ce n'est pas la même chose d'attaquer un décret par un seul requérant et de l'attaquer par toute une communauté et toutes les communes avoisinantes. C'est ce que l'on peut entendre par "un puissant dispositif d'attaque" qui est constitué par l'alliance, très fréquente dans le domaine de l'environnement, entre les associations, les particuliers et les collectivités locales.

Le raisonnement du Conseil d'État s'est fondé sur le fait que le trafic prévu était estimé à environ 10 000 véhicules par jour et que le coût de construction était évalué à 80 millions de francs par kilomètre, soit plus de 2,6 milliards de francs pour la totalité du tracé (aujourd'hui un peu plus de 400 millions d'euros).

Le Conseil d'État en a déduit, dans une équation bilan coût/avantage, que le coût financier au regard du trafic attendu devait être regardé à lui seul comme excédant l'intérêt de l'opération et comme de nature à lui retirer son caractère d'utilité publique.

Intérêt de l'affaire

Il faut bien une exception qui confirme la règle et cet arrêt du Conseil d'État est un des seuls qui annulent une déclaration d'utilité publique d'autoroute. On observera que le motif retenu est d'ordre financier, c'est-à-dire le coût exorbitant d'une autoroute inutile. À l'époque, les motifs environnementaux ne justifiaient pas l'annulation d'une autoroute. Le comique de cette affaire est que, en 2019, le gouvernement français a repris une nouvelle déclaration d'utilité publique sur un tracé quasiment équivalent qui se heurte à de fortes oppositions, y compris du côté suisse, dans la mesure où le train remplit exactement la fonction que le gouvernement français voudrait faire remplir à l'autoroute. Mais, aujourd'hui, les arguments environnementaux, climatiques et de respect de la biodiversité sont venus renforcer l'argument financier qui est toujours valide. Comme quoi, même de mauvaises idées peuvent avoir la vie dure !

20. L'AFFAIRE DU TGV NORD ET LA VILLE D'AMIENS
Comment "dealer" une gare TGV contre une autoroute

Faits et procédures

Nous avons été les avocats de la Ville d'Amiens, de la chambre de commerce et d'industrie d'Amiens et de nombreux requérants individuels qui tenaient à ce que le tracé du TGV Nord passe par la ville d'Amiens. Ce n'était pas prévu. Aujourd'hui, le TGV Nord s'arrête dans la gare dite "des betteraves", à proximité de Roye et d'Amiens, desservie par l'autoroute A16 Boulogne-Amiens-Beauvais-Paris. Comment tout cela a-t-il pu s'accomplir et quelle était la part du droit et du politique dans ce sujet ? C'est effectivement la passionnante affaire Ville d'Amiens contre État français.

Il était cohérent que le TGV passe par Amiens pour des raisons d'aménagement du territoire. Cette ville n'avait pas d'autoroute, se trouvait loin de la côte et, en toute logique, le TGV qui devait à la fois desservir le Nord de la France et la ville de Lille, et en même temps aboutir au tunnel sous la Manche, aurait dû se séparer à peu près à la hauteur de Roye par une branche en forme de Y, pour que la branche gauche aille vers Amiens et celle de droite vers Lille.

Mais ce n'est pas le cas… Aujourd'hui, le TGV passe à 30 kilomètres d'Amiens, s'arrête à Lille et poursuit à hauteur de cette ville jusqu'à l'entrée du tunnel sous la Manche en passant par sa banlieue, ce qui n'est pas sans inconvénients importants pour les habitants.

Qui en a décidé ainsi ? Eh bien, c'est le politique.

Les calculs, la rationalité et les paramètres économiques validaient sans aucun doute le tracé de la ligne TGV en Y et non pas en barre de T ou plus exactement en forme de lettre gamma. C'est le maire de Lille, ancien Premier ministre, qui est intervenu directement auprès du président de la République et a voulu que le TGV soit au seul bénéfice de sa ville en vertu de l'adage "Le bonheur, c'est que les autres n'en aient pas".

En 1986, l'affaire n'était pas réglée et la délégation de la Ville d'Amiens et la chambre de commerce et d'industrie, avec notre assistance, ont pu intervenir auprès du ministre des Transports, Louis Mermaz, dans les premiers mois du gouvernement Rocard, c'est-à-dire dans la période comprise entre les élections présidentielles et les élections législatives. L'enquête publique ne s'était pas encore déroulée, il était encore possible de renverser la situation.

Après les élections législatives, Michel Delebarre, maire de Dunkerque, a succédé à Louis Mermaz, et les dossiers de la Ville d'Amiens se sont retrouvés dans les couloirs. Que faire dans ces conditions ? Innover.

Chronologiquement, en commençant par travailler sur l'enquête publique pour essayer de convaincre les commissaires enquêteurs. D'où un envoi massif de lettres recommandées pour s'opposer au projet. Il n'y en eut pas moins de 100 000 qui ont été annexées au dossier, constatées par huissier et transmises à la commission d'enquête qui refusa de se déplacer pour compter les dossiers dans les armoires de la chambre de commerce.

Une autre initiative fut prise qui consista à faire acquérir par la Ville d'Amiens ou la chambre de commerce un certain nombre d'hectares sur le tracé et à les diviser en 1 000 parcelles vendues par un notaire itinérant dans toute la Somme.

La dernière précaution qui fut prise fut de vérifier l'indépendance du commissaire enquêteur. Une lettre recommandée fut envoyée en ses bureaux, qui étaient installés dans les locaux d'Eurotunnel. Cette lettre, ainsi libellée : "Monsieur le président de la commission d'enquête, aux bons soins d'Eurotunnel", fut conservée précieusement.

Tout cela pourrait sembler des détails mais on verra l'utilisation qui a pu en être faite.

Le Conseil d'État, très embarrassé par la question de la non-prise en considération par la commission d'enquête des 100 000 lettres recommandées avec accusé de réception, eut recours à un subterfuge pour refuser l'annulation. Il existait en effet une jurisprudence du Conseil d'État, un arrêt "Sieur Collombon[1]" que nous avions obtenu en son temps pour faire annuler la création d'un aéroport totalement inutile, l'aéroport de Sisteron-Thèze-Vaumeilh.

Dans cette affaire, le Conseil d'État avait annulé la déclaration d'utilité publique parce que les commissaires enquêteurs avaient refusé de prendre en considération des pétitions qui n'émanaient pas du département, ou tout au moins de les comptabiliser. Le Conseil d'État considéra dans l'affaire en question que ces pièces n'avaient pas été mises entre les mains des commissaires enquêteurs alors qu'en réalité, ce sont ces derniers qui avaient refusé de les consulter.

Bref, il y eut un long délibéré au Conseil d'État, le maire de la Ville d'Amiens se déplaça à l'audience mais rien n'y fit. C'est alors que furent enclenchées deux procédures :

L'une de division des parcelles, déjà évoquée, contre laquelle le Gouvernement vota une loi *ad hoc* pour permettre le recours à la procédure d'urgence en cas de division artificielle d'une propriété.

La seconde fut la plus efficace : l'envoi de la lettre recommandée au président de la commission d'enquête aux bons

1. CE, 14 novembre 1980, n° 14601.

soins d'Eurotunnel permit d'obtenir du président du tribunal de Nanterre une ordonnance de compulsoire[1] pour vérifier les conditions dans lesquelles travaillait le commissaire enquêteur.

Eurotunnel était une des parties intéressées et le président de la commission d'enquête ne pouvait, sans mettre en cause son impartialité, siéger au sein d'Eurotunnel ! Cette circonstance non seulement décrédibilisait son rapport et devait conduire à une annulation de la procédure, mais permettait aussi d'en tirer toutes les conséquences pénales possibles sur le plan de ce que l'on appelle la prise illégale d'intérêts[2].

Une information pénale fut ouverte et les inculpations allaient tomber lorsque le maire d'Amiens fut convoqué à Matignon et qu'il y eut, en notre présence, un accord pour l'accélération de la construction de l'autoroute A16.

Enseignements de l'affaire

Cette affaire est tout à fait rocambolesque mais elle montre comment il faut savoir imaginer des procédures ou des incidents de procédure pour parvenir à un résultat.

La deuxième leçon que l'on peut en tirer est le fait que, lorsqu'une collectivité publique est vraiment décidée à poursuivre une procédure, elle peut y parvenir parce qu'elle en a les moyens et dispose d'une certaine force politique. En l'espèce, il est vrai que la Ville d'Amiens n'est pas parvenue au résultat souhaité, c'est-à-dire le passage direct du TGV par Amiens. Toutefois, la réalisation d'une autoroute n'a pas été une compensation négligeable, même si elle est peu utilisée et si, sur le plan économique, l'arrivée du TGV aurait probablement été beaucoup plus profitable à la ville d'Amiens.

1. L'ordonnance de compulsoire est une procédure par laquelle un juge ordonne la production d'un acte public ou d'une pièce détenue par un officier public.
2. La prise illégale d'intérêts est une infraction pénale par laquelle le détenteur d'une autorité publique intervient dans le cadre de la prise d'une décision pour laquelle il est intéressé.

21. L'AFFAIRE DU PONT DE L'ÎLE DE RÉ

En France, on peut réaliser un pont sans autorisation mais pas sans conséquences[1]

Faits et procédures

La construction d'un pont entre La Rochelle et l'île de Ré devait avoir pour conséquence attendue – et réalisée depuis – une urbanisation importante : le développement des terrains de camping et un afflux de voitures sur une île dotée d'une seule voie principale, et, bien entendu, la disparition inévitable de zones protégées.

L'Association des amis de l'île de Ré, qui comptait en son sein le premier président de la Cour de cassation, le regretté Pierre Bellet, un président de chambre régionale des comptes, le regretté René Bouet, des présidents de grandes entreprises, des figures locales, a décidé d'engager la bataille contre ce pont dont la déclaration d'utilité publique venait d'être signée par le ministre de l'Équipement, Pierre Méhaignerie (CDS[2]), sur la demande insistante du président du département de Charente-Maritime, François Blaizot, son ancien directeur de cabinet.

Une première déclaration d'utilité publique fut annulée pour vice de forme par un jugement du tribunal administratif de Poitiers du 3 juillet 1985. Une seconde enquête publique déboucha sur une seconde déclaration d'utilité publique, prononcée le 20 septembre 1986.

Par jugement en date du 24 juin 1987, le tribunal administratif de Poitiers annula cet arrêté qui modifiait également le

1. TA de Poitiers, 3 juillet 1985, Association des amis de l'île de Ré. TA de Poitiers, 24 juin 1987, Association des amis de l'île de Ré. CE, Département Charente-Maritime, 8 mars 1989, n° 90453.

2. Centre des démocrates sociaux, un des partis à l'origine de l'UDF. L'Union pour la démocratie française est un parti politique créé le 1er février 1978 à l'initiative de Valéry Giscard d'Estaing et composé de divers mouvements de centre droit.

plan d'occupation des sols de la commune d'accueil du pont sur l'île. Par arrêt en date du 8 mars 1989, le Conseil d'État confirma le jugement au motif que l'arrêté comportait des modifications substantielles par rapport au dossier mis à l'enquête publique, en ce qui concernait en particulier les voies de raccordement, et que le consentement de l'agglomération de Rivedoux, sur l'île de Ré, n'avait pas été donné.

Cela n'empêcha en rien le département et la société Bouygues, qui construisait le pont, de continuer comme si de rien n'était.

C'est dans ces conditions que l'association, à laquelle s'étaient jointes d'autres ONG et notamment la Fondation Cousteau, saisit le juge des référés civil pour constater qu'il y avait voie de fait[1] dans la poursuite des travaux de réalisation du pont. Le préfet présenta un déclinatoire de compétence[2] le 4 septembre 1987, que le tribunal rejeta.

Le ministre de la Justice saisit alors le procureur général et le Tribunal des conflits. L'argumentation des associations consistait à soutenir que le refus d'exécuter une décision de justice portait atteinte à une liberté fondamentale. Subsidiairement, il était soutenu que le fait que les projets nuisent gravement à l'environnement était constitutif de l'atteinte à une liberté fondamentale. Le Tribunal des conflits déclara nulle et non avenue l'instance en référé. Un considérant particulièrement savoureux affirme (sans que la décision soit signée du 1er avril) que le droit

1. La "voie de fait" était une procédure qui donnait au juge judiciaire la compétence pour constater l'atteinte irrégulière à la propriété privée ou l'atteinte à une liberté publique et qui lui permettait d'en ordonner la cessation. Cette procédure a aujourd'hui quasi disparu de notre ordre juridique.

2. Dans le cadre de la répartition des pouvoirs entre le juge judiciaire et le juge administratif, la loi donne au préfet la possibilité de s'opposer à la saisine du juge judiciaire en refusant sa compétence. C'est ce qu'on appelle un "déclinatoire de compétence". Le juge judiciaire peut maintenir sa position et dans ce cas l'État peut saisir le Tribunal des conflits qui tranche le litige de compétences entre juge administratif et juge judiciaire.

de voir exécuter une décision de justice exécutoire n'est pas un droit fondamental[1].

Une troisième déclaration d'utilité publique interviendra, mais les travaux seront déjà terminés et auront donc été exécutés sans aucune autorisation valide.

Une victoire médiatique

L'intervention du commandant Cousteau a été très puissante sur le plan médiatique. Ainsi, pour mobiliser l'opinion publique, il n'a pas hésité à inviter la presse sur les quais de Seine pour immortaliser, truelle et ciment à la main, la pose de quelques briques destinées à construire un pont sur la Seine, puisque la construction d'un pont n'était soumise à aucune autorisation…

Mais l'affaire du pont de l'île de Ré ne devait pas s'arrêter là. En effet, Michel Polac décida de consacrer à cette affaire un *Droit de réponse*, émission télévisée du samedi soir, très suivie et où la liberté était la règle. Cette émission devait être la dernière qu'il organisait. Car, au motif que le dessinateur Wiaz avait tourné en ridicule, avec la formule "Une maison de maçon… un pont de maçon… une télé de m…", la publicité de l'époque de Bouygues, Michel Polac fut licencié. Mais le motif réel du licenciement n'était pas celui-là. Sur le plateau en effet, pour la première fois dans l'histoire de la télévision française, la question de la corruption était ouvertement abordée, certains élus étant accusés d'avoir touché des pots-de-vin. Une procédure pénale concernant une formation politique, qui s'achèvera par une amnistie, apportera la preuve que tel avait effectivement été le cas.

Tout ce bruit médiatique aboutira quand même à une protection partielle de l'île de Ré, qu'une majorité d'élus aujourd'hui cherche à remettre en cause par différents documents d'urbanisme. Très récemment, le tribunal administratif de Poitiers a ainsi annulé le schéma de cohérence territoriale (Scot) de l'île

1. Tribunal des conflits, 25 janvier 1988, requête n° 02518.

de Ré, qui conduisait à une surfréquentation de l'île, incompatible avec les limites qui avaient été fixées dans la suite de l'affaire du pont de l'île de Ré.

Qu'en est-il aujourd'hui ?

Tout d'abord, les conséquences de la saga du pont de l'île de Ré se font encore sentir sur l'île. L'urbanisation qui s'en est suivie et le classement d'une partie de l'île sont au cœur de tous les débats urbanistiques d'aujourd'hui, débats qui restent extrêmement vifs.

Au-delà, l'arrêt du Tribunal des conflits serait aujourd'hui inacceptable car le respect de la chose jugée, notamment en matière environnementale, s'inscrit dans la droite ligne de la convention d'Aarhus[1] et de la Charte adossée à la Constitution[2]. Il n'en demeure pas moins que la question de l'efficacité en général de la juridiction administrative, c'est-à-dire de la traduction dans la réalité des décisions rendues, reste posée.

Les contorsions récentes auxquelles le législateur comme le Conseil d'État lui-même se sont prêtés pour réduire le droit d'ester en justice des associations, pour éviter la destruction de constructions illégales, pour réduire les conséquences d'irrégularités formelles de décisions administratives, traduisent une volonté implacable de restreindre les actions en justice, malgré les affirmations de principe et les conventions internationales. L'objectif est donc de renforcer le droit d'agir dans un contexte de plus en plus hostile.

Cependant, l'exemple de cette affaire, avec ses multiples rebondissements, reste d'un intérêt contentieux évident et montre les liens souvent fréquents entre de gros investissements et des connivences politico-affairistes qui franchissent parfois la ligne jaune.

1. Voir note 1, p. 72.

2. La Charte de l'environnement adossée à la Constitution française a été votée en 2004. Elle fait désormais partie des bases constitutionnelles françaises et est appliquée régulièrement par le Conseil constitutionnel. Elle reconnaît un certain nombre de droits fondamentaux en matière environnementale, et en particulier le principe de précaution et le droit de vivre dans un environnement sain.

22. L'AFFAIRE DU PARC DE CAMARGUE
Faire de la publicité mensongère qui repose sur une infraction environnementale peut coûter cher[1] !

Faits et procédures

Comme on le sait, la Camargue est une aire protégée sous le statut de réserve naturelle et surtout de parc naturel régional. Sa gestion a été confiée à la Société nationale de protection de la nature (SNPN), rattachée au Muséum d'histoire naturelle de Paris.

Dans les années 1970, un promoteur immobilier déposa auprès de l'Administration un programme de petites villas assez important au lieu-dit "les Jasses de la Sauvagine". Pour attirer le client, ce promoteur eut l'idée de faire publier une magnifique brochure dans laquelle il était indiqué : "Venez chasser et pêcher dans les Jasses de la Sauvagine", la plus grande réserve naturelle d'Europe.

Évidemment, comme on le sait, la pêche et la chasse sont réglementées et souvent interdites, sauf exception, dans les parcs et les réserves. Il s'agissait là d'un cas topique de publicité mensongère dont la SNPN s'est évidemment émue.

S'insurgeant contre une telle désinvolture vis-à-vis de la protection de la nature, elle engagea une procédure consistant dans

1. TC de Paris, 14e chambre, 2 décembre 1974.

le dépôt d'une plainte avec constitution de partie civile devant le juge d'instruction. Celui-ci conclut rapidement à l'inculpation des personnes concernées et au renvoi de l'une d'elles devant le tribunal correctionnel.

Et c'est là que cette affaire présente un intérêt assez exceptionnel.

En toute logique, pour tout professionnel averti de ce genre de dossier et d'inculpation, l'instruction à l'audience ne devait être qu'assez formelle et assez courte. Il suffisait au juge de constater les éléments matériels et intentionnels du délit pour permettre l'entrée en voie de condamnation après avoir accueilli les conclusions de la partie civile, qui étaient d'ailleurs assez modestes puisqu'il ne s'agissait en définitive que d'un préjudice moral.

Le président du tribunal prit à cœur son dossier et démonta, pendant trois heures d'audience, la totalité du programme immobilier en vérifiant toutes les données du dossier immobilier et de la vente en l'état futur d'achèvement, en décelant à droite et à gauche tous les défauts, tous les vices du dossier, toutes les erreurs, toutes les imprécisions. On n'était plus dans un procès correctionnel mais dans un procès d'assises !

Il y eut une condamnation à la prison ferme et, bien entendu, la cour d'appel leva la condamnation en prononçant le sursis.

Enseignements de l'affaire

Pourquoi nous être intéressés à cette affaire ? Pour une raison très simple : c'est d'abord parce qu'il s'agit du premier cas de jurisprudence concernant les limites du droit de la concurrence face au droit de l'environnement.

C'est un premier point que l'on va retrouver dans de nombreux procès sur les phosphates, les lessives et dans d'autres affaires qui iront jusqu'à l'Organisation mondiale du commerce (OMC).

C'est ensuite parce qu'on ne sait jamais, lorsqu'on ouvre une procédure, comment cela peut se terminer. Bien entendu, la partie civile n'avait pas prévu un tel développement d'audience et un tel débordement du sujet.

Cela montre que le juge pénal, saisi essentiellement sur les faits, peut aller, s'il le souhaite, extrêmement loin, ce qui montre d'ailleurs toute l'utilité de saisir le juge répressif en matière d'environnement.

23. LA PROTECTION DU GOLFE DE SAINT-TROPEZ PLUTÔT QUE LA RÉALISATION DU GOLF DE PARDIGON[1] !

Faits et procédures

Avant l'intervention de la loi littoral du 3 janvier 1986, au tout début des années 1980 la Société du golf de Pardigon avait obtenu un arrêté autorisant une zone d'aménagement concerté (ZAC) pour réaliser un vaste projet comprenant un golf et 380 logements sur un terrain de 7,5 hectares, représentant une surface hors œuvre nette de 35 815 mètres carrés. Ce projet avait pour particularité de se situer dans une zone préservée du golfe de Saint-Tropez, à quelques centaines de mètres du rivage, lieu peu touristique et où la pression foncière est inexistante ! Mené par Pierre et Vacances, le projet était grandiose et probablement très rentable. Mais la réalisation traînait, au plus grand dam de son promoteur.

Il faudra attendre presque dix ans pour que, sur la base de la ZAC et du plan d'aménagement de zone, le maire de La Croix-Valmer délivre, le 24 juillet 1991, douze permis de construire à la Société du golf de Pardigon.

L'association Vivre dans la presqu'île de Saint-Tropez saisit alors le tribunal administratif de Nice d'un recours dirigé

1. CE, 10 juillet 1995, Société du golf de Pardigon, requête n° 138588.

contre ces douze permis. La thèse était hardie. Le raisonnement était fondé sur l'exception d'illégalité de la ZAC, devenue illégale par suite du changement de circonstances de fait et de droit depuis la délivrance de la zone d'aménagement concerté. Entre-temps, de nombreux textes de protection étaient intervenus et ce qui était incongru dix ans auparavant était devenu impensable.

Le tribunal administratif de Nice annula les douze permis de construire en considérant que l'intervention de l'article L. 146-1 du Code de l'urbanisme codifiant la loi du 3 janvier 1986 ainsi que l'article L. 146-4 II qui fixe le principe de l'extension limitée de l'urbanisation des espaces proches du rivage étaient incompatibles avec le plan d'aménagement de zone de la ZAC de Pardigon. En conséquence, ces nouvelles dispositions avaient rendu illégales celles pourtant antérieures du plan d'aménagement de zone.

Le Conseil d'État a validé ce raisonnement, admettant ainsi l'illégalité pour changement dans les circonstances de droit d'une zone d'aménagement concertée et l'illégalité des permis de construire fondés sur cette zone. Un coup de tonnerre dans un ciel serein !

Portée de la décision

La portée de cette décision a été considérable sur le terrain puisqu'elle a permis la préservation de la presqu'île de Saint-Tropez qui, jusque-là, était restée un espace boisé classé et qui a pu le demeurer.

Elle a également été considérable pour la mise en œuvre des dispositions de protection de l'environnement qui ont été importantes dans les années 1980, avec la loi littoral, la loi montagne et les modifications du droit de l'urbanisme intégrant la donnée environnementale.

Certes, elle a pu créer une forme d'instabilité au détriment des opérations d'urbanisme qui traînaient en longueur et qui pouvaient donc se voir remises en cause par ces modifications. Mais c'est le premier arrêt qui applique de manière rigoureuse la loi littoral, loi dont on peut dire qu'elle est une des rares à avoir été sérieusement appliquées. La meilleure preuve en est la demande constante, de la part des élus du littoral, de la voir modifier dans le sens de l'urbanisation, demande partiellement satisfaite par la loi Élan en 2018. La loi littoral comme la loi montagne ont été conçues à un moment où la question du dérèglement climatique ne se posait pas. Ces textes sont aujourd'hui absolument majeurs comme outils pour s'opposer à l'urbanisation dans des zones soumises à un risque climatique majeur.

DÉCHARGES, DÉCHETS, ICPE[1] ET AUTRES CARRIÈRES

Les dossiers que le cabinet a eu à traiter dans ces domaines, qui constituent le quotidien de tout cabinet dédié à l'environnement, sont très nombreux. Il n'était pas question de les aborder tous ni même de pouvoir, dans l'approche globale qui est celle de cet ouvrage, traiter des plus importants. Nous avons donc sélectionné deux ou trois exemples qui nous paraissent illustratifs des questions de fond qui ont pu se poser.

24. L'AFFAIRE DU BOIS DES LOGES

Entre restes humains de la Première Guerre mondiale et décharge, le choix n'est pas celui auquel on aurait dû s'attendre[2]

Faits et procédures

Par un arrêté en date du 17 novembre 2004, le préfet de la Somme avait autorisé la société Valnor à exploiter sur le territoire de la commune de Beuvraignes, au bois des Loges, un centre de traitement et de valorisation de déchets.

1. Installations classées pour l'environnement.

2. CE, 26 novembre 2006, Commune de Fresnières et communauté de communes du Pays des Sources c/ Valnor, décharge du bois des Loges, requête n° 301151.

Il s'agissait d'un très grand centre de stockage de déchets banals ménagers et industriels, et d'un centre de tri dont l'implantation se faisait sur un site bien particulier. En réalité, on ne peut que s'interroger sur la santé mentale de ceux qui l'avaient choisi ! Il s'agissait en effet d'un lieu d'histoire très puissant, puisque ce site avait fait l'objet de combats féroces au cours de la Première Guerre mondiale et que de nombreux ossements des soldats qui avaient combattu s'y trouvaient. Ce lieu de mémoire, préservé jusque-là comme tel, avait permis le développement d'une abondante biodiversité et le site était devenu intéressant sur le plan écologique. Ces dimensions avaient visiblement échappé à la société Valnor et au préfet, qui n'avaient pas vu d'obstacle à ce projet.

Le tribunal administratif d'Amiens avait annulé l'arrêté préfectoral et enjoint au préfet de compléter l'arrêté du 17 novembre 2004 par les mesures appropriées, de nature à assurer le respect des principes fondamentaux relatifs au respect de la personne humaine.

Par un arrêté en date du 28 février 2007, le préfet de la Somme avait complété l'arrêté attaqué, pour essayer de prendre en considération ce qui ne l'avait pas été et mettre quelques garde-fous pour la préservation des restes humains.

Dans son jugement, le tribunal avait estimé que les conditions d'accès au site, en droit comme en fait, n'étaient pas réunies et qu'en raison de la présence de nombreuses dépouilles de combattants de la Première Guerre mondiale dans l'emprise du projet, l'autorité administrative avait commis une erreur manifeste dans l'appréciation qu'il lui appartenait de porter sur la conciliation des différents intérêts en présence.

La société Valnor avait interjeté appel de ce jugement et la cour administrative d'appel de Douai, par arrêt en date du 30 novembre 2006, avait annulé le jugement du 18 octobre 2005.

Le Conseil d'État, après avoir rejeté le moyen tiré de l'irrégularité au regard des conditions d'accès au site, se prononça sur la violation du principe de respect de la dignité humaine. Et, en reconnaissant la validité de ce principe et celui du devoir de mémoire, il a estimé qu'en l'espèce ces principes n'étaient pas méconnus.

Il a en effet considéré qu'aucun classement n'était intervenu et que, dans l'hypothèse où des restes humains seraient exhumés au cours du chantier, une procédure avait été mise en place pour qu'ils puissent être relevés et inhumés ; que, dès lors, le principe de respect de la dignité humaine et les règles relatives à la conservation des sites, des monuments et des éléments du patrimoine archéologique étaient bien respectés.

Comme souvent, la haute assemblée avait ainsi affirmé un principe resté totalement virtuel, puisqu'il n'était pas applicable à la circonstance pour laquelle il avait été dégagé. En l'espèce, aucune garantie n'était en définitive donnée de ce que l'arrêté serait suivi d'effets et de ce que les restes humains, qui se trouvaient en très grand nombre, seraient, dans la vraie vie, respectés et inhumés.

Intérêt de l'affaire

Cette affaire est intéressante à double titre.

D'une part, le Conseil d'État valide le principe du devoir de mémoire et de la dignité humaine même si, en l'espèce, il a considéré, à tort à nos yeux, que ce principe n'était pas méconnu.

D'autre part et précisément, malgré la présence à proximité immédiate de la nécropole nationale de Beuvraignes, qui contenait 1 854 corps, et malgré la présence tout à fait reconnue de corps restant dans le bois des Loges lui-même, le Conseil d'État a donné la priorité à un centre de stockage de déchets – dont l'utilité n'était, du reste, même pas établie – sur ce devoir de mémoire.

Lorsque l'on voit la manière dont le souvenir de la Première Guerre mondiale a été traité à l'occasion du centième anniversaire de l'armistice, que l'on connaît les conditions absolument atroces dans lesquelles les combats se sont déroulés, on ne peut qu'être particulièrement surpris de cette position des juridictions supérieures par rapport à celle qui avait été admise par le tribunal administratif.

Cette affaire est hautement symbolique. Donner en effet la priorité à un centre de déchets sur la protection d'un ossuaire est tout un symbole de ce que notre société est devenue. La prime donnée à l'intérêt économique et financier sur tous les autres, qu'ils soient patrimoniaux, historiques, humanitaires ou écologiques, nous conduit dans l'impasse dans laquelle nous nous trouvons aujourd'hui.

25. L'AFFAIRE DE LINDENKUPPEL OU LA DÉCHARGE HEUREUSEMENT INTERDITE

Faits et procédures

Un puissant industriel du déchet avait décidé de s'installer sur le territoire de la commune de Sundhoffen, proche de la grande ville de Colmar, au lieu-dit Lindenkuppel. Ce lieu est un site très cher au cœur des habitants de Colmar. Très fréquentée, cette forêt en bordure du Rhin, ou tout au moins non éloignée de ce grand fleuve international, est constituée, comme son nom l'indique, de tilleuls tant appréciés des grands écrivains comme Goethe.

De ce fait, et compte tenu de cette référence, un professeur de philosophie du lycée de Colmar avait décidé de mobiliser une association de défense qui était devenue de plus en plus puissante pour s'opposer à ce projet.

Celui-ci impliquait une modification des dispositions d'urbanisme pour en permettre la réalisation ; c'est la raison pour laquelle le décret déclaratif d'utilité publique du 9 mai 1988 modifia le plan d'occupation des sols de la commune de

Sundhoffen. Une bataille s'était donc engagée mais, s'agissant d'un décret, l'affaire devait être portée devant le Conseil d'État.

La haute juridiction rendit son arrêt le 14 octobre 1992 en repoussant tous les moyens, et notamment le fait que le site concerné par la modification du plan d'occupation des sols était classé en zone rurale.

Le dossier de schéma directeur d'aménagement et d'urbanisme de Colmar prévoyait la protection d'une ceinture verte autour de Colmar et de certaines zones agricoles. La petite clairière de Lindenkuppel n'était ni une zone rurale, ni une forêt entrant dans le champ de cette protection. Pour autant, raisonner de la sorte correspond tout simplement à isoler le cas et oublier l'environnement du site. Les requérants soulignèrent de plus que le site choisi était extrêmement proche de la nappe phréatique et que les menaces pour l'environnement étaient considérables.

En bref, le Conseil d'État rejeta le pourvoi contre le décret.

Il n'en fut pas de même du recours dirigé contre l'autorisation d'installation classée ; il avait été porté en premier ressort non pas devant le Conseil d'État, mais devant le tribunal administratif de Strasbourg. Ce dernier fut beaucoup plus sensible aux questions environnementales et décida d'exercer son contrôle en profondeur sur les inconvénients du projet à partir, notamment, de la fragilité du site et de son environnement forestier et, surtout, de sa capacité à accumuler des eaux parfaitement exploitables dans sa nappe phréatique.

Le tribunal administratif annula l'arrêté.

Malgré le feu vert du Conseil d'État, la décharge ne s'est jamais faite. Heureusement ! Miracle et stupéfaction, on apprendra par la suite que la ville de Colmar puise aujourd'hui ses ressources en eau potable en particulier dans ce site qui paraît effectivement préservé.

Cette affaire illustre à quel point les approches diffèrent entre le juge d'appel ou le juge supérieur, d'une part, et le juge de première instance, d'autre part.

Enseignements de l'affaire

Cette affaire apporte deux enseignements, l'un technique et l'autre que nous qualifierons de prophétique.

L'aspect technique, c'est que le juge de première instance est beaucoup plus sensible à la question environnementale que le Conseil d'État ou le juge parisien.

Le second aspect, plus prophétique, tient à ce que les intuitions qui avaient été celles du tribunal administratif de Strasbourg sont finalement celles qui ont permis de sauvegarder un site essentiel et qui sont devenues la doxa trente ans plus tard.

26. LE MASSIF FORESTIER DE BÉTHEMONT-TAVERNY

Carrières contre riverains : qui doit payer pour les dommages causés aux habitations ?

Faits et procédures

Le massif forestier de Béthemont-Taverny est situé dans le Val-d'Oise. Sous ce plateau sont exploitées depuis des dizaines d'années d'immenses carrières de gypse. L'exploitation se fait par carrés et le maintien de l'ensemble est réalisé par la création d'immenses piliers qui font ressembler le site en fin d'exploitation à de gigantesques cathédrales souterraines. C'est dans l'un de ces espaces qu'a été créé le Centre opérationnel de la Défense nationale, dit "PC de Taverny".

Le problème, c'est que le site ne peut pas se conserver de façon indéfinie et qu'il fallait procéder périodiquement, et par secteurs, à des affaissements dirigés. Ce procédé consiste à dynamiter la base des piliers pour que l'ensemble s'écroule et que le vide laissé par l'exploitation disparaisse définitivement.

La technique dite d'"affaissement dirigé" a deux conséquences : d'une part, la création d'ondes sismiques pendant l'opération, dont la puissance ne peut pas être négligeable, et, d'autre part, la création quelquefois de cratères en surface.

La commune de Béthemont avait, en tant que personne morale, engagé le contentieux sur la limitation des affaissements dirigés pour la protection de sa forêt, mais les principaux habitants de la commune de Béthemont proches de l'exploitation se sont groupés en association car ils avaient constaté des fissures dans leurs habitations.

Au total, une soixantaine de parties, dont l'association, commencèrent un long contentieux contre les carriers pour établir le lien de causalité entre les vibrations engendrées par les affaissements dirigés et les dégâts causés à leurs habitations.

Un jugement sur le principe même de la responsabilité des exploitants avait été obtenu du tribunal de grande instance de Versailles, et la cour d'appel saisie ordonna une expertise en profondeur, avec une mission scientifique extrêmement détaillée confiée à trois experts.

Le président de la cour d'appel vint en personne assister à des opérations d'expertise et à des expériences de tirs. Au bout de deux ans, la conclusion des experts les plus éminents sur le sujet fut formelle : on ne pouvait établir aucun lien de causalité entre ces formes de fissures et l'exploitation. Leur hypothèse était que la sécheresse pouvait entraîner de telles déformations.

L'association était évidemment dans tous ses états en raison de la double peine : le procès apparaissait comme perdu et les sommes engagées, absolument considérables pour les expertises, risquaient de rester à sa charge.

Comment éviter ce déni de justice ? Il ne faut jamais lâcher.

Après un long et minutieux travail intensif de recherches sur la responsabilité du fait des exploitations souterraines, il était découvert dans une vieille jurisprudence de la Cour de cassation, remontant au XIXe siècle, qu'il existait effectivement une sorte de présomption de responsabilité de l'exploitant minier pour les dégâts causés à la surface. Il est inutile de refaire l'historique de tous les textes de loi du XIXe siècle consacrés à ce sujet, mais l'idée de la Cour de cassation était assez simple. Dès lors qu'on imposait effectivement un dépôt de garantie aux futurs exploitants miniers, c'était tout simplement pour couvrir des dégâts qui ne manqueraient pas de se produire à la surface du fait de leur exploitation.

Une présomption de responsabilité inverse la charge de la preuve, évidemment. Elle fait peser automatiquement la preuve d'un fait négatif sur le défendeur, c'est-à-dire l'exploitant.

Mais il restait une difficulté juridique car il fallait accepter d'assimiler le régime de la carrière à celui des mines alors que, juridiquement, ce n'est pas le même. Il fallait étendre la solution de l'exploitation souterraine et la réparation des dégâts causés par les activités souterraines à la situation de l'exploitant carrier sous la même forme souterraine.

C'est ce qu'a accepté d'accomplir la première chambre de la cour d'appel de Versailles, qui condamna effectivement les carriers à indemniser les propriétaires d'habitations affectées de fissures, dont certaines étaient vraiment importantes.

Enseignements de l'affaire

La conclusion qu'il faut tirer de cette affaire est double.

Tout d'abord, l'expertise scientifique n'est pas tout, et heureusement, car elle est souvent difficile à administrer de manière certaine. Elle peut être efficacement remplacée par des règles de droit, notamment la présomption de responsabilité, qui est aussi d'ailleurs une certaine forme de présomption de causalité.

Le deuxième enseignement, c'est que cette règle de droit ne peut pas être effacée par la simple expression d'un doute. Au contraire, elle joue à plein puisqu'elle l'emporte sur le doute.

Seule la preuve absolue – par exemple, dans l'espèce, de l'apparition de fissures liée à une sécheresse exceptionnelle constatée à une période déterminée – aurait peut-être pu effectivement faire retomber une partie du dossier dans le droit des catastrophes naturelles. Mais cette preuve n'a pas été apportée par les carriers.

LES AÉROPORTS

Le développement des aéroports parisiens, Orly et Roissy, a évidemment causé des nuisances sonores considérables au voisinage[1], d'autant plus que, dans les années 1960, 1970 et 1980, les avions engendraient des nuisances sonores beaucoup plus importantes qu'elles ne le sont aujourd'hui. En réalité, les pouvoirs publics avaient accordé bien peu de considération au sujet et les mesures concrètes étaient quasiment inexistantes.

27. ORLY
La rançon du progrès...

Chronologiquement, le premier dossier concerne le voisinage d'Orly. L'aérogare Sud-Est, officiellement inaugurée le 24 mai 1961 par le général de Gaulle, a accueilli 9 millions de passagers en 1969, soit 50 % de plus que sa capacité théorique.

1. Cour de cassation, 2e chambre civile, 10 mai 1989, Commune de Longjumeau c/ Air France, Pan Am, TWA, n° 88-10459. CA de Paris, 17e chambre, 23 novembre 1993, Commune de Longjumeau c/ Air France, American et TWA, collection des auteurs. Cour de cassation, 2e chambre civile, 24 mai 1982, Habitants de Goussainville, collection des auteurs (citée par Gilles Martin, *Revue juridique de l'environnement,* 1983, n° 3, p. 332 *sq.*). Cour de cassation, 17 octobre 1984, n° 83-13198. CA de Paris, 1re chambre, 20 juin 1989, Félix Barrière et autres, requête n° 15429. Cour de cassation, 2e chambre civile, 30 janvier 1991, n° 89-19950.

L'aérogare Ouest entrera en service en 1971. L'aéroport est implanté sur 7 communes, mais en réalité 45 se plaignent du bruit et de la pollution de l'air. Parmi elles, la commune de Longjumeau, oubliée du fonds d'indemnisation constitué à la fin des années 1960 pour les communes les plus touchées, décide, à la fin des années 1970, de saisir le tribunal de grande instance de Paris contre trois des compagnies aériennes utilisant cet aéroport, compagnies qui représentaient à elles seules près de 50 % du trafic.

Un premier jugement du tribunal de grande instance de Paris reconnut la responsabilité des compagnies aériennes sur le fondement de l'article L. 141-2 du Code de l'aviation civile et rejeta les demandes d'indemnisation pour dépréciation du patrimoine, perte de salaire des employés municipaux et troubles subis par les habitants. À cet égard, plusieurs points intéressants méritent d'être soulignés. D'abord, la question du préjudice environnemental des communes, au début des années 1980, était tout à fait nouvelle : les différentes juridictions saisies ont toutes refusé d'autoriser les communes à agir au nom de leurs habitants lorsque leur santé était collectivement atteinte. Dans cette affaire, malgré une consultation brillante du doyen Vedel au soutien de cette prise en compte, le juge judiciaire rejettera la demande, privant ainsi collectivement les habitants d'une quelconque indemnisation. La jurisprudence actuelle est toujours la même, et cela constitue une forme d'enrichissement sans cause pour les pollueurs de tout poil.

Ne restait donc que la partie immobilière. Une expertise fut ordonnée sur ce chef de préjudice. Les compagnies aériennes interjetèrent appel et, par arrêt en date du 17 novembre 1987, la cour d'appel de Paris réduisit le pourcentage de responsabilité en raison du transfert du trafic vers un autre aéroport. Par arrêt en date du 10 mai 1989, la Cour de cassation confirma cet arrêt.

Parallèlement, par un deuxième jugement en date du 11 janvier 1989, le tribunal de grande instance de Paris fixa la liste des bâtiments à insonoriser. Par arrêt en date du 23 novembre 1993, intervenu après que l'expert eut déposé son rapport en 1991, la cour d'appel de Paris condamna Air France et TWA à insonoriser 13 bâtiments et groupes de bâtiments, sur la base du rapport d'expertise, pour un montant total de 1 538 134 francs, mis à la charge d'Air France, de Pan Am et de TWA.

L'arrêt est très intéressant en ce qu'il débat de la nature de l'indemnisation, valide la proposition de l'expert de tenir compte du niveau moyen des émergences sonores et non de leur émergence maximale, et tient compte du remplacement des avions les plus bruyants par des avions moins bruyants. Cela signifie bien évidemment une indemnisation *a minima*. Au total, la procédure aura duré plus de dix ans.

28. ROISSY
... le bruit des avions contre le droit de vivre normalement aux abords des aéroports

Faits et procédures
La situation des riverains de Roissy n'était guère plus enviable. En particulier, les habitants de Goussainville se trouvaient directement sous la trajectoire des avions et avaient subi un choc particulier du fait d'un accident grave survenu en 1973, avec la chute d'un Tupolev au-dessus de cette commune.

À la fin des années 1970, une soixantaine d'habitants saisirent donc le tribunal de grande instance de Paris aux fins de voir condamner les compagnies aériennes Air France, UTA, British Airways, Air Inter et TWA à réparer le préjudice subi par le bruit et la pollution du fait du survol de leurs habitations proches de l'aéroport de Roissy, ainsi que la perte de valeur vénale de leurs immeubles. Par un premier jugement en date du 16 mai 1979, le tribunal de grande instance de

Paris reconnut la responsabilité des compagnies aériennes sur la base des articles 1382 du Code civil et L. 141-2 du Code de l'aviation civile.

Le tribunal nomma trois experts aux fins d'examiner le lien de causalité des décibels émis par les compagnies aériennes au regard des troubles dans les conditions d'existence, ainsi que des troubles physiologiques et psychophysiologiques. Par arrêt en date du 19 novembre 1980, la cour d'appel de Paris confirma cette décision, elle-même confirmée par arrêt de la Cour de cassation en date du 24 mai 1982.

Par un deuxième jugement en date du 5 novembre 1987, le tribunal de grande instance condamna les compagnies aériennes, sur la base du rapport d'expertise. Il reconnaissait le lien de causalité entre l'évolution des avions et les nuisances, et les détaillait par compagnie aérienne (les cinq compagnies représentaient 67 % des survols). Le tribunal fixait au 1er juillet 1965 la date à laquelle les personnes installées à Goussainville avaient pu considérer que l'aéroport allait être réalisé puisque la déclaration d'utilité publique (DUP) datait du 22 juin 1965. Cette jurisprudence, qui demeure et vise à éviter que des personnes n'acquièrent à bas coût des propriétés, puis demandent à être indemnisées comme si elles les avaient acquises au prix normal, est très injuste. Une DUP ne fixe pas les pistes et encore moins les trajectoires qui sont déterminantes pour le bruit. Malheureusement, cette jurisprudence inique a toujours cours.

S'agissant des dommages, le tribunal validait le rapport d'expertise et reconnaissait l'existence de quatre zones selon l'importance des nuisances. Il retenait les gênes dans les conditions d'existence mais rejetait les troubles médicaux. Il retenait la dépréciation de la valeur vénale des propriétés liée aux nuisances phoniques et aux projections de kérosène, dépréciation comprise entre 10 et 20 % de la valeur du bien. Par arrêt en date du 20 juin 1989, la cour d'appel de Paris confirmera le jugement tout en majorant de 30 % les indemnités pour gênes dans les conditions d'existence, en revalorisant la dépréciation des immeubles et en ordonnant la capitalisation des intérêts[1].

Portée des arrêts

Ces deux affaires sont à l'origine de toute la réglementation et de la jurisprudence concernant l'indemnisation des riverains d'aéroport. En effet, les communes riveraines qui n'avaient pas été incluses dans les premiers fonds d'indemnisation pourront bénéficier d'aides à l'insonorisation. Les plans d'exposition au bruit qui verront le jour en 1985, et sont aujourd'hui intégrés dans le Code de l'urbanisme, détermineront des zones de bruit A, B, C puis D, définissant les constructions autorisées ou non.

Les compagnies aériennes obtiendront pour leur part la reconnaissance par le Conseil d'État que, si le bruit leur est imputable, le lieu où il se produit, à savoir le voisinage des aéroports, est imputable à l'État qui en a fait le choix[2]. Le Conseil d'État a en effet jugé que l'implantation et le fonctionnement normal de l'aéroport de Roissy étaient la cause directe de certains troubles de voisinage subis par la commune, et qu'en conséquence l'Aéroport de Paris devait rembourser à Air France les sommes auxquelles elle avait été condamnée[3].

Les différentes lois sur le bruit permettront aux populations résidant aux abords des aéroports de bénéficier d'une aide permettant d'insonoriser leurs bâtiments. Des efforts seront réclamés de la part des compagnies aériennes et des aéroports pour

1. On appelle capitalisation des intérêts (ou anatocisme) la prise en compte des intérêts produits par la somme indemnitaire à laquelle un débiteur a été condamné. Elle peut être demandée en sus de l'indemnité principale et des intérêts qui courent à compter de la demande, un an après l'introduction en justice de la demande initiale.

2. CE, 6 février 1987, Compagnie Air France, requête n° 36586.

3. Le Conseil d'État a également validé l'indemnisation d'une commune victime du bruit (CE, 20 novembre 1992, Commune de Saint-Victoret, n° 84223).

déterminer des trajectoires moins bruyantes, et différents organismes seront mis en place pour contrôler le respect des règles et la réalité des mesures de bruit.

La Cour européenne des droits de l'homme elle-même, dans un arrêt du 21 février 1990, Powell et Rayner contre Royaume-Uni, reconnaîtra que le bruit des avions peut constituer une ingérence dans le droit au respect de la vie privée garanti par l'article 8 de la Convention européenne des droits de l'homme.

Résumons. Quelle a été la portée effective, directe ou indirecte, sur l'évolution et surtout sur la reconnaissance d'un droit de l'environnement effectif, qui sera reconnu seulement en 2004 par le président Chirac auquel on doit la Charte constitutionnelle de l'environnement ?

Les conditions de vie difficiles des riverains d'aéroport et les difficultés des communes qui en subissent les conséquences sans bénéficier de retombées économiques restent considérables. L'augmentation constante de la fréquentation de Roissy et l'agrandissement subreptice d'Orly créent des nuisances supplémentaires d'autant plus importantes que le changement des trajectoires affecte de nouvelles populations.

Des règles communautaires ont été mises en place pour réduire le bruit des avions à proximité des aéroports, en particulier de Roissy et d'Orly.

Mécontents de l'insuffisance des plans de prévention du bruit, un certain nombre d'associations et d'élus ont saisi le Conseil d'État qui, par arrêt du 7 mars 2018, a admis la recevabilité des requêtes concernant les partenariats public-privé (PPP) et a renvoyé aux tribunaux administratifs le soin de les juger. Néanmoins, le Conseil d'État a refusé de considérer que la transcription de la directive communautaire était insuffisante.

Les contentieux continuent mais les compagnies aériennes ont obtenu de ne plus être directement concernées. Ces contentieux opposent généralement l'État et les communes et associations riveraines.

L'équilibre s'est donc fait en continuant à imposer aux riverains des nuisances indéniables, en faisant payer des taxes aux compagnies aériennes et en modulant les règles d'urbanisme pour tenir compte des servitudes aéroportuaires. Le point commun de tous ces dossiers est d'avoir sollicité et, le plus souvent, obtenu le droit de voir appliquer le droit commun dans des domaines où tout avait été conçu pour que les victimes potentielles ne puissent jamais ni se plaindre ni obtenir réparation. Cela étant, ils ont aussi été l'occasion de mettre en lumière la nécessité de nouveaux outils, propres au droit de l'environnement, qui sont devenus, au fil des années, les points forts de ce droit à partir desquels un véritable corpus juridique a pu se constituer.

QUE RETENIR DE CETTE PREMIÈRE ÉPOQUE DE CONSTRUCTION DU DROIT DE L'ENVIRONNEMENT ?

Les questions nouvelles posées au juge par les vingt-huit dossiers abordés dans cette première partie ont conduit à des solutions jurisprudentielles originales et parfois à la nécessité de faire intervenir le législateur. Les années 1970 à 1995 ont été de grandes années en termes de création législative, tant au niveau communautaire qu'au niveau national, et les procès ont souvent été à l'origine de ces créations. Cette période a également vu apparaître les limites du système juridictionnel français, liées au rôle plus qu'ambigu du Conseil d'État.

LE RÔLE TRÈS CONSERVATEUR DU CONSEIL D'ÉTAT

À quelques exceptions près, le juge suprême administratif en France, au cours de la période considérée, a donné la primauté aux choix de l'État et aux intérêts économiques et financiers sur toute considération environnementale. Cette politique menée par le Conseil d'État apparaît d'autant plus clairement qu'elle s'est faite en règle générale contre les jugements rendus par les juridictions de premier degré.

Sans même revenir sur ce que l'on appellera, pour utiliser un langage diplomatique, les "tours de passe-passe" dont le Conseil d'État a usé à propos de la centrale de Belleville en "confondant" une expertise judiciaire avec un vague constat d'huissier, les multiples exemples qui précèdent démontrent que pour le Conseil d'État, au cours de ces années, la question environnementale était totalement mineure. Et, plus grave encore, le droit n'avait pas à primer sur ce que le Conseil d'État avait décidé de juger comme essentiel.

L'exemple de Tioxide, c'est-à-dire des rejets dans la Manche tuant les poissons et détruisant le milieu, est à cet égard tout à fait éclairant alors même que le tribunal administratif avait pris la position contraire. Il faut redire que l'État n'est pas un honnête homme et que ses juridictions ne faisaient parfois pas mieux.

Pour écarter des contentieux importants, le Conseil d'État n'hésite pas à recourir à des règles de procédure *ad hoc*. Par exemple, un requérant qui pose une question délicate peut être écarté du contentieux au motif qu'il n'aurait pas intérêt pour agir. C'est ce moyen qui fut opposé à François Bayrou dans le contentieux de la privatisation des autoroutes[1]. C'est le même moyen qui fut utilisé par le Conseil d'État dans un recours qui avait été déposé par les salariés d'une usine chimique concernés par la création de la bretelle de l'A13 allant vers Le Havre, bretelle qui passait en plein milieu de la zone chimique. Le tracé choisi devait se faire entre des cuves de chlore et des cuves d'essence sans que la distance minimale exigée par la législation, soit 750 mètres de part et d'autre de la route, soit respectée puisqu'il n'y avait en tout que 1 100 mètres et qu'il en fallait au minimum 1 500. Pour éviter d'avoir à annuler la déclaration d'utilité publique franchement dangereuse, le Conseil d'État a préféré considérer que les salariés d'une des

1. Le député avait contesté le décret autorisant la privatisation de tout le réseau autoroutier français devant le Conseil d'État en s'appuyant en particulier sur les différents rapports de la Cour des comptes, très sévères à l'égard de la gestion par l'État du réseau autoroutier, du caractère tout à fait excessif des péages et de la manière grossière dont les sociétés d'autoroutes étaient favorisées. La décision de privatisation ne faisait qu'illustrer au centuple la situation antérieure.

deux entreprises chimiques concernées n'avaient pas intérêt pour agir...

Mais, lorsque l'irrecevabilité n'était pas possible, le Conseil d'État n'a pas hésité à tordre le droit, avec des conséquences extrêmement lourdes aujourd'hui. En effet, si des décisions conformes au droit et plus courageuses avaient été prises il y a vingt-cinq ou trente ans, les détériorations et les dangers auxquels nous sommes confrontés aujourd'hui seraient très certainement moindres. Le nucléaire en est un parfait exemple et les conclusions du commissaire du gouvernement Bégault[1] devant le tribunal administratif d'Orléans en sont une parfaite illustration : ne pas créer de zones de non-droit dans l'État de droit. Or, ce sont bien des zones de non-droit qui ont été créées puisque aucune étude d'impact n'a été faite pour un grand nombre de nos centrales (rappelons que la loi est du 10 juillet 1976 et le décret d'application du 12 octobre 1977). Et c'est le Conseil d'État qui, délibérément, a décidé de ne pas appliquer les études d'impact. Le faire aurait conduit à se poser les bonnes questions, qu'il s'agisse des problèmes sismiques, de zones très denses ou encore d'alimentation en eau. Désormais, nous payons très cher le fait que ces questions n'aient, volontairement, pas été soulevées.

La législation sur les installations classées n'a pas été appliquée alors que le décret du 11 décembre 1963 le prévoyait. Il s'agit là encore d'un choix *contra legem* du Conseil d'État. Ainsi, les décisions concernant les centrales nucléaires, qui sont pourtant des usines Seveso seuil haut (la directive Seveso 1 date de 1982 et n'a pas été appliquée aux centrales nucléaires déclarées d'utilité publique postérieurement à cette date), ont obéi au seul décret de 1963, qui est extrêmement léger et très inférieur, en termes de contraintes et de garantie pour les citoyens, à la législation relative aux installations classées alors qu'il s'agit de l'installation la plus dangereuse qui soit.

1. Voir l'affaire n° 9, p. 90.

En fait, la décision de construire une centrale nucléaire a presque été considérée par la haute assemblée comme un acte de gouvernement et, si le passage par la case "juridiction administrative" ne pouvait être évité, le passage par la case "droit commun" a été écarté par le Conseil d'État alors qu'il avait été appliqué par le tribunal administratif.

Ainsi que précédemment indiqué, nous payons tous aujourd'hui cette insécurité juridique dont parlait M. Bégault, et qui est une insécurité tout court. Pour résumer, les tribunaux administratifs ont jugé en droit et le Conseil d'État a rendu des décisions politiques.

Et, au cours de ces années, cette politique jurisprudentielle ne s'est pas limitée au nucléaire. Le savoir-faire de la haute assemblée lui a permis de rendre des décisions qui allaient dans le sens souhaité par l'État, tout en arrivant parfois à dégager certains principes. Ainsi, l'affaire du bois des Loges – qui voit la consécration du principe de dignité humaine – en est une parfaite illustration : elle ne bénéficie pas de l'application de ce principe pour que la décharge, dont l'intérêt financier en cause était considérable, puisse être réalisée. De même, dans l'affaire du pont de l'île de Ré, les jugements ont bien été confirmés, mais si tardivement que les arrêts n'ont servi à rien. Quant à l'arrêt du Tribunal des conflits qui refuse de reconnaître un droit à l'application des décisions de justice, il mériterait d'être inscrit au panthéon des plus mauvaises décisions de justice. Heureusement, il serait aujourd'hui impossible à rendre car le respect de la chose jugée, notamment en matière environnementale, s'inscrit dans la droite ligne de la convention d'Aarhus et de la Charte adossée à la Constitution. Il n'en demeure pas moins que la question de l'efficacité de la juridiction administrative, c'est-à-dire de la traduction dans la réalité des décisions rendues, reste posée.

Ce sont largement les procès menés au cours de la période 1970-1995 qui ont établi l'absolue nécessité de légiférer dans le domaine de l'environnement. Cette période a été très riche : études d'impact, prise en compte des effets transfrontières et rôle du droit communautaire, charge de la preuve et responsabilité de droit commun, préjudice écologique et, enfin, montée en puissance de la prise en compte de l'environnement dans l'évaluation de l'intérêt général.

Les études d'impact

On rappellera, pour mémoire, que la loi sur les études d'impact est du 10 juillet 1976, le décret d'application du 12 octobre 1977 et que la législation communautaire date de 1985[1]. Cependant, ce sont les procès qui ont permis, dans un premier temps, de prendre conscience de la nécessité de l'outil puis, au fil du temps, d'en obtenir une application de plus en plus efficace et réelle.

Le procès de la Montedison, lancé en 1972, est à l'origine de la prise de conscience du risque de dommage écologique et de la nécessité de l'anticipation préventive dudit dommage par l'étude d'impact. Il a également mis en lumière le rôle central de l'évaluation scientifique. Ainsi, la nécessité de travailler avec des scientifiques de plusieurs disciplines pour comprendre l'impact que pouvait avoir tel ou tel projet est apparue comme une évidence. Celle-ci a parfaitement été mise en valeur par la doctrine, pour la première fois, par le Pr de Malafosse, dans une note parue au *Jurisclasseur* édition générale[2].

1. Directive n° 85/337 du 27 juin 1985.

2. Il écrivait : "Pour apprécier le dommage écologique, il faut d'abord identifier les différentes sortes d'utilisation des ressources naturelles existant dans un milieu

Le dossier Flamanville-Domloup a été l'occasion de s'interroger sur le contenu de l'étude d'impact qui venait d'entrer en vigueur et de confronter la position du tribunal administratif, qui sera ultérieurement la position jurisprudentielle classique, avec l'arrêt très minimaliste du Conseil d'État. On en mesure aujourd'hui les conséquences, mais il aura fallu attendre trente ans pour que le Conseil d'État accepte enfin d'appliquer dans le droit la reconnaissance par le Centre international de recherche sur le cancer (CIRC) du risque que font peser les couloirs de lignes à très haute tension sur les populations.

Les effets transfrontières et le rôle du droit communautaire

La question de la prise en compte des effets à l'étranger s'est posée dès le dossier fondateur qu'a été la Montedison. En effet, les rejets s'effectuaient en pleine mer et, par voie de conséquence, les pollueurs prétendaient à l'absence de compétence d'un État pour en juger.

Cette affaire a été essentielle à la fois au niveau international et au niveau communautaire. Au niveau communautaire, elle a ouvert la porte au droit communautaire de l'environnement et au droit international de l'environnement. En effet, la Cour de justice s'est prononcée sur la compétence de l'État pollué pour mettre en cause la responsabilité du pollueur et obtenir réparation du préjudice subi. La Cour de cassation, dans l'affaire de l'*Erika*, aura l'occasion de réaffirmer ce principe mis en cause une fois encore par les pollueurs, et en particulier par la société Total.

Le dossier de la pollution du Rhin par les Mines de potasse d'Alsace permettra un pas supplémentaire. En effet, à partir de ce dossier, si un projet a des effets qui dépassent les frontières

donné, il faut déterminer ensuite le degré de complémentarité existant entre les différentes utilisations. Cette étude préalable est particulièrement nécessaire dans un ensemble aussi complexe et aussi fragile que sont les marais salants." JPG G, 1975, TA de Nantes, 19 décembre 1974, requête n° 8995.

(pour rappel, c'est toute l'affaire du déversement du sel dans le Rhin par les Mines de potasse d'Alsace, contesté par les services des eaux de la Hollande et des grandes villes comme Amsterdam), un État a l'obligation de faire évaluer avant toute chose ses effets à l'étranger. Le tribunal administratif de Strasbourg l'a ainsi décidé dans son jugement du 27 juillet 1983. Le Conseil d'État confirmera le principe à sa manière. Ce principe de l'étude d'impact transfrontières est désormais inscrit depuis 1985 dans la directive n° 85/337 sur les études d'impact, aujourd'hui modifiée, et dans la convention d'Espoo, convention internationale sur les études d'impact internationales.

Cette internationalisation a un effet indirect important : celui de permettre au juge communautaire de superviser, le cas échéant, l'application faite du droit communautaire en ce qui concerne le respect du droit des États voisins. Mais ici, c'est bien le juge qui a précédé le législateur.

Les difficultés de la charge de la preuve et l'application du droit commun

L'application du droit commun a manifestement surpris les grands groupes industriels qui n'avaient pas prévu cette entrée en lice de la société civile sous la forme des collectivités locales, des associations et des individus.

Le procès Montedison est, une fois encore, fondateur avec la mise en cause de la société éponyme pour les rejets en mer des boues rouges. La question est toujours d'actualité, non plus s'agissant de cette société mais d'Alteo qui n'hésite pas à déverser des boues polluantes dans la Méditerranée, avec des autorisations à rallonge de l'État français.

Le procès *Amoco Cadiz* a été majeur en ce qu'il a reconnu – ce que la législation française ne fait toujours pas – la responsabilité des maisons mères pour les filiales[1]. Et on reviendra sur

1. Affaire de l'*Amoco Cadiz*, jugement de la cour d'appel de Chicago, 22 janvier 1992.

l'affaire de l'*Erika* qui, elle aussi, a reconnu la responsabilité de la personne morale, en l'occurrence la société Total.

Ce procès *Amoco Cadiz*, seule procédure menée par des étrangers aux États-Unis qui ait réussi, est majeur sur cette question de la responsabilité des maisons mères pour les filiales. En condamnant les pavillons de complaisance, il a conduit l'ensemble du système pétrolier à revoir son organisation pour supprimer la possession des navires par les sociétés pétrolières. Cette transformation est, de manière assez paradoxale, la cause du naufrage de l'*Erika*.

Encore une fois, parmi toutes les affaires de marées noires ou de pollutions qu'ont connues les États-Unis et qui ont été lancées à l'initiative de victimes étrangères, toutes ont échoué aux États-Unis. La seule qui soit parvenue à terme est celle de l'*Amoco Cadiz*. Ce précédent essentiel a bénéficié aux Américains, mais pas aux Européens. En revanche, il est à l'origine de la reconnaissance de la responsabilité pénale de la personne morale dans le Code pénal de 1994.

Les procès C. et surtout Roissy et Orly ont démontré que le droit commun de la responsabilité pouvait parfaitement fonctionner dans ces nouveaux domaines.

Au cours de cette période, la question de la charge de la preuve s'est naturellement posée dans le cadre du contentieux de droit commun. Les expertises ont été utilisées dans tous les grands procès, mais la question du lien de causalité entre une pollution et la détérioration des milieux est beaucoup moins sujette à caution qu'elle ne le sera lorsqu'il s'agit de la santé humaine. C'est donc à partir des années 1990 que le sujet deviendra crucial, au fur et à mesure que se développeront les procès sanitaires.

La prise en compte du préjudice écologique

Même si le préjudice écologique n'a pas en tant que tel été reconnu au cours de la période que nous venons d'évoquer, la notion de dommages à l'environnement *stricto sensu* est apparue dans sa plénitude et un certain nombre de questions annexes ont été tranchées.

Ainsi, le procès *Amoco Cadiz* a fait pencher la balance en faveur de l'obligation de rembourser intégralement les dépenses engagées par les collectivités locales et, de manière plus générale, par les services publics pour procéder au nettoyage des milieux souillés par les pollutions. Cette solution n'était pas évidente à l'époque et, même aujourd'hui, elle ne se retrouve pas intégralement dans la jurisprudence internationale[1].

Le dommage écologique n'a pas été consacré par le tribunal de Chicago en raison du manque de précédent en France. Le seul cas qui pouvait être invoqué était celui du tribunal de première instance de Bastia, qui avait reconnu le préjudice moral subi par les collectivités corses dans l'affaire de la Montedison. Mais dans l'affaire de l'*Erika*, vingt ans plus tard, grâce à l'expérience acquise avec l'affaire de l'*Amoco Cadiz*, celui-ci a finalement été reconnu par la cour d'appel de Paris, puis par la Cour de cassation dans sa décision de septembre 2013. Aujourd'hui comme nous l'avons déjà vu, cette obligation de réparer le dommage écologique figure dans le Code civil suite à la loi du 8 août 2016, dite "Loi pour la reconquête de la biodiversité, de la nature et des paysages[2]".

La montée en puissance des considérations liées à la protection de l'environnement

Les différents jugements rendus par les tribunaux administratifs au cours de cette période, même s'ils ont été le plus souvent annulés par le Conseil d'État, ont incontestablement établi les bases d'une prise en compte croissante de l'environnement, à la fois dans la forme et sur le fond. Dans la forme, avec un souci

1. Voir la note 1, p. 63.
2. Voir p. 63.

croissant de contrôle de l'étude d'impact, passé d'un contrôle minimum à un contrôle normal, et, sur le fond, avec de plus en plus de décisions faisant prévaloir l'environnement sur l'intérêt économique. À la vérité, il faudra attendre la fin des années 1990 pour que le Conseil d'État devienne plus rigoureux (à la condition qu'il ne s'agisse ni de nucléaire ni d'ouvrages auxquels l'État était particulièrement attentif). On citera notamment l'affaire de Pardigon, et les affaires du Verdon et de l'autoroute A400[1], mais qui sont postérieures à la période considérée.

Ainsi, cette première période fut très riche car elle porte en elle tous les sujets qui seront abordés dans les vingt-cinq ans qui suivent. Elle a pour caractéristique une véritable innovation jurisprudentielle chez le juge judiciaire et le juge administratif de premier degré, et un effort législatif considérable que le législateur de 2020 cherche aujourd'hui à déconstruire. Mais il ne faut pas désespérer car cela ne pourra ni prospérer ni durer face aux conséquences déjà tangibles qui affectent notre environnement et notre santé. Les groupes hostiles à la question environnementale seront obligés de se convertir ou de disparaître.

1. Voir p. 139-141, 104-106, 125-128.

Deuxième partie

FACE AUX MULTINATIONALES ET AUX POUVOIRS (1995-2015)

La période qui s'ouvre à partir de 1995 se caractérise par la gravité croissante des menaces liées à la dégradation des ressources naturelles et à l'équilibre climatique, ainsi que par l'organisation des multinationales et des grands lobbies pour mettre en place ou renforcer un système juridique destiné à écarter toute responsabilité de leur part. Autrement dit, plus les branches des ciseaux s'écartent et plus les dommages sont importants, moins les responsabilités sont faciles à établir. À cela s'ajoute le fait que les États, de moins en moins capables de faire face aux défis, qu'ils soient climatiques, liés à la biodiversité ou sanitaires, ont cherché à organiser leur irresponsabilité.

Cette partie traitera donc de la lutte contre les grands lobbies aux échelles communautaire et nationale, et en tirera les conséquences.

Notre cabinet a eu la chance de pouvoir traiter directement ou de contribuer à des procès majeurs qui ont largement infléchi, pour certains d'entre eux, les trajectoires prévues par les grands lobbies.

Cinq grands secteurs seront ici abordés, sujets qui sont d'ailleurs toujours d'actualité :

– Le secteur pétrolier ;
– L'agrochimie ;
– Le lobby nucléaire ;
– Le lobby minier ;
– Le BTP et les grandes infrastructures inutiles.

V

FACE AUX MULTINATIONALES

Erika : *la lutte contre une major du pétrole*

L'affaire de l'*Erika* est un dossier majeur à bien des égards. L'opinion publique a retenu la condamnation de Total et la reconnaissance du préjudice écologique. En réalité, trois points essentiels ont été tranchés :

– Celui de la responsabilité de la société Total, qui a reposé la question de la responsabilité de la maison mère avec des filiales quasi fictives ;

– Celui de la réparation du préjudice écologique ;

– Celui, enfin, de l'applicabilité de la législation sur les déchets aux pollutions des mers par hydrocarbures.

29a. L'AFFAIRE DE L'*ERIKA* 1 : LE VOLET NATIONAL[1]

Comment une grande multinationale française fait les frais de la première réparation massive du préjudice écologique

Faits et procédures

Le 11 décembre 1999, le navire-citerne *Erika*, battant pavillon maltais et transportant 60 000 tonnes de fioul lourd n° 2 (ou n° 5), subissait une défaillance de sa structure. Le 12 décembre,

1. Cour de Cassation, chambre criminelle, 25 septembre 2012, Commune de Batz-sur-Mer et autres c/ Total, 10-82 938. CA de Paris, 30 mars 2010, 08/02278. CJUE, Commune de Mesquer, 24 juin 2008, C188/07.

le naufrage du navire se produisait dans la zone économique exclusive[1] à une trentaine de milles nautiques au sud de la pointe de Penmarch en Bretagne. À la suite de cet accident qui donna lieu à un hélitreuillage du personnel de bord, une partie de la cargaison et des soutes du navire se répandit dans l'océan et atteignit les côtes de la Bretagne jusqu'à l'île de Ré.

Une information judiciaire fut alors ouverte à l'encontre du commandant de l'*Erika* et de personnes morales non dénommées, du chef de mise en danger d'autrui et de pollution sur le fondement des articles 121-2, 121-3, 223-1, 223-2 du Code pénal, 1, 7 et 8 et suivants de la loi du 5 juillet 1983.

Le navire *Erika*, construit en 1975, appartenait à l'armateur Tevere Shipping Limited, société immatriculée à Malte, qui avait confié les charges liées à l'activité commerciale à une société internationale immatriculée aux Bahamas. C'est la société Panship Management qui avait été chargée de vérifier l'état du navire et la société italienne Rina qui avait délivré les certificats, mais qui était également intervenue comme instance de contrôle par délégation de l'administration maltaise.

La société Total elle-même, par l'entremise de deux de ses filiales, avait conclu le 21 mai 1999 un contrat de vente à l'arrivée avec la société Enel, s'engageant à lui livrer jusqu'à 280 000 tonnes de fioul et faisant effectuer, lors de l'accident, la dernière livraison, qui était du reste au-delà du tonnage initialement prévu. Le groupe avait conclu, par l'intermédiaire de courtiers maritimes, un contrat de transport avec la société Selmont chargée de la gestion commerciale de l'*Erika*.

Le dossier était donc assez complexe, et ce d'autant plus que les filiales de Total, l'une au Panamá et l'autre en Angleterre, n'étaient pas forcément faciles à interroger, pour des raisons diverses.

1. On appelle "zone économique exclusive" l'espace maritime sur lequel un État côtier exerce sa souveraineté. Elle s'étend du rivage à 200 milles marins, soit 370 kilomètres.

Le dossier fut instruit, au pôle parisien, durant de longues années par Mme de Talancé qui diligenta un certain nombre d'expertises dans le cadre de la procédure pénale.

Parallèlement, la société Total obtint du tribunal de commerce de Dunkerque la nomination d'un expert aux fins de déterminer les causes du naufrage.

Après une très longue procédure et de nombreux incidents ayant conduit à la saisine de la chambre de l'instruction (en particulier avec le soutien du procureur de la République pour essayer d'obtenir l'annulation de toute l'expertise menée par Mme de Talancé et la nomination de nouveaux experts dans la procédure pénale), le tribunal correctionnel de Paris, après avoir relaxé les prévenus du délit de mise en danger délibérée d'autrui et écarté la responsabilité pénale du capitaine et des personnes ayant supervisé l'organisation des secours, ainsi que de la personne physique qui, au sein du groupe Total, avait négocié la charte-partie, a condamné pour délit de pollution des eaux et des voies navigables françaises le long du littoral atlantique l'ayant-droit économique assurant la gestion du navire, celui qui était chargé de sa gestion technique en qualité de dirigeant de Panship Management, la société Rina et la société Total en raison du pouvoir de contrôle que celle-ci avait, de fait, exercé dans la gestion du navire.

Sur le plan civil, le tribunal a considéré qu'aucun des mis en cause ne pouvait se prévaloir des dispositions de la Convention internationale sur la responsabilité civile pour dommages dus à la pollution par les hydrocarbures (dite "CLC"), qui limitent cette responsabilité et la canalisent sur le propriétaire du navire[1].

1. On rappellera en effet que cette convention avait été modifiée en 1992 pour tenter d'exclure la responsabilité des affréteurs. En effet, ceux-ci, comme les propriétaires de navires, ne pouvaient voir leur responsabilité engagée que pour autant qu'ils avaient contribué volontairement à l'accident.

En effet, le tribunal a considéré qu'aucune des sociétés ne pouvait être regardée comme étant affréteur au sens de la convention et, à défaut de cette qualité, ne pouvait donc bénéficier de l'exemption de responsabilité prévue par la convention. Le tribunal a en effet considéré que la maison mère n'était pas affréteur puisqu'elle n'avait pas signé le contrat d'affrètement et que la filiale qui avait signé était une coquille vide (une simple plaque sur un immeuble).

Le tribunal a reconnu le principe de la réparation du préjudice résultant de l'atteinte à l'environnement.

Appel a été interjeté.

La cour d'appel a confirmé le jugement sur l'action publique mais, en revanche, a restreint la liste des débiteurs de dommages et intérêts en reconnaissant la qualité d'affréteur à Total et en faisant ainsi bénéficier l'entreprise, en l'absence de faute inexcusable de sa part, de l'immunité de responsabilité relative à l'obligation à la dette prévue par l'article 3, paragraphe 4, de la convention CLC précitée. En revanche, et pour la première fois sous cette forme, la cour d'appel de Paris a indemnisé le préjudice écologique subi par les collectivités locales, qui est venu s'ajouter aux dommages économiques, touristiques, et à l'atteinte à l'image de marque. Ce préjudice a été évalué en tenant compte de l'atteinte portée à l'estran, c'est-à-dire à la partie du rivage couverte et découverte par les flots. La cour a également indemnisé le préjudice écologique subi par un certain nombre d'associations, en particulier la Ligue pour la protection des oiseaux (LPO) qui, pour la première fois, a obtenu la réparation non seulement du préjudice causé par les dépenses effectuées pour nettoyer les oiseaux, mais également de la perte d'oiseaux morts[1].

Un pourvoi en cassation a été déposé, qui posait un certain nombre de questions essentielles.

1. CA de Paris, 30 mai 2010, Commune de Batz et autres.

Tout d'abord, les défendeurs contestaient la compétence de la juridiction française pour juger d'un accident qui s'était produit hors des eaux territoriales. Ils revendiquaient la compétence de l'État du pavillon, à savoir Malte, lequel en l'espèce ne disposait même pas d'un tribunal compétent pour juger ce type de litige. On peut imaginer les conséquences d'une telle jurisprudence : il devenait alors impossible, pour des victimes de marée noire située sur les côtes européennes, d'obtenir réparation, les pavillons étant essentiellement des pavillons de complaisance appartenant à des États dont la caractéristique première n'est pas une justice puissante et indépendante.

En second lieu, la société Rina prétendait que les principes de droit international relatifs à l'immunité de juridiction[1] des États étrangers et des organismes agissant par leur ordre et pour leur compte excluaient que sa responsabilité puisse être retenue. La Cour de cassation a admis que la société Rina avait pris une part active à l'instruction et que, de ce fait, sa prétendue immunité de juridiction n'était pas incompatible avec une éventuelle condamnation. Là encore, si la Cour de cassation avait fait droit à cette prétention, cela aurait signifié que toutes les organisations de contrôle, hormis le bureau Veritas, n'auraient jamais pu voir leur responsabilité engagée devant un tribunal français.

De plus, tous rejetaient leur responsabilité pénale et la société Total demandait bien entendu la confirmation de son immunité de responsabilité en matière civile sur la base de la CLC. Enfin, toutes les parties condamnées rejetaient toute indemnisation du préjudice écologique.

Le 25 septembre 2012, la chambre criminelle de la Cour de cassation, dans sa formation plénière, a rendu une décision

1. Principe de droit international suivant lequel un gouvernement ne peut être soumis, pour les engagements qu'il contracte, à la juridiction d'un État étranger. Les États étrangers bénéficient de l'immunité de juridiction lorsque l'acte qui donne lieu au litige participe, par sa nature ou sa finalité, à l'exercice de la souveraineté de ces États et n'est donc pas un acte de gestion.

de principe malgré l'avis contraire de son avocat général. Elle a tout d'abord confirmé l'arrêt de la cour d'appel, retenant sa compétence pour statuer sur l'action publique comme sur l'action civile malgré le fait que l'accident s'était produit dans la zone économique de la France et non dans les eaux territoriales. La cour a en effet considéré que plusieurs dispositions de la Convention des Nations unies sur le droit de la mer portant sur la protection et la préservation du milieu marin justifiaient l'exercice par la France de sa compétence juridictionnelle pour sanctionner un rejet involontaire d'hydrocarbures dans cette zone par un navire étranger, entraînant un dommage grave dans sa mer territoriale et sur son littoral. Ce faisant, la Cour de cassation a confirmé la responsabilité pénale des différents protagonistes retenus par la cour d'appel, notamment la société Total, affréteur de l'*Erika*.

En revanche, sur l'action civile, la Cour de cassation a appliqué la convention CLC de 1992, dont le juge répressif pouvait faire application. Ce faisant, elle a retenu la responsabilité de l'ensemble des intervenants à l'acte de transport, et en particulier de la société Total. Elle n'a pas, comme le tribunal, considéré que Total n'était pas affréteur ; elle n'a pas, comme la cour, considéré que cette qualité l'exonérait sur le plan civil. Elle a jugé que la société Total (maison mère) avait commis une faute de témérité, en particulier en ne respectant pas les règles de prudence qu'elle s'était fixées à elle-même dans le cadre du *vetting*[1]. Il s'agissait des règles que Total mettait au choix des navires, qu'il s'agisse de contrats au voyage (le contrat

1. Le *vetting* est un système interne que Total avait mis en place pour choisir les navires qu'il affrétait. Les règles étaient différentes pour l'affrètement au temps (louer un bateau pour six mois, par exemple) et au voyage (louer un bateau pour un voyage). Il est évident que les règles étaient beaucoup plus sévères dans la première hypothèse que dans la seconde et l'*Erika* n'entrait pas dans les règles de la première. Pourtant, Total avait recouru à l'*Erika* pour cinq ou six voyages (très proche d'un affrètement au temps) et n'avait même pas respecté les règles

est conclu pour un voyage) ou de contrats au temps (le bateau est loué pour *x* mois). En conséquence, elle pouvait voir sa responsabilité civile recherchée pour l'ensemble des catégories de dommages retenues par la cour d'appel. La Cour de cassation a donc cassé sur ce point l'arrêt de la cour d'appel en rejetant l'immunité de responsabilité dont Total avait bénéficié en appel. Enfin, la Cour de cassation a confirmé la réparation du préjudice écologique.

Portée de l'affaire

La portée de cet arrêt est considérable à trois niveaux.

En premier lieu, en réaffirmant la compétence de la juridiction française pour une pollution qui, certes, affectait le territoire français mais qui s'était produite dans la zone économique, la juridiction judiciaire met un terme à toutes les tentatives d'extraterritorialité rendant totalement illusoire quelque procès que ce soit dans les États abritant les pavillons de complaisance.

En deuxième lieu, en retenant la responsabilité civile de la société Total, la Cour de cassation fait doublement œuvre d'innovation. D'une part, en retenant à la charge de Total comme élément de preuve de son manque de prudence et de diligence le non-respect de règles internes, la Cour de cassation fait un pas supplémentaire dans la reconnaissance de la valeur juridique du "droit mou" ou "droit souple[1]". D'autre part, en refusant une lecture très restrictive de la convention CLC quant à la responsabilité des affréteurs, elle achève en quelque sorte le travail commencé vingt ans auparavant par le juge Mac Garr aux États-Unis dans l'affaire *Amoco Cadiz*, qui avait retenu la

de délai, car le délai pour pouvoir recourir à ce bateau était expiré lorsque Total en a fait le choix en toute connaissance de cause.

1. On oppose le "droit dur" (la convention internationale, la loi, le règlement) au "droit souple" qui consiste en des engagements pris par les entreprises ou dans des avis ou formulations en dehors de toute règle stricte éditée par les autorités publiques.

responsabilité de la société mère Standard Oil of Indiana pour sa filiale Amoco Transport.

En troisième et dernier lieu, en validant l'indemnisation du préjudice écologique sur la base d'une méthode scientifique mise en place par le Pr Chevassus-au-Louis, la Cour de cassation a fait entrer, bien avant le législateur et de manière beaucoup plus complète, la réparation de ce préjudice dans le droit civil.

En outre, l'affaire *Erika* a encore aujourd'hui une portée tout à fait considérable. On laissera de côté l'aspect communautaire qui sera traité dans le deuxième volet (p. 179-184). Mais force est de constater que la position prise par la Cour de cassation a eu pour effet de conduire les affréteurs à revoir complètement leur mode d'organisation. Cela explique que, mis à part l'accident du navire italien *Grande America* qui s'est produit le 14 mars 2019, à l'arrêt, et qui n'a provoqué une pollution, aucun accident majeur ne s'est produit en Europe depuis celui du *Prestige*, qui a suivi de peu l'*Erika* et qui est un contre-modèle d'instruction judiciaire et de jugement[1]. Cela signifie tout simplement que ce sont désormais des navires convenablement entretenus qui sillonnent les mers européennes… ce qui ne veut malheureusement pas dire que des navires d'aussi mauvaise qualité que l'*Erika* ne continuent pas à sillonner d'autres mers.

Il faut également noter que la reconnaissance du préjudice écologique a ouvert la voie à une reconnaissance législative de ce principe au sein du Code civil, qui a donc intégré cette nouvelle donne dans la loi. On peut débattre du point de savoir si une telle reconnaissance était nécessaire compte tenu de l'arrêt de la Cour de cassation. Pour notre part, nous pensons et

1. Après des années de procédure, la juridiction espagnole n'a retenu la responsabilité que de trois lampistes et les collectivités locales ont été peu ou pas indemnisées.

continuons de penser que la loi, en donnant plus de pouvoir à l'État, qui n'a jamais été un allié du dommage écologique, réduit la portée de cette innovation plutôt qu'elle ne l'étend. Mais, sur le plan symbolique au moins, cette reconnaissance est considérable.

29b. L'AFFAIRE DE L'*ERIKA* 2 : LE VOLET COMMUNAUTAIRE

Comment le retour au droit commun avec la législation sur les déchets met un terme aux "petits arrangements" du monde maritime[1]

Il faut s'arrêter un instant sur la convention dite "CLC", qui illustre parfaitement les conditions dans lesquelles le lobby pétrolier a obtenu des États une convention sur mesure. La convention dans sa rédaction initiale, qui date de 1968, prévoyait, en cas de pollution par hydrocarbures, que la société propriétaire du navire constitue un fonds de garantie extrêmement modeste. Puis vint la création des Fipol[2], les Fonds internationaux d'indemnisation pour les dommages dus à la pollution par les hydrocarbures, chargés de régler les dommages (dans lesquels le préjudice écologique n'était pas inclus). À cette époque, les sociétés pétrolières étaient propriétaires de navires et, en conséquence, la convention excluait

1. Cour de cassation, 28 mars 2007, commune de Mesquer. CJCE, 24 juin 2008. Cour de cassation, 3e chambre civile, 17 décembre 2008.

2. Il s'agit d'un fonds abondé par les pétroliers et les États dans un premier temps – aujourd'hui seulement par les pétroliers –, qui indemnise les dommages causés par les pollutions en mer par les hydrocarbures issus des pétroliers. Ce fonds est plafonné par accident – le plafond est 1,5 milliard d'euros ; il était antérieurement de 175 millions d'euros. Lorsque la somme est insuffisante, les victimes sont indemnisées proportionnellement à leurs dommages selon un système intitulé "au marc le franc".

la responsabilité des armateurs sauf dans l'hypothèse où ils avaient volontairement causé l'accident. L'affaire de l'*Amoco Cadiz* a ruiné l'espérance des armateurs d'échapper à toute responsabilité même si la convention ne s'est pas appliquée, puisque nous avions cherché à l'éviter en saisissant la juridiction américaine, les États-Unis ne l'ayant pas ratifiée. Mais la condamnation de la société mère pour ses filiales a considérablement fragilisé les sociétés pétrolières qui ont, par la suite, décidé de vendre leur flotte pour devenir affréteurs, c'est-à-dire locataires des bateaux qu'elles louaient soit au temps (un mois, six mois, un an), soit au voyage. Cette nouvelle politique a eu pour conséquence de faire baisser de l'ordre de 15 % le coût du fret, les nouveaux armateurs se rattrapant avec un personnel sous-payé et un entretien de navires qui laissait largement à désirer. Pour mémoire, la convention CLC a été modifiée en 1992 de manière que les sociétés pétrolières, qui n'étaient plus propriétaires mais affréteurs, voient leur responsabilité limitée et exclue dans les mêmes conditions que les armateurs précédemment.

Dans l'affaire de l'*Erika*, Total était affréteur et a choisi de traiter *via* une filiale quasi inexistante avec une société de margoulins qui affrétait l'*Erika*. En conséquence, du fait de l'application de la convention, il existait un risque de voir le juge considérer que, certes, il y avait une faute pénale mais que celle-ci ne constituait pas une faute volontaire justifiant l'exonération de responsabilité exigée pour permettre la mise en cause de l'affréteur au-delà du plafond garanti. C'est d'ailleurs ce qui s'est produit devant la cour d'appel. Il fallait donc trouver une base juridique autre, que nous avons imaginée en utilisant la législation des déchets et en considérant que les boulettes de pétrole qui se retrouvaient en mer entraient dans cette catégorie. Cela paraît évident. Sur la base de cette réglementation communautaire, le producteur du produit qui a généré des déchets est responsable. Or, le producteur en l'occurrence était Total et

Total était, selon notre thèse, le producteur du produit devenu déchet du fait de l'accident.

C'est sur la base de ce raisonnement qu'une des communes touchées, celle de Mesquer dont les deux maires successifs étaient particulièrement dynamiques et impliqués, a accepté de mener la bataille. Le tribunal de Saint-Nazaire fut saisi sur la base de cette législation et rejeta la demande puis, par un arrêt en date du 13 février 2002, la cour d'appel de Rennes confirma ce rejet en refusant l'application de la législation relative aux déchets. En revanche, par arrêt du 28 mars 2007, la Cour de cassation a sursis à statuer[1] et a saisi la Cour de justice des Communautés européennes (CJCE) de trois questions préjudicielles.

La première portait sur le point de savoir si le fioul lourd que transportait dans ses soutes le navire *Erika* n'était pas déjà un déchet compte tenu de ce qu'il s'agissait du résidu du process de raffinage et que, de surcroît, un doute planait sur le fait que ces soutes auraient pu contenir également des résidus du nettoyage des cuves de Total à Dunkerque.

La deuxième question portait sur le point de savoir si les boulettes en mer pouvaient être considérées comme des déchets au titre de la législation communautaire.

Enfin, la dernière question portait sur le point de savoir si, dans l'hypothèse où il était répondu positivement à la deuxième question, nonobstant la convention CLC, le producteur du produit générateur de déchets pouvait être considéré comme civilement responsable et pouvait être conduit à payer les dépenses engagées par la commune et les frais de dépollution et de remise en état.

1. Le sursis à statuer est un jugement qui consiste, pour une juridiction, à en saisir une autre pour lui poser une question nécessaire au prononcé du jugement final. Les juridictions nationales, lorsqu'elles sont saisies d'une question d'interprétation du droit communautaire, doivent saisir la Cour de justice et prononcer un sursis à statuer en attendant la décision de la Cour de justice.

Par arrêt en date du 24 juin 2008, rendu en chambre plénière, la Cour de justice donna raison à la commune de Mesquer. En effet, si elle s'est refusée à reconnaître la qualité de déchets au fioul lourd, elle reconnaissait que "[d]es hydrocarbures accidentellement déversés en mer à la suite d'un naufrage, se retrouvant mélangés à l'eau ainsi qu'à des sédiments et dérivant le long des côtes d'un État membre jusqu'à s'échouer sur celles-ci, constituent des déchets". La cour en déduisit que, si des personnes étaient impliquées dans la génération des déchets, qu'elles en soient détentrices ou anciennes détentrices, ou encore productrices du produit générateur des déchets, "l'application du principe pollueur-payeur [...] serait mise en échec si de telles personnes devaient échapper à leurs obligations financières". Après avoir rappelé que l'Union européenne n'était pas liée par la convention CLC, la cour jugea que "le juge national peut considérer le vendeur de ces hydrocarbures et affréteur du navire les transportant comme producteur desdits déchets, au sens de l'article 1er, sous b), de la directive 75/442, et, ce faisant, comme « détenteur antérieur » aux fins de l'application de l'article 15, second tiret, première partie, de cette directive, si ce juge, au vu des éléments que lui seul est à même d'apprécier, aboutit à la conclusion que ce vendeur-affréteur a contribué au risque de survenance de la pollution occasionnée par ce naufrage, en particulier s'il s'est abstenu de prendre les mesures visant à prévenir un tel événement telles que celles concernant le choix du navire".

Enfin, la cour considérait que, si les coûts globaux n'étaient pas pris en charge par le Fipol et qu'en raison des limitations de responsabilité issues de la convention, la responsabilité du propriétaire du navire ou de l'affréteur ne pouvait être recherchée, la transposition de la directive déchets impliquait que ces coûts soient cependant supportés par le producteur du produit générateur de déchets à la condition que, par son activité, il ait contribué à la pollution.

La Cour de cassation, par arrêt en date du 17 décembre 2008, en a tiré les conséquences et a jugé que le vendeur affréteur pouvait être considéré comme détenteur antérieur de déchets s'il a contribué au risque de survenance du résultat. Tel est le cas lorsque le vendeur et affréteur du navire "s'est abstenu de prendre les mesures visant à prévenir un tel événement telles que celles concernant le choix du navire" et "s'il s'avère que les coûts liés à l'élimination des déchets générés par un déversement accidentel d'hydrocarbures en mer ne sont pas pris en charge par le Fonds international d'indemnisation pour les dommages dus à la pollution par les hydrocarbures ou ne peuvent l'être en raison de l'épuisement du plafond d'indemnisation prévu pour ce sinistre".

Portée de l'arrêt

La portée de l'arrêt de la Cour de justice est considérable. D'abord, il fait entrer dans le droit commun des déchets les pollutions de mer par hydrocarbures, mettant ainsi un terme à l'irresponsabilité que le monde du pétrole avait su si bien organiser. Désormais, et indépendamment même de l'arrêt rendu par la Cour de cassation dans le litige principal, les affréteurs ayant recours à des navires pourris qui pourraient générer une catastrophe ne pourront plus se réfugier derrière la convention CLC, même si la faute personnelle et volontaire n'est pas établie.

En second lieu, cette jurisprudence est apparue comme ayant une portée bien plus importante que celle des accidents liés à des navires. En effet, lorsque a été discutée au niveau du Parlement européen en 2012, après l'affaire de l'*Exxon Valdez*, la question de la responsabilité des plates-formes pétrolières en cas de pollution, la Commission a utilisé cette jurisprudence pour considérer qu'elle était applicable à toutes les formes de pollution en mer par les hydrocarbures (éventuellement du reste par d'autres produits) et qu'en conséquence, une nouvelle législation n'était pas indispensable. Comme député européen, l'un d'entre nous n'avait pas partagé ce point de vue, mais force est de constater que cette jurisprudence se révélait essentielle.

Ainsi, et pour une fois, le pot de terre l'avait doublement emporté sur le pot de fer. La détermination des communes de Loire-Atlantique, après celle dont avaient fait preuve les communes de Bretagne dans l'affaire de l'*Amoco*, a transformé, au moins en Europe, les conditions de transport des hydrocarbures, de manière à rendre très improbable un accident. L'affaire de l'*Erika* a également eu pour conséquence une nouvelle législation communautaire appelée "paquets *Erika I*, *Erika II* et *Erika III*[1]". Le résultat global est assez satisfaisant puisque, mis à part le petit accident de Corse de l'hiver 2018 et celui du cargo italien, le continent européen n'a pas eu à souffrir de pollution de la mer par hydrocarbures depuis le naufrage du *Prestige*.

1. Le "paquet *Erika*" résulte d'une communication de la Commission au Conseil et au Parlement européen du 21 mars 2000. Elle a été suivie de plusieurs règlements concernant les doubles coques, les règlements en matière de sécurité maritime. Le "paquet *Erika II*" est une communication de la Commission au Conseil du 6 décembre 2000. Elle introduit une directive relative à un contrôle du trafic maritime et un règlement pour la création d'un fonds européen d'indemnisation complémentaire pour les dommages dus à la pollution par les hydrocarbures ; elle a enfin conduit à la création de l'Agence européenne pour la sécurité maritime. Le paquet "*Erika III*" a été adopté en avril 2009 et il vise à renforcer encore la sécurité maritime.

LES ORGANISMES GÉNÉTIQUEMENT MODIFIÉS (OGM)

Les premières batailles dans le domaine de l'agriculture ont concerné les OGM avant même les pesticides. Mais il s'agit en fait du même sujet. En effet, les OGM ont été conçus par le lobby de l'agrochimie, et en particulier Monsanto, comme un moyen de développer plus massivement encore l'utilisation des pesticides, voire de rendre les plantes directement insecticides. Car, malgré la propagande, les seuls OGM existants sont soit des OGM tolérants aux herbicides (ce qui signifie qu'on peut verser autant d'herbicide que l'on veut sur la plante sans la faire mourir), soit des OGM pesticides, c'est-à-dire qui tuent des insectes. Les firmes américaines et européennes avaient décidé que l'Europe serait massivement couverte d'OGM, comme le devenaient les États-Unis. L'Histoire en a décidé autrement, ou plutôt la mobilisation des consommateurs européens a permis que moins de 1 % du territoire agricole européen soit ouvert aux OGM. Malheureusement, du fait des règles du commerce international, le soja transgénique cultivé aux États-Unis ou au Brésil a, lui, bien envahi le territoire européen. Comme ministre d'abord, puis comme député européen et, enfin, comme avocat et acteur associatif, l'un d'entre nous a pu prendre une part importante à ce combat.

30. L'AFFAIRE NOVARTIS[1]

Faits et procédures

En novembre 1994, le ministre de l'Environnement de l'époque avait déposé sur le bureau de la Commission européenne une demande de commercialisation et de mise en culture d'un maïs OGM Novartis, résistant à la pyrale. La quasi-totalité des organismes de sécurité sanitaire européens, à l'exclusion bien évidemment de la France, avaient marqué leur opposition à cette autorisation. Le Conseil des ministres n'ayant pas donné son accord sans pour autant exprimer un avis à l'unanimité, la décision était revenue à la Commission en application de la directive du 23 avril 1990 en vigueur à l'époque. La Commission, après consultation des comités scientifiques et sous pression des agro-semenciers, avait, le 23 janvier 1997, pris une décision d'autorisation. Le gouvernement français, à la demande du ministre de l'Environnement de l'époque, avait décidé d'un moratoire. Le gouvernement de Lionel Jospin avait, le 5 février 1998, pris la décision contraire par un arrêté inscrivant trois variétés au catalogue officiel des espèces et variétés des plantes cultivées en France, et avait autorisé leur mise en culture. L'association Ecoropa décida alors de saisir le Conseil d'État aux côtés de Greenpeace.

Par une première décision en date du 25 septembre 1998, le Conseil d'État, *faisant pour la première fois application au domaine de la santé environnementale du principe de précaution*, ordonna le sursis à exécution de cette décision, puis, par un deuxième arrêt en date du 11 décembre 1998, saisit la Cour de justice des Communautés européennes d'une question préjudicielle[2] sur le point de savoir si, lorsque la Commission

1. CE, sect., 25 septembre 1998, Association Greenpeace France, requête n° 194-348. CJCE, 21 mars 2000, Association Greenpeace France et autres c/ ministère de l'Agriculture et de la Pêche, aff. C-6/99. CE, 22 novembre 2000, Association Greenpeace France et autres, requête n° 193-348 et autres.

2. Voir la note 3, p. 91.

avait délivré un avis favorable, l'autorité compétente de l'État membre était obligée de délivrer le consentement écrit permettant la mise sur le marché du produit.

Par arrêt en date du 21 mars 2000, la Cour de justice avait interprété la directive 90/220 en ce sens que, si la Commission avait pris une décision favorable, l'autorité compétente était tenue de délivrer le consentement écrit permettant la mise sur le marché du produit. En revanche, si entre-temps l'État membre avait disposé de nouveaux éléments d'information qui lui permettaient de considérer que le produit pouvait présenter un danger pour la santé humaine et l'environnement, il pouvait ne pas donner son consentement à la condition d'en informer la Commission. De plus, si la juridiction nationale considérait que des irrégularités avaient été commises dans l'examen de la notification par l'autorité nationale compétente, elle devait saisir la Cour à titre préjudiciel[1] si elle estimait que ces irrégularités étaient de nature à affecter la validité de la décision favorable de la Commission.

En appliquant cet arrêt, qui crée donc une compétence liée[2] au détriment des États membres, le Conseil d'État, par arrêt en date du 22 novembre 2000, a jugé que le gouvernement français était obligé, en l'absence d'éléments nouveaux, de délivrer son consentement écrit. Les critiques adressées par les requérants à la régularité de la procédure ayant précédé la transmission du dossier à la Commission des Communautés européennes ne pouvaient avoir affecté la légalité de la décision.

1. Voir note 3, p. 91.
2. La compétence liée est l'obligation faite à une autorité de décider dans un sens déterminé sans avoir aucune liberté d'un autre choix. Ici, cela signifie que la Cour de justice a considéré qu'un État ne pouvait pas, lorsque la Commission européenne avait donné une autorisation de mise sur le marché d'un produit, remettre en cause cette autorisation dans la phase communautaire ; il ne reste qu'une compétence résiduelle que la jurisprudence suivante a progressivement précisée, notamment en ce qui concerne les mesures de sauvegarde.

Portée de l'affaire

Bien que les décisions de la Cour de justice des Communautés européennes et du Conseil d'État aient été en définitive favorables à Novartis, ce contentieux a constitué un véritable coup d'arrêt à la diffusion des OGM en Europe. En effet, il a donné naissance à une nouvelle directive beaucoup plus rigoureuse, même si elle n'a été que très partiellement appliquée, en ce qui concerne les exigences sur les études à long terme et la recherche des effets directs et indirects des OGM sur l'environnement et la santé humaine. Cette affaire faisait suite à la décision de moratoire prise par le gouvernement français en 1997, qui avait été un coup de tonnerre pour l'industrie agrosemencière qui voyait les OGM occuper 50 % de l'agriculture européenne en 2000 !

La décision du Conseil d'État et les très fortes réactions de l'opinion publique ont achevé de jeter le discrédit sur des OGM qui sont de véritables pompes à pesticides. La Commission européenne rencontrera les plus grandes difficultés, au cours des années 2000, à délivrer des autorisations. De très nombreux contentieux se dérouleront à ce sujet en France. Des maires et le conseil général du département du Gers s'opposeront, par des arrêtés, à la mise en culture d'OGM sur leur territoire. En définitive, un certain nombre de pays, dont la France et l'Autriche, refuseront que les OGM soient cultivés sur leur territoire.

Qu'en est-il aujourd'hui ?

Le débat qui a été ouvert à l'occasion de l'affaire du maïs Novartis est toujours d'actualité. Il pose d'abord la question des conditions de travail de l'Autorité européenne de sécurité sanitaire et alimentaire[1] (EFSA), de son impartialité, ainsi que de la multiplication

1. L'EFSA (European Food Safety Authority), dont le siège est à Parme, est dotée en réalité de peu de moyens, de telle sorte que les études et expertises sont confiées à des personnes extérieures à l'agence et choisies par elle sur des critères de compétence. Mais l'absence de rémunération de ces experts, qui sont simplement défrayés, rend quasi impossible la participation de chercheurs publics qui n'ont

des conflits d'intérêts qui étaient et sont toujours particulièrement patents dans le panel OGM[1]. La mise en cause très grave de l'EFSA à propos de l'affaire du glyphosate, qui est lié aux OGM puisque la grande majorité d'entre eux sont tolérants aux herbicides, en particulier au Roundup dont l'un des principes actifs est précisément le glyphosate, est déjà en germe dans les débats qui ont agité la Cour de justice et le Conseil d'État à propos de ce premier dossier.

Mais le débat est également d'ordre démocratique, et ce, à double titre.

D'une part, la volonté de la Commission d'imposer aux États membres la commercialisation et, plus encore, la mise en culture de produits très controversés est éminemment discutable. Cette situation a conduit la deuxième commission Barroso à modifier la directive 2001/18/CE pour permettre aux États membres de refuser expressément la mise en culture d'OGM pourtant autorisés par la Commission. Autrement dit, la loi est revenue sur ce que la jurisprudence avait décidé.

D'autre part, la question des OGM a mobilisé une grande partie de la population européenne qui n'en voulait pas et ne comprenait pas que cette mise en culture, considérée comme parfaitement inutile et potentiellement dangereuse, puisse lui être imposée. Rappelons que l'immense majorité de la population européenne refuse les OGM.

Aujourd'hui, l'idée de développer les OGM en Europe est abandonnée. Mais l'agro-industrie des semences a repris le sujet

aucunement le temps et les moyens matériels de participer à ces groupes d'experts, contrairement aux chercheurs provenant des milieux industriels, qui sont rémunérés par ces entreprises.

1. L'Autorité de sécurité européenne travaille avec des groupes de scientifiques dédiés à l'examen et à l'étude des catégories de produits. Ces groupes s'appellent des "panels" et il existe donc des panels pour les OGM comme pour les pesticides, et c'est la composition de ces panels qui pose problème dans la mesure où les conflits d'intérêts y sont plus que fréquents, même si quelques progrès ont été accomplis au cours de ces dernières années.

sous une autre forme, celle dite des "nouveaux OGM", dont elle a obtenu jusqu'à présent qu'ils ne soient pas soumis à la directive 2001/18/CE. *Bis repetita*... Le Conseil d'État a saisi la Cour de justice de l'Union européenne d'une question préjudicielle à ce sujet... Par arrêt en date du 25 juillet 2018, la Cour de justice a donné raison aux associations et a considéré que les plantes obtenues par mutagenèse étaient soumises à la législation OGM, dès lors qu'il ne s'agissait pas de techniques conventionnelles.

Cette affaire Novartis a permis de mettre un coup d'arrêt au développement des OGM même si, finalement, la Cour de justice a penché dans le sens des agrosemenciers, sans nécessairement avoir pris conscience, à l'époque où l'arrêt a été rendu, des conditions dans lesquelles travaillaient la Commission et l'EFSA. Elle a conduit au développement d'une réflexion sur les compétences respectives des États et de l'Union, qui a entraîné, comme précédemment évoqué, une modification, en 2015, de la législation communautaire, redonnant aux États membres le droit d'interdire la mise en culture des OGM sur leur territoire. Elle a également mis en lumière les dysfonctionnements de l'EFSA qui exploseront avec l'affaire du glyphosate.

Enfin, les conditions particulières de fonctionnement de l'administration française et l'absence d'information non biaisée conduiront l'un d'entre nous à cofonder le Criigen (Commission de recherche et d'information indépendantes sur le génie génétique) en 1999[1].

1. L'un d'entre nous a fondé le Criigen, à sa sortie du Gouvernement, pour qu'il existe un organisme d'experts indépendants du business de l'agrosemence, en raison de l'absence d'information scientifique indépendante dont elle n'avait pu bénéficier lorsqu'elle avait eu à gérer la question des OGM. Cet organisme a été créé grâce au Pr Jean-Marie Pelt, créateur de l'Institut européen d'écologie à Metz, avec le soutien initial de Chantal Jaquet. Y a participé Gilles-Éric Séralini.

31. L'AFFAIRE DES OGM (SUITE) OU LA "FABRIQUE DU MENSONGE"[1]

Comment les lobbies chimiques et agroalimentaires ont essayé de biseauter la procédure d'examen des dossiers OGM en France et y sont partiellement parvenus

Faits et procédures

À la suite des nombreux débats sur les OGM et de la mise en cause de la Commission du génie biomoléculaire et de son président, Axel Kahn, qui avait démissionné en 1997 lors du moratoire[2], le Gouvernement avait créé un Haut Conseil des biotechnologies doté d'un comité scientifique, qui dans les faits avait tous les pouvoirs, et d'un comité économique, éthique et social qui faisait largement de la décoration. Un décret du 30 avril 2009 avait nommé le président du Conseil des biotechnologies, le président et les membres du comité scientifique, ainsi que le président et les membres du comité économique, éthique et social.

Le Criigen avait attaqué devant le Conseil d'État le décret du 30 avril 2009 nommant les membres du Haut Conseil des biotechnologies[3]. En effet, il avait observé qu'un certain nombre des personnes nommées avaient des liens directs ou indirects avec certaines sociétés ou détenaient des brevets sur des OGM

1. Stéphane Foucart, *La Fabrique du mensonge*, Denoël, 2013.

2. Ce moratoire a été décidé par Alain Juppé à la demande de l'un d'entre nous ; il s'agit du moratoire sur l'implantation de maïs OGM en France. Il a été levé par le gouvernement de Lionel Jospin et Dominique Voynet l'année suivante. C'est la levée de ce moratoire qui a donné lieu à la jurisprudence Greenpeace/Ecoropa analysée ci-dessus.

3. CE, 7 mars 2012, 3 octobre 2011, Criigen. Le Haut Conseil des biotechnologies, qui vient de disparaître, était censé donner un avis sur les demandes d'autorisation de mise sur le marché d'OGM. Il était composé d'un organisme scientifique et d'un organisme représentatif de la société civile qui avait cessé de fonctionner depuis plusieurs années, du fait de la démission des médecins et associatifs scandalisés par le mode de fonctionnement du système.

et qu'en conséquence, le conflit d'intérêts patent ne permettait pas de les nommer dans un tel organisme. De plus, le Criigen avait fait observer que la quasi-totalité des personnalités scientifiques nommées avaient pris des positions favorables ou très favorables aux OGM et qu'en conséquence, les nominations de tant de personnalités favorables aux OGM étaient contraires au principe d'impartialité.

Le Conseil d'État, dans l'arrêt en cause, a rejeté les deux requêtes en considérant, d'une part, que des prises de position favorables aux OGM ne pouvaient à elles seules faire regarder la nomination des personnes les ayant prises comme contraire au principe d'impartialité et, surtout, que le fait qu'il y ait des liens directs ou indirects avec des sociétés produisant les OGM ou détenant les brevets ne permettait pas de contester les nominations ; qu'en effet, les intérêts devaient être déclarés, que les membres avaient l'obligation de ne pas participer aux débats lorsque les comités statuaient sur des questions susceptibles de mettre en cause leurs intérêts et qu'ainsi, le principe d'impartialité du fait des intérêts détenus n'était pas méconnu… C'est faire preuve *a minima* d'une grande naïveté…

Intérêt de l'affaire

L'intérêt de cet arrêt est certain et montre bien l'évolution rapide du droit public et, parfois, le manque de vision du Conseil d'État.

La question des conflits d'intérêts dans les organismes d'expertise est un point essentiel du débat public, qui empoisonne la prise de décisions.

En acceptant que soient nommées des personnalités éminemment favorables aux OGM et ayant directement des intérêts – ce que le Conseil d'État ne contestait pas – dans des firmes agrosemencières ou travaillant pour elles, le Conseil d'État a, en quelque sorte, "planté" le Haut Conseil des biotechnologies.

D'ailleurs, quelques années plus tard, ce Haut Conseil des biotechnologies sera dans l'incapacité de fonctionner, la totalité des membres représentant les associations de consommateurs ayant démissionné de leurs fonctions au sein du comité économique et social de cet organisme pour marquer précisément leur désapprobation quant aux conditions dans lesquelles il fonctionnait.

Ainsi, au lieu de faire de la notion de conflit d'intérêts une notion centrale et majeure empêchant la nomination des personnes directement intéressées dans des comités d'expertise publics, le Conseil d'État a largement contribué, par cette décision, aux difficultés actuelles. Nous aborderons cela dans la troisième partie du livre, consacrée aux combats actuels et futurs.

VI

FACE AUX POUVOIRS

Les années de la fin du XXe siècle et la première décennie du XXIe sont marquées par une montée en puissance des multinationales et un poids croissant des lobbies sur le pouvoir politique. Ceux-ci se sont en effet organisés face à une prise de conscience encore timide des enjeux environnementaux, obtenant non seulement des textes faits sur mesure mais encore l'usage des pouvoirs d'État mis au service de leurs intérêts[1].

1. L'exemple du pont de l'île de Ré, qui a été évoqué dans une affaire de financement de parti politique, en est une illustration.

LE NUCLÉAIRE : LE POT DE FER CONTRE LE POT DE TERRE

La première partie de cet ouvrage a montré comment les premiers procès menés dans le domaine de l'énergie nucléaire avaient permis quelques succès, essentiellement devant le juge administratif de premier degré, grâce au recours au droit commun.

À partir de la fin des années 1990, alors que les réacteurs étaient tous construits, et alors qu'EDF avait été partiellement privatisée, cette grande entreprise s'est fourvoyée dans de nombreuses aventures à l'étranger et s'est comportée comme une multinationale bénéficiant de surcroît de l'appareil d'État.

Cela explique que le lobby nucléaire, dont la puissance en France n'est plus à démontrer, ait obtenu des pouvoirs publics un droit totalement dérogatoire, excluant l'application des textes concernant l'eau, les déchets et les installations classées. Il a même obtenu que l'exécutif n'ait plus le pouvoir de fermer d'autorité une centrale nucléaire pour des raisons de politique énergétique. Seule désormais l'Autorité nucléaire peut le faire, pour des raisons de sûreté, et l'exploitant, pour d'autres raisons et selon son bon vouloir. Le procès de Fessenheim illustre parfaitement cette situation absurde et absolument non démocratique.

On y ajoutera également un exemple du maintien du même type de raisonnement que par le passé en ce qui concerne le transport de l'électricité et la réalisation de nouvelles lignes à très haute tension.

32. LA SAGA DE LA FERMETURE DE FESSENHEIM

Comment la juridiction administrative française a laissé fonctionner une centrale vieillissante construite dans une zone sismique, à 8 mètres en contrebas d'un canal, sur la nappe phréatique la plus importante d'Europe.

Faits et procédures

C'est en 2006 que débute le procès de Fessenheim, à l'initiative de l'Association trinationale de protection nucléaire (ATPN), dont le siège est à Bâle, en Suisse, et qui regroupe de très nombreuses villes allemandes, suisses et quelques collectivités françaises ainsi que des associations. Elle a pour vocation de protéger la population du Haut-Rhin contre tout risque nucléaire et représente près d'un million de personnes.

Alors que la question de la prolongation, pour dix ans de plus, des autorisations de fonctionnement des deux réacteurs de Fessenheim se posait, la procédure a commencé par une demande de communication de pièces sur les rejets liquides réels de la centrale.

En effet, cette centrale était la seule en France, à l'époque, à ne pas disposer d'autorisations de rejets de liquides chimiques et à fonctionner sur la base d'autorisations de prise et de rejets d'eaux datant de 1974, ainsi que de rejets gazeux datant de la même époque, et dont le contenu est dérisoire par rapport aux obligations légales et réglementaires actuelles. Après un passage par la Commission d'accès aux documents administratifs[1] (Cada), et en raison de la demande de communication de pièces antérieures à l'application de la loi du 13 juin 2006 (qui

1. La Cada est une commission administrative indépendante chargée de se prononcer sur la possibilité, pour les citoyens, d'obtenir les documents administratifs qui leur sont refusés par les autorités publiques. Elle rend un immense service grâce à une jurisprudence libérale. Cependant, elle prononce des avis qui ne sont pas contraignants. Ses décisions peuvent dès lors ne pas être suivies d'effet, ce qui conduit alors à engager des contentieux.

aurait exclu cette communication), les documents concernant les rejets de la centrale ont été fournis. Ils faisaient apparaître qu'aucune autorisation n'avait effectivement été délivrée en dehors de celle de 1974, que beaucoup de produits n'étaient pas mesurés puisque aucun texte réglementaire n'en faisait l'obligation à EDF et que certains rejets étaient massifs par rapport à ceux d'autres centrales.

C'est dans ces conditions que l'ATPN demanda, par courrier en date du 29 juillet 2008 au Premier ministre et au ministre de l'Écologie, d'ordonner la mise à l'arrêt définitive de la centrale en raison des risques sismiques, d'inondation, de vieillissement qu'elle générait et en raison de l'absence d'autorisation de rejets chimiques.

Dans sa réponse devant le tribunal, EDF prétendra qu'aucune autorisation n'était nécessaire car elle aurait bénéficié de droits acquis. Par jugement en date du 9 mars 2011, soit quarante-huit heures avant Fukushima, le tribunal administratif de Strasbourg rejeta la requête mais reconnut qu'EDF était dans l'illégalité pour n'avoir pas d'autorisation de rejets. En effet, considérant qu'un dossier de demande avait été déposé en 2009 et qu'il était en cours d'instruction, le tribunal a estimé que la preuve d'un risque grave justifiant la mise à l'arrêt n'était pas établie.

Après la catastrophe de Fukushima et le constat que la centrale de Fessenheim était soumise au double risque de tremblement de terre et d'inondation, dont le cumul n'avait jamais été envisagé, l'association demanda à l'Autorité de sûreté nucléaire la suspension immédiate et complète de son fonctionnement. Parallèlement, appel était interjeté du jugement rendu par le tribunal de Strasbourg, requête également transmise au Conseil d'État.

En 2012, le président de la République, François Hollande, annonça son intention de fermer la centrale nucléaire de Fessenheim avant la fin de son quinquennat. Dans ces conditions, l'ATPN sollicita un non-lieu à statuer puisque la fermeture était décidée et que l'association ne demandait rien d'autre.

Or, contre toute attente, et c'est ce qui explique l'imbroglio juridique actuel dont nous ne sommes aucunement sortis, le ministère de l'Écologie conclut qu'il s'agissait d'une décision politique et non pas juridique et que, par voie de conséquence, il n'y avait aucunement lieu de constater un non-lieu à statuer. Il va de soi que, si le Gouvernement n'avait pas aligné sa position sur celle d'EDF, la décision de fermeture aurait été entérinée par le juge administratif et l'État n'aurait pas été contraint de laisser supposer que la fermeture de Fessenheim était une décision purement politique, entraînant en tant que telle une indemnisation pour l'exploitant.

Le Conseil d'État, après avoir changé la présidente de la sous-section chargée de juger, laquelle avait occupé les fonctions de directrice juridique du ministère de l'Écologie et avait donc défendu précédemment au nom de l'État contre l'association, a rejeté, par un arrêt en date du 28 juin 2013, la requête en considérant qu'il n'y avait aucun risque grave à Fessenheim et en validant les arrêtés de 1974 concernant les rejets d'eaux. C'est dommage pour la crédibilité du Conseil d'État.

En effet, depuis lors, des arrêtés de rejets ont été pris car ils étaient indispensables. Ils sont soumis au juge administratif dans la mesure où, pour de nombreux produits toxiques, ils dépassent les normes autorisées et bénéficient de dérogations parfaitement infondées.

De plus, un des réacteurs a été totalement à l'arrêt entre 2016 et 2018, en raison des graves malfaçons découvertes dans le générateur de vapeur, et l'autre a été arrêté à de nombreuses reprises. Le contentieux a continué cependant que la fermeture de Fessenheim, annoncée et prévue dans un décret du 9 avril 2017, restait subordonnée à l'ouverture de l'EPR de Flamanville, laquelle est encore aléatoire. Ce décret a du reste été annulé par le Conseil d'État. En revanche, après avoir hésité, ce dernier a finalement rejeté le contentieux concernant le redémarrage, dont l'intérêt pour EDF était majeur. En effet, l'industriel avait obtenu de l'État la bagatelle de 500 millions d'euros pour avoir fermé soi-disant par anticipation la centrale de Fessenheim. Il est clair que, si la fermeture avait dû intervenir pour des raisons de sûreté, le contribuable français n'avait strictement rien à payer.

Cet argument sonnant et trébuchant semble avoir convaincu le Conseil d'État, malgré la question qu'il se posait de l'interprétation "façon cow-boy" des règles techniques relatives aux générateurs de vapeur.

En définitive, Fessenheim a fermé en juin 2020 car l'autorisation de fonctionner n'était plus valable, dans la mesure où les études et les travaux nécessaires à la prolongation n'avaient pas été engagés.

Que peut-on retenir de cette saga ?

Le dossier de Fessenheim est peut-être le plus emblématique de la manière dont le nucléaire reste hors droit en France, encore aujourd'hui. Voilà une centrale soumise à un risque sismique très fort et sous-évalué, construite à 8 mètres au-dessous du grand canal d'Alsace, avec un radier de 1,50 mètre renforcé de 50 centimètres au prix de travaux d'un coût très élevé (rappelons que le radier de Fukushima était de 8 mètres et que le cœur a fondu et l'a transpercé), qui rejetait des produits radioactifs et chimiques dans des proportions très supérieures à ce qui est autorisé pour les autres centrales, qui ne possédait pas de tour de réfrigération et qui était donc très sensible à l'élévation de température (rappelons-nous qu'en 2006, EDF avait été obligée d'utiliser des lances d'incendie pour refroidir le réacteur), ce qui augmentait très sensiblement la température du Rhin l'été. Peu importait.

Il aura fallu la découverte des très graves malfaçons des générateurs de vapeur, à la suite de l'enquête pénale menée au Creusot, pour qu'EDF soit contrainte enfin d'arrêter une des cuves, mais tout en prétendant continuer l'exploitation de ce réacteur dont la mise en service date de 1978, c'est-à-dire qui dépasse désormais les quarante ans d'âge. Autrement dit, Fessenheim apporte une preuve flagrante de ce que la sûreté et la sécurité nucléaires ne sont pas prioritaires en France.

La deuxième leçon à retenir est que, une fois de plus, les promesses n'engagent que ceux qui y croient et que, dans une procédure judiciaire, l'État est capable de dire que ce qu'il s'est engagé politiquement à faire ne l'engage pas juridiquement. Et de fait, en septembre 2019, Fessenheim n'était toujours pas fermée[1]. Cela pose donc une très sérieuse question quant au pouvoir réel de l'autorité politique sur l'industrie nucléaire.

La troisième leçon à retenir est le fait que le Conseil d'État continue à faire de la défense du nucléaire une priorité absolue qui l'emporte sur les règles de droit. La question de l'eau en est une parfaite illustration. La centrale de Fessenheim était la seule en France à n'avoir pas d'autorisation de rejets chimiques et son autorisation de rejets radioactifs datait des années 1970. C'était totalement illégal et en définitive, deux ans avant la fermeture, EDF a bien été obligée de présenter un dossier de rejets chimiques et de se soumettre à une déclaration d'utilité publique. Mais le Conseil d'État n'a jamais voulu sanctionner l'illégalité qui était pourtant patente jusqu'à la délivrance de cette autorisation.

Quel est l'impact de ces décisions ?

La position de la juridiction administrative impose de constater que l'État de droit ne fonctionne pas dès lors qu'il s'agit de centrales nucléaires. D'où la nécessité de se présenter devant le juge pénal pour les infractions de droit commun ou les infractions propres au droit nucléaire. D'où encore la nécessité de rechercher les non-respects du droit communautaire pour

1. Fessenheim a fermé définitivement le 29 juin 2020.

tenter d'attraire la France devant la Cour de justice de l'Union européenne.

Le cas de Fessenheim, qui expose la France au mécontentement de ses voisins, mécontentement qui ne va que croître avec l'arrêt de l'exploitation du nucléaire en Europe (sauf en France et en Angleterre), donne une image catastrophique de la manière dont le droit ne peut s'appliquer en France en matière nucléaire, ce qui n'est que le reflet de l'inapplication des règles du jeu habituelles dans tous les autres domaines, notamment économique et financier.

C'est bien dommage car, si le juge avait fait son office, les contribuables français auraient été gagnants, les citoyens français et européens sécurisés, et l'industrie nucléaire contrainte d'enfiler les habits contemporains d'une entreprise qui ne compte pas sur les impôts pour assurer sa pérennité et qui ne met pas délibérément en péril l'environnement.

33. LA LIGNE THT DU NORD
Le déni effectif du risque sanitaire et le maintien à tout prix de la centralisation énergétique[1]

Dans la première partie de cet ouvrage, on a montré comment les lignes à très haute tension avaient été contestées, comment certains procès avaient été gagnés. Comme dans l'affaire du Verdon qui visait en fait à créer une ligne en direction de l'Italie ou dans l'affaire de la vallée du Louron qui concernait une ligne avec l'Espagne[2], la décision du ministre de l'Environnement, le 19 décembre 2016, voulant créer la ligne à 400 000 volts entre Avelin et La Gravelle, visait, elle, à relier la France au Nord de l'Europe.

1. CE, 19 octobre 2018, Association Rassemblement pour l'évitement des lignes électriques dans le Nord et autres, requête n° 411536.
2. Voir p. 104-106 et 101-104.

On peut critiquer ou non cette politique mais le problème est qu'EDF comme l'État refusaient de reconnaître cet objectif et soutenaient que les 30 kilomètres en question ne concernaient que les besoins des départements du Nord et du Pas-de-Calais.

Le Rassemblement pour l'évitement des lignes électriques dans le Nord, deux autres associations ainsi que quatre communes et une communauté de communes ont donc saisi le Conseil d'État de recours dirigés contre cet arrêté. Les questions posées étaient celles des carences de l'étude d'impact, de la justification du projet, c'est-à-dire du raccordement avec le Nord de l'Europe, de la sous-évaluation du coût et du problème des risques sanitaires. On soulignera qu'en l'espèce, l'estimation faite au départ ne comportait aucune indemnisation, ne prenait pas en compte le coût des pylônes du nouveau modèle qui avait été choisi et, par voie de conséquence, était totalement sous-évaluée. Le Conseil d'État a néanmoins considéré que l'estimation de l'étude d'impact était "sincère" et que cette sous-évaluation n'avait pas nui à l'information du public. Il a estimé tout à fait admissible que des solutions de substitution, et en particulier l'enfouissement ou le remplacement de la ligne existante, n'aient pas été analysées. Mais plus intéressantes restent la question sanitaire et celle de l'intérêt vraiment de ce projet. À quoi était-il vraiment destiné ?

Sur le premier point, après avoir reconnu la corrélation statistique et significative entre le risque de leucémie et les lignes à haute tension (cet arrêté étant intervenu quelques mois avant la nouvelle publication de l'étude de l'Anses reconnaissant effectivement le lien de causalité probable), le Conseil d'État n'en tire aucune conséquence. Le seul fait qu'il y ait une surveillance (ce dont on peut douter compte tenu de la pauvreté des moyens de l'État en la matière) suffit à considérer que l'obligation d'évaluation des risques a été convenablement prise en compte. Quant à l'augmentation de la capacité de transfert, le Conseil d'État estime qu'il ne s'agit pas d'une augmentation significative et durable du champ électromagnétique aux abords de la ligne. On ne peut pas vraiment dire qu'il s'agisse d'une application sérieuse du principe de précaution[1] !

Quant à la justification de la ligne, qui est le sujet central, là aussi le Conseil d'État fait totalement sienne la thèse du Réseau de transport d'électricité[2] (RTE) en admettant la nécessité (pour la France ?) d'injecter une proportion croissante d'électricité issue de sources d'énergies renouvelables intermittentes dans le réseau de grands transports avec les régions voisines et les autres pays européens, mais dans le même temps il reconnaît que 10 % seulement des volumes transitant par cette ligne iront en Belgique. C'est évidemment contradictoire et, si la question du transport de l'électricité est une question centrale pour la transition énergétique, ce n'est pas dans cet objectif qu'a été pris cet arrêt, mais bien dans celui de l'exportation. De plus, avec les effets de plus en plus violents du dérèglement climatique, l'enfouissement des lignes à très haute tension deviendra progressivement une nécessité. Il est bien dommage que, là encore, la vue de court terme l'ait emporté.

1. C'est d'autant plus incompréhensible que le Conseil d'État avait antérieurement appliqué le principe de précaution aux lignes THT (CE, 12 avril 2013, Association Stop THT, n° 342409).

2. RTE est une filiale à 50 % d'EDF qui gère le réseau de transport français d'électricité à haute tension.

ÉNERGIES FOSSILES ET MINES : FORAGES ET DÉSESPOIRS

La poursuite de la recherche de nouvelles sources d'énergies fossiles devrait apparaître à tous comme une absurdité. En effet, les scientifiques ne cessent de rappeler que pour parvenir à nos objectifs, à savoir tenter de limiter à 2 degrés la hausse de la température à la fin du siècle, nous devrions abandonner dans le sous-sol 60 % des réserves déjà connues. Cette situation n'empêche évidemment pas les pétroliers de chercher à obtenir et, plus grave encore, d'obtenir des autorisations d'exploration et de concession de mines. Deux dossiers retiendront ici l'attention.

34. LA FRACTURATION HYDRAULIQUE DEVANT LE CONSEIL CONSTITUTIONNEL

Le droit à l'intervention dans la procédure constitutionnelle des collectivités publiques

Faits et procédures

Une société américaine, Schuepbach Energy LLC, avait obtenu deux permis de recherche d'hydrocarbures au moyen de la fracturation hydraulique. Devant l'émotion nationale provoquée par cette technique risquée à bien des égards[1], le législateur, par la loi du 13 juillet 2001, avait adopté une disposition interdisant d'y avoir recours. Les autorisations de permis de recherche exclusifs avaient été suspendues, puis finalement abrogées par décision du ministre de l'Écologie et de l'Industrie.

La société s'était pourvue devant le tribunal administratif et avait soulevé une question prioritaire de constitutionnalité (QPC)[2] relative à la conformité à la Constitution, et plus précisément à la Charte de l'environnement et aux droits garantis par les articles 16 et 17 de la Déclaration des droits de l'homme, des dispositions législatives faisant obstacle à son activité.

De nombreuses parties sont intervenues en défense de la position gouvernementale et en particulier la région Île-de-France.

L'arrêt rendu par le Conseil constitutionnel a notamment permis à celui-ci d'apporter des précisions concernant le régime

1. Voir notre article "Fracturation hydraulique et droit constitutionnel environnemental, un mélange détonnant", *La Semaine juridique*, JCP G, 16 septembre 2013, p. 1693-1701.

2. La question prioritaire de constitutionnalité est une question posée par la Cour de cassation ou le Conseil d'État au Conseil constitutionnel pour savoir si une disposition législative déjà votée est conforme à la Constitution.

de l'intervention volontaire[1] et l'invocabilité des articles 5 et 6 de la Charte de l'environnement[2].

La lecture de la décision du Conseil constitutionnel montre que celui-ci, d'ailleurs sans avoir recours à l'expertise, s'est essentiellement basé sur le bien-fondé du principe de prévention que l'on retrouve dans la loi du 13 juillet 2001 précitée. Il a, de ce fait, écarté comme inopérants les arguments tirés de la violation du principe de précaution, mais celui-ci restait au centre du débat. Bien entendu, la décision sur le fond ne peut qu'être approuvée.

La question qui reste centrale ici est celle de la procédure devant le Conseil constitutionnel, notamment lorsqu'il y a une requête en intervention (qui était présentée par la région Île-de-France), et celle de l'expertise.

La lecture de la procédure révèle qu'il s'agit d'une décision non motivée, non contradictoire du Conseil constitutionnel, présentée comme telle par le secrétaire général du Conseil constitutionnel antérieurement à la date prévue pour l'audience.

Pourtant, l'intervention se justifiait particulièrement puisque, aux termes de l'article 5 de la Charte de l'environnement, les collectivités publiques ont le devoir de veiller à l'application du principe de précaution. Une région n'est pas une simple association ou un simple particulier, elle a vocation incontestable à défendre l'application de ce principe lorsque celui-ci est en cause.

1. L'intervention volontaire est une procédure qui permet à un tiers d'intervenir pour soutenir le demandeur ou le défendeur dans le cadre d'une procédure en cours. Il n'y a pas de délai pour le faire et le sort du recours en intervention suit le sort du recours principal.

2. Voir Conseil constitutionnel n° 2013-346 QPC, 11 octobre 2013, Société Schuepbach Energy LLC et Olga Mamoudy, "Précisions sur le régime de l'intervention volontaire et l'invocabilité de la Charte de l'environnement dans le cadre de la QPC", *Les Petites Affiches*, 19 décembre 2013, n° 253, p. 12.

Aucun recours contre cette décision non motivée, non notifiée, n'a été prévu par la procédure devant le Conseil constitutionnel.

On rappellera que, dans la procédure administrative, la question de la recevabilité est toujours examinée avec le fond. Elle est admise ou non mais, en tout cas, le requérant intervenant peut aller jusqu'au bout de la procédure dès lors qu'il s'est associé aux conclusions en défense ou aux conclusions en annulation, ce qui était le cas dans l'espèce considérée puisque la région soutenait la position du Gouvernement.

À cela s'ajoute une deuxième observation importante. Le Conseil constitutionnel en matière d'environnement est saisi de dossiers techniques, à l'instar notamment des affaires assez complexes liées aux OGM, qui ont fait en leur temps l'objet d'un examen par ses soins dans un sens favorable d'ailleurs au principe de précaution.

Mais, dans ces affaires techniques, on ne trouve nulle part de discussion par recours à l'expertise contradictoire. Il faut savoir que les débats sont relativement informels devant le Conseil constitutionnel. Les avocats ne disposent que de quelques minutes pour s'exprimer et aucun dialogue ne peut s'établir entre eux et les juges. Disposer de la faculté de répondre à un rapporteur public peut apporter beaucoup d'éclaircissements, mais tel n'est hélas pas le cas.

Le contentieux environnemental, faut-il le rappeler, est toujours un contentieux technique qui implique de nombreuses interventions et généralement de nombreux avis d'experts. De ce fait, l'intervention de parties très différentes, qui peuvent être des associations mais également des collectivités publiques, est particulièrement utile car le débat s'en trouve enrichi.

L'idée de recourir à une autorité chargée de donner un avis au titre de ce que l'on appelle l'*amicus curiae* permettrait peut-être, dans un premier temps, d'améliorer le contradictoire[1].

1. *Amicus curiae* : il s'agit d'une personnalité désignée par une juridiction civile pour rechercher des éléments, généralement d'ordre technique ou scientifique,

Enseignement de l'affaire

On peut principalement retenir que la procédure prévue par le Conseil constitutionnel en matière d'environnement notamment – mais on pourrait raisonner de la même façon dans le contentieux sanitaire ou dans des contentieux techniques – est très insuffisante aux niveaux de l'expertise (qui est toujours centrale) et de la nécessité de faire entrer dans la procédure des avis différents.

Si le Conseil constitutionnel voulait aller plus loin dans ce sens, il ne serait pas nécessaire de changer les procédures, mais seulement la pratique.

Tant que cela n'aura pas été réalisé, le succès des procédures de QPC dans ce domaine, contrairement à ce qui avait été prévu, restera stagnant[1].

35. LES FORAGES PÉTROLIERS AU LARGE DE LA GUYANE
La nature sauvée par le gong

Faits et procédures

Si EDF est puissante en France, Total l'est tout autant : une nouvelle illustration de cette réalité vient de la délivrance des permis d'exploration à cette société au large de la Guyane. On rappellera pour mémoire que l'opposition qu'avait exprimée la regrettée et éphémère ministre de l'Environnement Nicole Bricq, en 2012, lui avait immédiatement coûté son portefeuille.

Un arrêté du 14 septembre 2017 signé de Nicolas Hulot avait prolongé "à titre exceptionnel" jusqu'au 1er juin 2019 le permis exclusif de recherche d'hydrocarbures liquides ou gazeux au

afin d'aider le juge à rendre sa décision. Par "contradictoire", il faut entendre le principe fondamental de la justice, qui consiste à permettre à chacune des parties d'exprimer son point de vue avec des règles d'égalité d'expression.

1. On peut nuancer avec les décisions récentes du 20 janvier 2020 (citée page 231) et du 19 mars 2021 (décision numéro 2021-891 QPC du 19 mars 2021) sur les chartes d'épandage de pesticides.

large du département de la Guyane et avait transféré ce permis à Total exploration et production en Guyane française.

Par un arrêté du 22 octobre 2018, le préfet de la Guyane avait autorisé l'ouverture des travaux pour réaliser cinq forages. La commune de Sinnamary, située sur le littoral guyanais et qui pouvait être menacée d'une marée noire, a saisi le tribunal administratif de Cergy-Pontoise d'un recours dirigé contre l'arrêté de 2018 et a demandé la suspension de cet arrêté.

Sa requête était fondée sur le fait que la procédure suivie était totalement irrégulière puisque la Commission nationale du débat public n'avait pas été consultée alors même que le montant des travaux de forage, constitué des équipements industriels, dépassait 300 millions d'euros. La commune contestait également la qualité de l'analyse présente dans l'étude d'impact, en raison de l'insuffisance d'évaluation des dangers majeurs et de réponse aux situations d'urgence. Elle ajoutait qu'il n'y avait pas eu d'étude d'impact transfrontières et qu'en conséquence, l'autorisation du préfet fondée sur l'arrêté de 2017 était illégale. Que, de surcroît, cet arrêté qui méconnaissait le principe de précaution était entaché d'une erreur manifeste d'appréciation à l'égard des risques ci-dessus. Total contestait la recevabilité de la commune et soutenait surtout que la suspension de l'arrêté aurait été exorbitante, dans la mesure où les frais engagés se montaient déjà à plus de 1 milliard d'euros et que 30 millions avaient été engagés dans le forage du premier puits.

Il faut souligner ici le fait que ce contentieux intervint alors que le Brésil, à la tête duquel ne siégeait pas encore M. Bolsonaro, venait de refuser le droit de forer à Total précisément parce que les risques n'avaient pas été suffisamment examinés.

Pourtant, par ordonnance en date du 1er février 2019, le juge des référés refusa la suspension après avoir cependant admis la recevabilité de la commune. Le tribunal estimait en effet qu'aucun des moyens n'était sérieux, au prix de certaines acrobaties juridiques, en particulier en ce qui concerne l'insuffisance de l'étude d'impact, qui aurait été complétée selon les informations fournies à la barre, sans que l'on sache vraiment si ce complément avait été ou non porté à la connaissance du public dans le cadre de l'enquête publique. De même, toutes les critiques pourtant majeures formulées par l'Autorité environnementale[1] ont été balayées par le juge de l'urgence avec empressement.

Les millions dépensés par Total pour ce forage avaient manifestement plus d'importance que les dégâts susceptibles d'être causés aux mangroves et au littoral guyanais. Ils avaient aussi la primauté face à l'opposition massive manifestée par les Guyanais lors de l'enquête publique sur ce projet.

L'ordonnance fut évidemment frappée de pourvoi. Mais le Conseil d'État n'a pas eu à se prononcer. Pour une fois, la chance était du côté des défenseurs de l'environnement. En effet, le forage n'a rien donné et Total a annoncé qu'il abandonnait purement et simplement ses recherches, la validité de l'arrêté expirant le 1er juin 2019.

Que faut-il retenir ?

D'abord, une volonté très claire, malgré des irrégularités procédurales grossières en ce qui concerne l'information du public et l'absence de prise en compte des risques, de faire prévaloir ce que l'État considère comme un intérêt supérieur, c'est-à-dire celui du pétrole. Alors même que l'État français se veut le premier dans le monde dans la lutte contre le dérèglement climatique, il

1. L'Autorité environnementale, qui existe au niveau national et au niveau régional, est un organisme interne à l'État mais qui doit intervenir de manière autonome, chargé d'analyser les études d'impact et les dossiers d'autorisation environnementale. Son avis se place uniquement du point de vue de l'environnement, il est généralement très documenté et, même s'il ne s'agit que d'un avis qui ne contraint pas l'État, il est extrêmement utile dans la phase contentieuse lorsqu'il y en a une.

se montre incapable d'appliquer les recommandations du GIEC[1] et de laisser dans le sous-sol 60 % des réserves d'hydrocarbures.

De plus, il faut souligner que cette autorisation de prolongation à titre exceptionnel était plus que contestable parce que, justement, son caractère exceptionnel n'était pas justifié et surtout parce qu'elle a été délivrée au moment même où était votée la loi sur l'interdiction d'exploitation d'hydrocarbures... à partir de 2040.

*

De ces quelques décisions, que faut-il retenir ? Le fait que les énergies fossiles, comme d'une certaine manière le nucléaire, restent pour une large part hors du champ du droit commun et que les contournements de la législation auxquels se livrent les multinationales, avec le soutien du gouvernement français, ne sont pas sanctionnés par les juges, alors que les prévisions liées au changement climatique ne sont prises en considération par aucune autorité.

1. Le GIEC est le groupe d'experts internes gouvernementaux sur l'évolution du climat, mis en place en 1988 à la demande du G7. Il a pour mission d'établir l'état des connaissances en matière climatique.

LES GRANDES INFRASTRUCTURES : LE BÉTON EN QUESTION

Dans le domaine des infrastructures, malgré les évolutions législatives, malgré les engagements internationaux, malgré une prise de conscience, tout continue à l'identique pour les pouvoirs publics, comme si rien n'avait changé. Il ne sera question ici que des dossiers traités au cabinet mais la Ferme des 1 000 vaches, le projet EuropaCity et bien d'autres encore témoignent de l'incohérence existant entre l'action politique et celle, de plus en plus efficace, des juges vis-à-vis de ces projets.

On donnera ici trois illustrations de cette nouvelle volonté des juridictions de protéger l'environnement dans trois espèces bien différentes :

– Le schéma de cohérence territoriale (SCOT) de l'île de Ré ;
– Le contournement de Beynac, en Dordogne ;
– Le retournement de prairies classées dans la Nièvre.

36. L'ÎLE DE RÉ : LE RETOUR[1]

Faits et procédures

On a vu dans la première partie de cet ouvrage[2] que l'affaire du pont de l'île de Ré avait très clairement posé la question de la protection de l'île face à une forme d'invasion touristique, à la suite de quoi la nécessaire limitation du nombre de personnes susceptibles d'être accueillies sur l'île avait été définie.

Mais la communauté de communes, cherchant le développement économique et touristique à tout prix, avait essayé de contourner les limitations existantes ou avait tenté de les rendre inefficientes. Dans ce contexte, elle avait élaboré un schéma de cohérence territoriale, approuvé par délibération du conseil communautaire des communes de l'île de Ré le 25 octobre 2012.

L'Association des amis de l'île de Ré et une série d'autres associations, ainsi que des personnes physiques dont Léon Gendre, maire légendaire de La Flotte-en-Ré, qui avait largement contribué à l'efficacité de la lutte contre le pont, attaquèrent cette délibération devant le tribunal administratif de Poitiers. De très nombreux moyens étaient évoqués, dont le fait que ce schéma ne prévoyait pas de prescriptions mais simplement des "préconisations". En réalité, il était incompatible avec la loi littoral et entaché d'une erreur manifeste d'appréciation au regard des principes d'équilibre urbain tendant à une gestion économe de l'espace. Les associations soutenaient notamment que les objectifs de capacité d'accueil augmentaient encore de 145 000 personnes à l'horizon 2020, alors que l'objectif de 135 000 personnes pour 2004 était déjà dépassé et que les réseaux étaient totalement saturés. Les associations soulignaient que les chiffres avaient été modifiés après l'enquête

1. TA Poitiers, 9 juillet 2015, Association des amis de l'île de Ré, requête n° 1203137.

2. Voir p. 133-135.

sans justification, notamment concernant la capacité d'accueil de 145 000 personnes, et qu'il n'y avait pas d'indicateurs de suivi des éléments quant à la capacité d'accueil.

Cette insuffisance d'information a été retenue par le tribunal qui a considéré que le rapport de la commission d'enquête était irrégulier car ses conclusions n'étaient pas motivées de façon pertinente. Il a également considéré que le SCOT avait été modifié après l'enquête publique pour tenir compte des modifications législatives intervenues et qu'ainsi, le public n'avait pas été convenablement informé. Qu'enfin, ce schéma ne comportait qu'un document d'orientation générale et non le document d'orientation et d'objectifs désormais nécessaire. Le tribunal a donc annulé purement et simplement le schéma de cohérence territoriale, annihilant par là même la voie de contournement à laquelle s'était essayée la communauté de communes.

Intérêt du jugement

Ce jugement est très intéressant parce qu'il se situe dans une logique qui est celle issue de toute la procédure du pont de l'île de Ré et de la limitation de la capacité d'accueil d'une île. Il démontre une fois encore la capacité que peuvent avoir certains tribunaux administratifs à imposer le respect de la législation lorsqu'il s'agit de protéger les ressources d'un territoire et d'en assurer la pérennité.

37. LE CONTOURNEMENT DE BEYNAC

L'acharnement d'un conseil départemental pour un projet totalement inutile[1]

Faits et procédures

Le site de Beynac en Dordogne est tout à fait remarquable, en particulier grâce à la présence d'un château qui domine le village, lequel est extrêmement touristique. L'afflux de la circulation y est indéniable, notamment l'été, et c'est la raison pour laquelle le maire de Beynac a fait procéder à un certain nombre de travaux pour réduire l'encombrement de la route, en l'élargissant et en prévoyant un circuit particulier pour les piétons.

Mais le conseil départemental, ne voulant rien entendre, a voulu promouvoir un projet de contournement de ce village et prévoyait une route traversant un site de très grand intérêt écologique, peuplé de nombreuses espèces protégées. De multiples recours ont été déposés contre l'autorisation délivrée par le préfet de la Dordogne le 29 janvier 2018, dont celui de la société Newell[2].

Plusieurs référés-suspensions[3] ont été déposés et rejetés par le tribunal administratif de Bordeaux. Deux des associations ont saisi le Conseil d'État en appel. L'arrêt rendu, qui suspend l'arrêté du préfet, mettant donc un terme à ce projet, est extrêmement intéressant. Il rappelle en effet qu'un projet d'aménagement ne peut être autorisé, s'il affecte la conservation d'espèces animales ou végétales protégées et de leurs habitats, que s'il répond, à titre dérogatoire, à une raison impérative d'intérêt public majeur et, même lorsqu'un tel intérêt existe, encore faut-il

1. CE, 28 décembre 2018, Association Sepanso Dordogne et autres, requêtes n°s 419918 et 420260.

2. Cette société est propriétaire du château de Beynac.

3. C'est une procédure engagée parallèlement à un recours pour excès de pouvoir (qui n'est pas suspensif) et dont l'objectif est d'obtenir un jugement rapide pour suspendre l'acte attaqué.

qu'il n'existe pas d'autre solution satisfaisante et, dans tous les cas, que la dérogation ne nuise pas au maintien, dans un état de conservation favorable, des populations des espèces concernées.

En l'espèce, le Conseil d'État considère que le projet de contournement ne répond pas à une raison impérative d'intérêt public majeur parce que le bénéfice attendu de la déviation est limité, et ce du fait que les automobilistes qui vont à Beynac y vont pour visiter le site plus que pour le traverser et que, de surcroît, les travaux déjà réalisés par le maire ont permis d'améliorer la situation.

Mieux encore, le Conseil d'État considère que, même si les travaux ont déjà débuté et que des sommes importantes ont été exposées, la destruction des habitats d'espèces protégées justifie la suspension au regard de la condition d'urgence.

En conséquence, le tribunal administratif de Bordeaux a annulé la décision de contournement et ordonné la remise en état des lieux, c'est-à-dire la démolition des ouvrages déjà réalisés.

Ce qu'il faut retenir

Cette affaire est très intéressante en ce qu'elle fait primer la biodiversité et la protection des espèces sur la circulation automobile, ce qui est incontestablement une nouveauté. De plus, le juge a ajouté que les considérations financières et les dépenses déjà réalisées ne sont pas jugées suffisantes pour justifier l'achèvement des travaux. La saga continue. Malgré les échecs successifs, le département persiste et signe en appelant au secours tous les politiques possibles, en lançant une campagne de presse affolante et en s'opposant frontalement à l'autorité de la chose jugée, ce qui est particulièrement choquant de la part d'une collectivité publique.

38. RETOURNEMENT DE PRAIRIES CLASSÉES DANS LA NIÈVRE

Suspension de l'autorisation qui le rendait matériellement impossible[1]

Faits et procédures

Par décision en date du 18 avril 2019, la préfète de la Nièvre avait autorisé un exploitant agricole à retourner 54,89 hectares de prairies pour les cultiver. Cette autorisation avait pour conséquence de détruire de manière irréversible des prairies classées en zone Natura 2000[2], dans lesquelles vivaient de nombreuses espèces, certaines classées et vulnérables.

Était également invoqué le fait que le retournement des terres pouvait avoir pour conséquence de libérer une quantité importante d'azote nitrique, soit un risque pour les nappes phréatiques de l'Allier. Ces travaux furent autorisés au 1er septembre mais, en prévision, l'exploitant agricole avait déjà débuté des travaux d'installation d'un dispositif d'irrigation.

C'est dans ces conditions qu'un collectif d'associations avait saisi le tribunal administratif de Dijon de recours dirigés contre cette autorisation et avait demandé la suspension de celle-ci. La requête avait été déposée le 29 juillet 2019 et le tribunal fixa l'audience de référé-suspension[3] au 13 août. Cette date est importante car elle était antérieure à la date à laquelle l'exploitant agricole devait commencer des opérations de retournement qui se révéleraient définitives.

L'ordonnance donna satisfaction aux requérants en retenant l'urgence – qui ne faisait pas grande difficulté – et un doute sérieux sur la légalité de la décision. Rappelant les différentes

1. TA Dijon, Association Allier sauvage et a., ord. 20 août 2019, requête n° 1902206.

2. Natura 2000 est un réseau communautaire de protection des espaces naturels et de la biodiversité.

3. Voir note 1, p. 49.

dispositions du Code de l'environnement concernant les zones Natura 2000 et l'arrêté de la préfète de la Nièvre du 4 juillet 2013 fixant la liste des documents soumis à l'évaluation des incidences Natura 2000[1] qui visaient le retournement des prairies permanentes, le tribunal considéra que le projet était de nature à affecter de manière significative les sites Natura 2000 ; qu'aucun document ne permettait de connaître les effets du projet et qu'une étude d'incidence aurait dû être faite. Le tribunal émettant un grand doute sur le caractère proportionné de l'évaluation, il suspendait l'autorisation.

Intérêt de l'affaire
Cette décision est très intéressante car, là aussi, elle fait prévaloir la protection des espèces sur l'intérêt d'une exploitation agricole. Des décisions de cet ordre ne sont pas très fréquentes et celle-ci est particulièrement heureuse dans la mesure où elle fait la preuve d'une réelle efficacité. En effet, la suspension étant intervenue avant le début des travaux, ceux-ci n'ont pas pu être mis en œuvre. Cela démontre que, lorsque la justice administrative veut être rapide et efficiente, elle sait l'être.

Ces trois dossiers – mais d'autres auraient pu être également présentés – témoignent de la montée en puissance de la prise en compte de la biodiversité par le juge administratif et d'une lente évolution des priorités telles que le juge les conçoit.

1. Au titre de l'article L. 414-4 du Code de l'environnement, les projets susceptibles d'affecter de manière significative un site Natura 2000 doivent faire l'objet d'une évaluation de leurs incidences au regard des objectifs de conservation du site concerné.

VII

LA RECONNAISSANCE DES GRANDS PRINCIPES

Les années 2000, couronnées par la Charte de l'environnement entrée en vigueur en 2005, ont été marquées par la reconnaissance des principes fondamentaux du droit de l'environnement qui figurent, pour beaucoup, dans des conventions internationales (conventions d'Espoo et d'Aarhus) et dans le droit communautaire. En particulier, le principe de précaution, dont un certain nombre de bons esprits rêvent de le voir quitter la Charte constitutionnelle française, figure dans le droit communautaire au plus haut rang puisqu'il est inscrit dans le traité de l'Union européenne. Nous avons pu contribuer, à notre niveau, à ce que ces principes puissent entrer dans le droit positif. Il s'agit donc du principe de précaution, du droit de vivre dans un environnement sain et du droit à la participation du public.

Le principe de précaution est très certainement celui qui a fait couler le plus d'encre et qui est très régulièrement remis en cause par les partis de droite et une partie du monde économique. Cette contestation n'est pas propre à la France.

L'Agence européenne de l'environnement a produit en 2000 un rapport remarquable, intitulé *Le Principe de précaution : 1896-2000*. Ce document porte sur les quatorze grands scandales sanitaires et environnementaux qui ont agité le XXe siècle, et expose les conditions dans lesquelles ils s'étaient produits. Il en analyse les causes et formule douze propositions pour qu'il en aille différemment.

L'Agence avait prévu, pour l'année 2010, un nouveau rapport faisant le point sur de nouveaux sujets en discussion et recherchant la manière dont les douze propositions qui avaient été formulées en 2000 avaient été appliquées. S'engagea alors une bataille féroce pour que ce rapport ne soit pas publié. Grâce à la directrice de l'agence, Mme MacGlade, et au soutien d'un certain nombre de parlementaires, dont l'un des auteurs, le rapport fut enfin publié en 2012. Il est accablant.

Mais ce ne sont pas les responsables de ces dérives qui ont fait l'objet de la moindre difficulté. C'est la directrice de l'agence qui n'a pas été reconduite, à la suite des pressions des différents lobbies. Et il a fallu beaucoup d'énergie pour éviter qu'elle ne fasse l'objet d'une sanction par le Parlement européen !

Cette violence et cette acrimonie contre le principe de précaution se comprennent car son application réelle serait un gros caillou dans la chaussure de tous les empoisonneurs de la planète. La réalité est qu'il n'est pas appliqué ou ne l'a été que très tardivement, et les exemples du glyphosate et des néonicotinoïdes sont à cet égard particulièrement éclairants. Il n'a pas été appliqué par les autorités administratives pour les entreprises ; en revanche, il a été parfaitement appliqué et reconnu par le juge judiciaire comme par le juge administratif, et il l'a été bien avant que ne soit votée la Charte de l'environnement !

Le principe de précaution a fait son entrée en fanfare dans l'affaire du maïs Novartis et le dossier Greenpeace/Ecoropa[1]. Comme rappelé précédemment, en effet, le Conseil d'État a sursis à l'exécution de l'autorisation donnée par le gouvernement Jospin et Dominique Voynet de mettre en culture le maïs OGM Novartis, alors que l'un d'entre nous comme ministre en avait obtenu, en Conseil des ministres, l'interdiction en se référant expressément au principe de précaution.

1. Voir p. 186-190.

Même si, dans un deuxième temps, l'arrêté a été validé par suite de l'arrêt rendu par la Cour de justice des Communautés européennes, cette application sur un sujet aussi sensible que celui des OGM a permis d'installer ce principe dans le droit public français. Depuis lors, de nombreuses décisions du juge administratif se réfèrent au principe de précaution. On en trouvera un nouvel exemple dans ce chapitre à propos du glyphosate[1].

39. L'AFFAIRE DES POULETS À LA DIOXINE : L'AFFIRMATION DU PRINCIPE DE PRÉCAUTION DANS LE DOMAINE DE L'ASSURANCE[2]

Faits et procédures

Au tout début de l'année 1999 éclate l'affaire dite "des poulets à la dioxine" en Belgique. La Communauté européenne lance une alerte à la dioxine le 27 mai 1999 après qu'ont été trouvés des taux très supérieurs à la moyenne et à la norme dans des poulets et des œufs, les animaux ayant été nourris avec des farines à base de graisses animales, mélangées avec des huiles usagées. Un arrêté du ministre de l'Agriculture du 4 juin 1999 suspend la commercialisation des animaux élevés en Belgique entre le 15 janvier 1999 et la date d'entrée en vigueur de l'arrêté, ainsi que de tout produit destiné à l'alimentation animale qui en était issu.

Deux arrêtés complémentaires, des 15 juin et 2 juillet 1999, précisaient que des dérogations pouvaient être accordées pour des produits dont les analyses révéleraient des teneurs en dioxine inférieures à 5 picogrammes[3] par gramme de graisse

1. Voir p. 276-280.

2. CA de Versailles, 3e chambre, affaire SA AIG Europe contre SAS Aoste Management, 7 janvier 2005.

3. Un picogramme est 1 millième de milliardième de gramme.

animale et pour les produits munis de certificats attestant qu'ils n'étaient pas issus des élevages soumis à restriction par les autorités belges.

La société Aoste Management, qui avait des fournisseurs belges, a considéré, en application du principe de précaution, qu'elle devait retracer le parcours des produits provenant de ces fournisseurs pour la période considérée, identifier les clients livrés et retirer tous les produits pour les analyser. Elle notifia ses décisions à son assureur, AIG Europe, et demanda l'application de la garantie. La société AIG refusa sa garantie au motif que la condition de contamination effective visée par cette garantie n'était pas remplie. Et effectivement, au moment où les produits Aoste furent retirés de la vente, personne n'était certain qu'ils étaient contaminés.

La société Aoste Management saisit en première instance le tribunal de grande instance de Nanterre, lequel fit droit à sa requête et condamna l'assureur à payer près de 3 millions d'euros à Aoste Management. C'est ce jugement que confirma la cour d'appel de Versailles, en en modifiant cependant le quantum dans l'attente d'une expertise.

En effet, les produits Aoste Management n'étaient pas contaminés au-delà des 5 microgrammes[1], mais la cour a considéré que la garantie visait deux types d'aléas, dont une contamination éventuelle ou un risque de contamination. Elle a jugé que

> c'est la dangerosité des produits en raison de la provenance belge des composants du produit lui-même qui a justifié les retraits et non les caractéristiques propres des produits de la société Aoste Management SAS, objet des retraits, lesquelles n'étaient pas connues et n'ont pu l'être qu'après les retraits réalisés.

1. Soit 10^{-6} gramme, qui était la norme de la dose maximale admissible de dioxines en deçà de laquelle, à l'époque, le produit était considéré comme non contaminé. On mesure aujourd'hui en picogramme.

Qu'à suivre le raisonnement de la société AIG Europe, il faudrait attendre les effets sur la population du produit suspecté avant de décider d'ordonner les retraits dans le seul cas où ces produits s'avéreraient nocifs, ce qui est difficilement acceptable.

Qu'en conséquence il convient de dire et juger que la société AIG Europe doit sa garantie à la société Aoste Management SAS pour le sinistre survenu en 1999 à la suite de l'alerte à la dioxine donnée par les pouvoirs publics et de confirmer le jugement déféré.

Apports de l'affaire

Cet arrêt est très important à deux titres. D'une part, pour ce qu'il apporte au droit des assurances en considérant que les préjudices induits par une mesure de précaution ou de prévention peuvent être couverts par un contrat d'assurance dommages. Ce n'était pas une évidence mais la cour d'appel de Versailles, recherchant tous les éléments qui conduisaient au contrat et à son interprétation, l'a très clairement jugé.

D'autre part, c'est un des premiers arrêts qui appliquent au droit privé le principe de précaution. Si le mot ne figure pas en tant que tel dans l'arrêt, le tribunal de grande instance de Nanterre, dans son jugement du 23 janvier 2003, avait jugé que "les termes du contrat marquant l'hypothèse et le conditionnel ont eu pour effet d'étendre la garantie de l'assureur à la prévention des risques ou au principe de précaution à côté du risque réalisé".

La Charte de l'environnement place le principe de précaution au plus haut niveau de notre droit, c'est-à-dire au niveau constitutionnel : "Lorsque la réalisation d'un dommage, bien qu'incertaine en l'état des connaissances scientifiques, pourrait affecter de manière grave et irréversible l'environnement, les autorités publiques veillent, par application du principe de précaution et dans leurs domaines d'attributions, à la mise en œuvre de procédures d'évaluation des risques et à l'adoption de mesures provisoires et proportionnées afin de parer à la réalisation du dommage." Mais ce texte ne vise pas, d'évidence, les entreprises privées.

Cet arrêt est donc le premier à appliquer le principe de précaution au domaine de l'assurance et un des premiers à le faire au bénéfice d'une entreprise privée. On observera que, lorsque le jugement du tribunal de grande instance a été rendu en 2003, la Charte de l'environnement n'avait été encore ni adoptée ni *a fortiori* publiée. Elle l'était depuis quelques semaines lorsque l'arrêt de la cour d'appel a été rendu, mais il ne fait pas référence au principe de précaution sans pour autant sanctionner le jugement du tribunal.

Depuis, le manque de prévention, voire de précaution, est reconnu par la Cour de cassation qui applique l'article L. 110 du Code de l'environnement, issu de la loi Barnier. Il s'applique également en matière pénale avec le délit de mise en danger délibérée de la vie d'autrui qui, rappelons-le, pour être mis en œuvre, nécessite la violation délibérée d'une obligation particulière de sécurité ou de prudence. En revanche, en l'absence d'une telle obligation, le délit n'est pas constitué.

Le moins que l'on puisse dire est que les crises sanitaires n'ont pas manqué depuis celle des poulets à la dioxine en 1999. La dernière en date, celle du lait Lactalis, mérite d'être regardée à la lumière de l'arrêt qui précède. Le retrait très tardif des produits fabriqués à Craon, en Mayenne, ne manque pas d'interpeller sur la responsabilité de l'État qui aurait été – ou pas – informé par les services vétérinaires de la présence de la souche de salmonelles en temps et en heure, mais aussi et surtout de l'entreprise, tant sur les mesures de prévention qui ont été ou plutôt n'ont pas été prises que sur l'application du principe de précaution. Celle-ci aurait dû conduire sans doute à suspendre la production dès que la source de salmonelles avait été détectée dans l'usine, ce qui aurait permis de ne pas procéder à l'immense opération de retrait, même très tardive, des produits en France et dans soixante-six pays du monde. Plus tard se posera très certainement aussi la question des rapports entre Lactalis et ses assureurs, et de la couverture ou non de ces retraits par la garantie assurancielle. Ainsi cet arrêt de la cour d'appel de Versailles garde-t-il – malheureusement – tout son intérêt quinze ans plus tard.

40. LE TEKNIVAL DE MARIGNY : LE DROIT À UN ENVIRONNEMENT SAIN[1]

Faits et procédures

Le préfet de la Marne, en autorisant la tenue d'une rave-party dans un site écologique de première importance, n'imaginait sans doute pas qu'il allait être à l'origine de la première jurisprudence appliquant la Charte de l'environnement et, plus précisément, son article premier. L'ordonnance de référé rendue par le président du tribunal administratif de Châlons-en-Champagne le 29 avril 2005 a une importance symbolique extrêmement puissante et a marqué de façon incontestable l'applicabilité de la Charte.

Les faits sont très simples. Le préfet avait autorisé l'association dite "Teknival" à organiser une rave-party sur le territoire de la commune de Marigny, dans la Marne. C'était un site majeur sur le plan écologique. Il s'agissait d'un ancien aérodrome désaffecté qui était devenu une zone d'accueil et de reproduction de nombreuses espèces d'intérêt communautaire. Le site était classé dans une zone naturelle d'intérêt écologique, faunistique et floristique (ZNIEFF) de type 1, dite "des pelouses et pinèdes de l'aérodrome de Marigny et de la ferme de Varsovie", désigné par la directive 79/409 comme "zone d'importance pour la conservation des oiseaux" et promis à une intégration au réseau Natura 2000.

1. TA Châlons-sur-Marne, 25 juin 2005.

Ce n'était pas la première fois que cette zone avait été choisie et les précédentes éditions du Teknival avaient permis de constater combien le traumatisme des espèces, et notamment des oiseaux en pleine période de nidification, avait été profond. En conséquence, il avait été décidé de ne plus organiser de telles manifestations sur ce site. Cela n'avait pas empêché le préfet de l'autoriser à nouveau.

Les associations de protection des oiseaux et de défense de l'environnement voulaient s'y opposer, mais le délai pour obtenir une décision de suspension de l'autorisation sur la base de la procédure classique était beaucoup trop long. Nous avons donc pensé à la procédure nouvelle de référé-liberté[1], applicable lorsqu'une liberté publique est en cause et qui oblige le juge à statuer en quarante-huit heures. Cette procédure exceptionnelle impose évidemment qu'il y ait une liberté en cause. L'entrée en vigueur très récente de la Charte de l'environnement et de son article premier, qui proclame le droit à un environnement sain, était l'occasion de tester le point de savoir s'il s'agissait bien d'une liberté fondamentale pour le citoyen, justifiant le recours à cette procédure.

Saisi par des associations de défense de l'environnement – le Conservatoire d'espaces naturels de Champagne-Ardenne, la Ligue pour la protection des oiseaux (délégation de Champagne-Ardenne) et la Fédération des conservatoires d'espaces naturels – d'une demande de référé-liberté, le président du tribunal administratif ordonna, sur le fondement de la Charte, en son article premier, la suspension de cette manifestation.

Voici les considérants de l'ordonnance[2] :

> Considérant que [les requérants] soutiennent qu'en ne s'opposant pas à l'organisation d'une manifestation rave-party dite "Teknival" sur le territoire de la commune de

1. Voir note 1, p. 49.
2. TA de Châlons-en-Champagne, 29 avril 2005.

Marigny-sur-Marne, le préfet de la Marne a porté une atteinte grave et manifestement illégale au droit de l'environnement ;

Considérant qu'en "adossant" à la Constitution une Charte de l'environnement qui proclame en son article premier que "chacun a le droit de vivre dans un environnement équilibré et respectueux de la santé", le législateur a nécessairement entendu ériger le droit à l'environnement en "liberté fondamentale" de valeur constitutionnelle ; que les associations requérantes dont l'objet social est précisément d'assurer la protection de cette "liberté fondamentale", estimant que la décision du préfet de la Marne de ne pas s'opposer au déroulement d'une manifestation de type rave-party dénommée "Teknival" devant rassembler des milliers de participants du 28 avril au 1er mai 2005 sur le site d'un ancien aérodrome militaire situé sur le territoire de la commune de Marigny-sur-Marne est susceptible de préjudicier aux intérêts qu'elles défendent en raison de la qualité particulière de ce milieu naturel, justifient de la condition d'urgence posée par les dispositions de l'article L. 521-2 du Code de justice administrative ;

[…] que si le préfet fait état d'un engagement des organisateurs à respecter la qualité du site ainsi que de diverses précautions prises pour assurer la protection des secteurs plus sensibles, ces circonstances ne sont pas de nature à compenser les risques liés à la tenue de cette manifestation ; que, par suite, en ne s'opposant pas à l'organisation de cette manifestation, le préfet de la Marne a porté une atteinte grave et manifestement illégale à une liberté fondamentale ; que la cessation de cette atteinte implique nécessairement qu'il soit enjoint au préfet de la Marne de prendre toute mesure utile à l'effet d'interdire immédiatement la poursuite de la manifestation "Teknival" ; qu'il y a lieu de prévoir, en application de l'article R. 522-13 du Code de justice administrative, que la présente décision sera exécutoire, sans attendre sa notification, dès qu'elle aura été portée par tout moyen à la connaissance du préfet de la Marne.

Enseignements de l'affaire

Il y a deux éléments importants à prendre en considération.

Le premier est que cette ordonnance est une réponse à une question, qui a été débattue et posée devant le Parlement réuni en Congrès, sur ce que l'on peut appeler "l'applicabilité directe de la Charte" : pour son rapporteur, Nathalie Kosciusko-Morizet, la Charte ne devait être applicable qu'entre les pouvoirs publics et son effectivité devant les juridictions de l'ordre judiciaire ou administratif n'était pas envisagée. L'ordonnance rendue en référé lui apporte un démenti clair et net (la jurisprudence tant du Conseil constitutionnel que du Conseil d'État le confirmera ultérieurement).

Le second intérêt de la décision est qu'elle ait été rendue précisément dans une instance de référé, qui postule l'urgence, et que les conditions draconiennes exigées par le Code de justice administrative pour justifier la suspension d'une décision aient été considérées comme remplies.

Pour la petite histoire, le préfet a décidé non pas d'appliquer l'ordonnance, mais de suspendre la manifestation en raison de la présence de chenilles urticantes… Lesdites chenilles semblent effectivement s'être trouvées au rendez-vous de cette manifestation qui, compte tenu de la brièveté des délais, s'est partiellement tenue. À l'époque, la décision a fait l'effet d'un coup de tonnerre dans un ciel serein puisque c'était la première application pratique et concrète de la Charte de l'environnement.

Cette décision est exceptionnelle et elle illustre à quel point la juridiction administrative du premier degré est proche de la réalité et témoigne d'un souci d'appliquer directement et concrètement le droit de l'environnement.

Malheureusement, cette décision est restée unique en son genre au niveau du contentieux administratif jusqu'en 2021. En effet, à cette date le tribunal administratif de Montreuil a ordonné la suspension immédiate, sur la base d'un référé-liberté, des travaux de la ligne Charles-de-Gaulle Express, qui se poursuivaient dans une zone d'espèces protégées malgré une décision d'annulation rendue précédemment par ce même tribunal[1].

Si la question prioritaire de constitutionnalité (QPC[2]) a donné l'occasion au Conseil constitutionnel de se prononcer sur l'applicabilité de la Charte de l'environnement, le moins que l'on puisse dire, à part l'arrêt rendu dans l'affaire Michel-Z du 8 avril 2011[3], sur la question de l'obligation de vigilance, est que les décisions rendues ont été décevantes, y compris le contentieux très abondant rendu dans le cadre de la Covid-19. Toutefois, la décision du Conseil constitutionnel du 31 janvier 2020, qui a validé le principe de la supériorité du droit de l'environnement sur le droit du commerce international[4], offre de nouvelles perspectives.

Mais il ne faut pas désespérer. L'évolution des mentalités fait que l'on peut espérer, notamment des juges de premier degré, qu'ils maintiennent la percée qui avait été celle de leurs prédécesseurs et continuent d'être les premiers défenseurs de l'environnement.

1. TA de Montreuil, Mitry-Mory, 20 janvier 2021.
2. Voir la note 2, p. 206.
3. Dans cette affaire, la Cour de cassation avait posé au Conseil constitutionnel une question prioritaire de constitutionnalité sur le point de savoir si les dispositions de l'article L. 112- 16 du Code de la construction et de l'habitation (qui limite le droit de demander réparation du fait de nuisances lorsque la victime s'est installée postérieurement à l'existence desdites nuisances) étaient conformes à la Constitution. Dans cet arrêt, le Conseil constitutionnel rappelle que chacun est tenu à une obligation de vigilance à l'égard des atteintes à l'environnement qui pourraient résulter de son activité ; que la disposition en cause n'est pas contraire à la Constitution dans la mesure où l'action en responsabilité peut être engagée pour faute dans tous les cas de figure.
4. Décision 2019-823 QPC.

41. L'AFFAIRE DES OGM (ENCORE) : LE DROIT À L'INFORMATION ET À LA PARTICIPATION DU PUBLIC À LA DÉCISION

Le moins que l'on puisse dire est que ces droits, pourtant garantis par la Constitution[1], ne sont pas sortis du logiciel de l'administration française ni de son juge. Il a en effet fallu l'intervention du droit communautaire et les conventions d'Espoo[2] et d'Aarhus[3] pour que la France fasse de ces droits de véritables principes reconnus dans la Charte de l'environnement. Ce sont les OGM qui ont permis indirectement ce progrès[4].

Faits et procédures

La création du Comité de recherche et d'information indépendantes sur le génie génétique (Criigen) a trouvé son origine dans le défaut d'information objective que l'un d'entre nous avait ressenti lorsqu'il était aux affaires. La question de la transparence et de l'accès à l'information est un sujet absolument central. Il l'est bien entendu pour le public, mais il l'est également pour la presse et encore davantage pour les scientifiques, les débats scientifiques plus ou moins honnêtes et plus ou moins biaisés étant à la base des décisions prises et, par voie de conséquence, des désordres et catastrophes écologiques que nous avons accumulés depuis des années.

1. Il s'agit des dispositions de la Charte de l'environnement et plus précisément de l'article 7.
2. La convention d'Espoo est une convention sur l'évaluation de l'impact de l'environnement dans un contexte transfrontières. Elle a été ouverte à la signature en 1991 et elle est entrée en vigueur le 10 septembre 1997.
3. La convention d'Aarhus, approuvée le 25 juin 1998, est entrée en vigueur le 30 octobre 2000. Elle a été ratifiée par la France le 8 juillet 2002. C'est une convention qui consacre trois droits fondamentaux pour les citoyens : l'accès à l'information, la participation au processus décisionnel et l'accès à la justice.
4. CE, Criigen, annulation du décret du 19 mars 2007 relatif à la procédure d'autorisation de mise sur le marché de produits composés d'OGM, 24 juillet 2009.

Au début des années 2000, le Criigen avait donc fait de la question de l'accès à l'information et aux études scientifiques qui servaient de base aux décisions un véritable cheval de bataille. C'est la raison pour laquelle il avait saisi le Conseil d'État d'un recours dirigé contre le décret du 19 mars 2007, relatif à la procédure d'autorisation de mise sur le marché de produits non destinés à l'alimentation, composés en tout ou partie d'organismes génétiquement modifiés, et qui comportait des dispositions spécifiques concernant l'information du public.

En l'espèce, les dispositions d'une loi du 13 juillet 1992 renvoyaient au pouvoir réglementaire le soin de définir les modalités de l'information du public. Mais, entre-temps, la Charte de l'environnement était intervenue, cette loi constitutionnelle étant entrée en vigueur le 1er mars 2005. Or, l'article 7 de la Charte de l'environnement donne "le droit à toute personne, dans les conditions et limites définies par la loi, d'accéder aux informations relatives à l'environnement détenues par les autorités publiques et de participer à l'élaboration des décisions publiques ayant une incidence sur l'environnement".

La conséquence évidente de cette disposition était que seule la loi pouvait donner des limites au droit à l'information reconnu de manière constitutionnelle. Le sujet n'est pas mineur dans la mesure où il est beaucoup plus facile de réduire le droit à l'information par la voie réglementaire que par la voie législative...

Le Conseil d'État a donné raison aux requérants[1]. Il a en effet jugé que le pouvoir réglementaire ne disposait pas de la compétence nécessaire, en application de l'article 7 précité mais également de l'article 3 de la Charte de l'environnement, aux termes duquel toute personne doit, dans les conditions définies par la loi, "prévenir les atteintes qu'elle est susceptible de porter à l'environnement ou, à défaut, en limiter les conséquences".

1. CE, Criigen, 24 juillet 2009.

Le Conseil d'État a donc sanctionné une série de dispositions du décret qui limitaient l'accès à l'information en considérant que le gouvernement avait excédé sa compétence. Toutefois, il a donné un délai d'un an à l'État pour faire voter une loi, considérant que l'annulation immédiate de ces dispositions méconnaîtrait l'exigence constitutionnelle de transposition en droit interne des directives communautaires, puisque le décret avait notamment pour objet de transposer la directive 2001/18.

Ce qu'il faut retenir
Cet arrêt, qui est un arrêt de section (mais des plus solennels[1]), est intéressant en ce qu'il est l'une des premières applications de la Charte de l'environnement, et plus précisément de l'article 7, et qu'il donne toute sa portée à l'étendue du pouvoir législatif pour intervenir dans le domaine de l'information du public.

Ainsi, les principes de base ont bien été posés par les juges, qu'ils soient administratifs ou judiciaires. Malheureusement, le diable se niche dans les détails et de nombreuses décisions postérieures ont soit considéré que les principes n'étaient applicables à l'espèce, soit essayé de réduire leur portée. Et pour les décisions de l'exécutif, c'est encore bien pire. Sans doute le principe de non-régression a-t-il été affirmé, mais jamais le droit de l'environnement n'a autant régressé depuis ces dernières années[2].

1. Le Conseil d'État rend ses arrêts avec des formations plus ou moins solennelles. La plus haute formation est l'Assemblée du Conseil d'État, qui rend les décisions les plus importantes en termes sociétaux ; les arrêts rendus en section sont les arrêts majeurs sur le plan juridique ; puis viennent les arrêts rendus en sous-sections réunies (deux sous-sections du contentieux), puis en sous-sections.
2. Voir la tribune des principaux juristes de l'environnement dénonçant la gravité et l'étendue de cette régression dans *Le Monde*, 25 juin 2019.

QUEL BILAN AU TERME DE CES BRAS DE FER ?

La période qui s'étend de 1995 à aujourd'hui illustre des mouvements très contradictoires. Un poids croissant des lobbies a incontestablement pesé sur les États, et notamment sur le gouvernement français, mais un certain nombre de succès jurisprudentiels ont permis, dans quelques domaines, de cantonner les avancées de ces groupes, voire de les faire reculer.

Certains secteurs, en revanche, en particulier celui de l'énergie, restent à l'écart de ce progressisme jurisprudentiel, sans doute parce que l'on doit avoir présent à l'esprit que l'acte de gouvernement (c'est-à-dire un pouvoir sans contrôle judiciaire possible) plane notamment sur le nucléaire. Ces avancées annoncent l'arrivée d'un changement dans les rapports de force avec la montée en puissance de la justice climatique et de la justice sanitaire, en attendant la consécration de la justice de la biodiversité[1].

1. Le tribunal administratif de Montreuil a innové en annulant l'autorisation de détruire des espèces protégées, ce qui a suspendu les travaux du Charles-de-Gaulle Express en raison de l'absence de motif impérieux d'intérêt général (TA Montreuil, 9 novembre 2020, Mitry-Mory, n° 1906180). Ce jugement est frappé d'appel.

Troisième partie

LES PROCÈS DE DEMAIN ONT COMMENCÉ HIER

L'humanité est confrontée à des défis qui mettent en cause sa survie. Les nouvelles technologies, la réorientation de la finance, le changement de base énergétique, l'évolution alimentaire, la ville durable, la mobilité douce et propre constituent évidemment les solutions pratiques auxquelles nous devons recourir. Mais la difficulté vient de ce que certains chefs d'État, à des degrés divers, rechignent ou refusent complètement – comme MM. Trump en son temps et Bolsonaro – de sortir du modèle catastrophique qui nous mène à notre perte.

La prise de conscience de la société civile est de plus en plus prégnante et les jeunes refusent aujourd'hui que leur avenir leur soit confisqué. C'est parfaitement légitime et particulièrement nécessaire. Dès lors, comment contraindre les politiques et les entreprises de l'ancien monde à changer et à le faire rapidement ?

C'est à cette question que vient répondre le mouvement dit "de justice climatique" auquel s'ajoute désormais celui de justice sanitaire, avant que n'arrive celui de la justice pour la nature. Une fois encore, nous avons la chance et l'honneur de pouvoir, au niveau français, participer à cette révolution juridique internationale.

Mais elle ne pourra l'emporter que si un certain nombre de conditions sont remplies, et en particulier le maintien d'une justice indépendante et dotée de moyens suffisants. Le combat de titans qui est engagé au niveau international vise précisément à réduire autant que possible le rôle et le pouvoir des juges. Or, l'évolution démocratique impose une justice forte et la menace de gouvernement des juges, que brandissent des dirigeants dont les vertus démocratiques sont de plus en plus réduites, reste totalement virtuelle.

Il est à noter qu'existent aujourd'hui deux grandes orientations dans les contentieux, ceux qui visent l'adaptation au changement climatique ou son atténuation et ceux qui s'attachent à défendre la protection contre les atteintes à la santé liées aux pratiques contraires à la protection de l'environnement.

Depuis le début des années 2000, les premiers effets du dérèglement climatique se sont fait sentir. Dans le même temps, la gravité des dommages subis par la biodiversité et la croissance des pathologies dont l'imputation environnementale était possible, voire probable, sont apparues dans leur ampleur. Les procès qui se sont alors déroulés – et qui, pour certains d'entre eux, se déroulent encore – annoncent ou constituent les premiers procès de demain.

Nous évoquerons plus précisément l'évolution qui s'est produite dans les domaines de la justice climatique, de la justice sanitaire et des prémices d'une justice pour la nature.

VIII

VERS LA JUSTICE CLIMATIQUE

Trois dossiers phares annoncent ce que l'on appelle aujourd'hui la "justice climatique" qui apparaît dans le procès de Grande-Synthe. Il s'agit :

– du dossier du Signal, ou l'érosion de la côte ;

– du dossier de la tempête Xynthia, ou les élus face à leur responsabilité ;

– du dossier des berges de la Seine, ou stop à la voiture.

42. L'IMMEUBLE LE SIGNAL
Le premier signal des variations du trait de côte[1]

Faits et procédures

La résidence Le Signal a été construite au début des années 1960, à Soulac-sur-Mer, en Gironde, dans la logique des grands immeubles édifiés en bord de mer à cette époque, comme à La Baule. La résidence était alors située à 200 mètres du rivage. Néanmoins, une forte opposition s'était déjà manifestée contre le maire de l'époque – et père du maire actuel –, M. Pintat, au motif qu'au début du siècle la mer était

1. CAA de Bordeaux, 9 février 2016, Syndicat secondaire Le Signal, requête n° 14BX03289. CE, 17 janvier 2018, requête n° 398671. Conseil constitutionnel, 6 avril 2018, Décision n° 2018-698.

beaucoup plus proche de la future construction, à environ 100 mètres.

Le permis de construire a malgré tout été délivré par l'État mais, alors que l'immeuble Le Signal devait être le premier d'une série, il sera finalement le seul. L'État et la commune ont renoncé à leur projet délirant de bétonner toute la côte. Durant les années 1990 et jusqu'au début des années 2000, la mer avançait régulièrement et des travaux étaient constamment réalisés pour réensabler la plage afin de défendre l'immeuble contre l'avancée des eaux. Ainsi, en 2004, la résidence fut classée en zone rouge inconstructible dans le plan de prévention du risque inondation (PPRI) en raison du recul du trait de côte.

D'autres zones de la commune de Soulac-sur-Mer subirent le même classement, et en particulier la zone de l'Amélie. Pourtant, celle-ci faisait l'objet, à l'inverse de celle du Signal, d'importants travaux de consolidation, notamment par la réalisation d'un cordon d'enrochement d'une longueur de 270 mètres, pour éviter le retrait du trait de côte.

À la fin des années 2000, les propriétaires du Signal, très inquiets de cette évolution du trait de côte et de l'absence d'investissements de la part du maire, diligentèrent une expertise contradictoire aux fins de définir, d'une part, les risques auxquels ils étaient confrontés et, d'autre part, les travaux qui pouvaient être réalisés. Cette expertise proposait des solutions permettant d'assurer la pérennité de l'immeuble pour une dizaine d'années. C'était sans compter sur l'accélération des effets du dérèglement climatique.

Malheureusement, en effet, les grandes tempêtes conduisirent à une nette aggravation du phénomène, la mer se rapprochant à quelques mètres de l'immeuble, menacé encore davantage d'un effondrement, tant par la disparition de la dune sur laquelle il était construit que par une avancée spectaculaire de l'eau.

Quoi qu'il en soit, le maire prit en 2011 et 2012 une série d'arrêtés pour surveiller l'évolution du trait de côte, prévoyant une évacuation de l'immeuble si la mer se rapprochait à moins de 20 mètres du bâtiment. En revanche, prétextant le coût trop élevé des travaux nécessaires à la protection de l'immeuble lui-même, le maire refusait toujours toute intervention.

Par courrier en date du 30 janvier 2013, le syndicat des copropriétaires du Signal a ainsi demandé au maire de réaliser les travaux nécessaires pour la mise en sécurité de ses habitants, conformément aux prescriptions du rapport d'expertise, et au préfet, entre autres, d'enjoindre au maire de réaliser ces travaux.

De l'absence de réponse de ces deux autorités sont nées deux décisions implicites de rejet que les exposants ont déférées à la censure du tribunal administratif de Bordeaux. La position soutenue par le maire était principalement que les travaux de défense contre la mer devaient être financés par les riverains en application de la loi du 16 septembre 1807, relative au dessèchement des marais, escomptant vraisemblablement pouvoir faire démolir l'immeuble aux frais des malheureux propriétaires. Sa stratégie était très simple. Tout d'abord faire payer par les propriétaires de l'immeuble des travaux pris en charge par la commune pour tous les autres habitants. C'était évidemment impossible et le maire le savait pertinemment. D'où la deuxième salve, à savoir l'utilisation de la législation sur les immeubles menaçant ruine, qui concerne des immeubles non entretenus par leurs propriétaires et susceptibles par là même de s'effondrer. Cette législation met à la charge des propriétaires les travaux de démolition, considérant que les travaux d'entretien qui leur incombent n'ont pas été réalisés. Ce n'était évidemment pas le cas de figure ici et, heureusement, l'État s'est opposé à cette "escroquerie juridique".

Par arrêté en date du 27 janvier 2014, le maire de Soulac ordonna ainsi l'évacuation de l'immeuble sans aucune limitation de temps et sans aucune mesure de protection dudit immeuble, de telle sorte que celui-ci s'est trouvé totalement vandalisé. Ainsi, les propriétaires subissaient une triple peine :

– Vandalisme ;
– Impossibilité de jouir de leur bien ;
– Impossibilité d'être indemnisés.

Le tribunal administratif de Bordeaux fut saisi de l'illégalité de ces décisions. En particulier était posée la question de l'applicabilité de la loi Barnier, dont l'interprétation conduisait le préfet à en refuser l'application au cas d'espèce. Par jugement en date du 25 septembre 2014, le tribunal a néanmoins rejeté la requête. On rappellera que la loi Barnier, votée en 1993 et appliquée pour la première fois en 1995 par les soins de l'un d'entre nous, alors ministre, à la Séchilienne[1], permet d'exproprier les propriétaires exposés à un risque naturel majeur et de les indemniser comme si ce risque n'existait pas. Les risques visés par la loi sont les mouvements de terrain, les avalanches et les crues torrentielles. Après la tempête Xynthia, la loi fut modifiée par l'ordonnance du 18 septembre 2010 et le texte s'applique désormais également à des risques d'inondation exceptionnelle. La question posée en l'espèce était double : d'une part, dans la mesure où l'effondrement était visé, les victimes considéraient que la loi Barnier était applicable puisqu'il y avait bien une menace d'effondrement de la dune, emportant avec elle l'immeuble qu'elle supportait. D'autre part, la loi Barnier ne devait-elle pas être applicable à ces risques vitaux que constitue désormais l'effondrement d'immeubles lié à la modification du trait de côte ?

1. La Séchilienne est un massif rocheux menacé d'effondrement. Les scientifiques sont très affirmatifs quant à la réalisation de cet effondrement mais ignorent bien sûr quand il se produira. Une centaine de maisons, concernant environ trois cents personnes, étaient sous la menace de cet éboulement. En tant que ministre, l'un de nous deux a décidé de leur expropriation et le Conseil d'État a confirmé cette décision. Néanmoins, vingt ans plus tard, la Séchilienne est toujours là !

Le tribunal administratif a refusé cette interprétation dans l'une ou l'autre de ces deux branches. Il a également rejeté les moyens tirés de ce que la zone de l'Amélie dans laquelle, comme par hasard, le maire et sa famille avaient leurs biens avait été préservée grâce à d'énormes travaux de renforcement et de ce que la zone du Signal n'avait fait l'objet d'aucune mesure depuis plusieurs années.

Appel fut interjeté devant la cour administrative d'appel de Bordeaux qui, par un arrêt en date du 9 février 2016, confirma les termes du jugement et refusa de faire droit à la question prioritaire de constitutionnalité sur l'interprétation de la loi Barnier.

La cour confirmait ainsi, de manière parfaitement inique et cynique, l'application d'une loi de 1807 qui concernait les marais et mettait à la charge des propriétaires les travaux de protection. Les conséquences du dérèglement climatique ne peuvent pas être mises à la charge de propriétaires, comme c'était le cas pour les voisins historiques d'un marais… Mais ainsi en est-il à ce jour de l'état de notre droit, que les juridictions sont alors contraintes d'appliquer. Comme si les questions liées au réchauffement climatique et à l'érosion des côtes avaient quelque chose à voir avec un texte vieux de deux siècles…

La cour refusait également de voir une quelconque rupture d'égalité devant les charges publiques dans le traitement différent de la zone de l'Amélie, au motif qu'il s'agissait d'une plage publique surveillée, malgré le fait que le maire et toute sa famille y habitaient et y avaient ainsi des intérêts économiques importants.

Enfin, la cour refusait de considérer que la procédure d'expropriation pour risque au titre de la loi Barnier aurait dû être engagée, au motif que le risque de submersion marine ne menaçait pas alors les vies humaines.

Un pourvoi en cassation a été diligenté devant le Conseil d'État qui, par un arrêt en date du 17 janvier 2018, sur les conclusions du rapporteur public Louis Dutheillet de Lamothe, a reconnu le caractère sérieux de la question prioritaire de constitutionnalité qui était posée, et décidé de son renvoi au Conseil constitutionnel. Il a estimé à cet effet que les dispositions de l'article L. 561-1 du Code de l'environnement – c'est-à-dire la loi Barnier –, en raison du risque d'effondrement de l'immeuble consécutivement à un phénomène d'érosion côtière, devaient bien être regardées comme applicables au présent litige.

Par décision rendue le 6 avril 2018, le Conseil constitutionnel a toutefois décidé d'exclure l'application de la loi Barnier au risque d'érosion côtière, considérant qu'elle ne pouvait être regardée comme un dispositif de solidarité pour tous les propriétaires exposés à un risque naturel. En conséquence, il rejetait la requête. Le Conseil d'État n'a pu que suivre le Conseil constitutionnel mais, devant le caractère particulièrement injuste de cette situation, le Parlement a voté une disposition législative permettant une indemnisation à hauteur de 70 % de la valeur des biens pour les propriétaires du Signal, en veillant toutefois à ce que ce précédent ne puisse pas être généralisé.

Enseignements de l'affaire

Le dossier du Signal est hautement symbolique. Il a été largement médiatisé en France et en Europe, notamment parce que les victimes se sont de fait désignées comme les premiers réfugiés climatiques de France. Il est évident que la législation est totalement inadaptée. Le fait qu'une loi de 1807 puisse valablement mettre à la charge des riverains de la côte atlantique les dépenses de protection contre la mer est à la fois une anomalie juridique et un anachronisme au regard de la réalité du changement climatique. Refuser l'application de la loi Barnier au risque d'érosion côtière ne tient pas davantage compte du fait que l'effondrement de la dune qui résulte du retrait du trait de côte est parfaitement assimilable à l'effondrement d'une zone de montagne qui, elle, est parfaitement couverte par la loi Barnier.

En réalité, le refus de faire application de la loi Barnier en l'espèce a une explication qui n'est pas juridique, mais financière. En effet, dans la mesure où l'affaire du Signal est la première du genre mais certainement pas la dernière, compte tenu du recul du trait de côte sur toute la côte atlantique, l'État refuse de s'engager dans une voie financière qui, incontestablement, se révélerait coûteuse. Le refus de voir dans la loi Barnier une loi de solidarité à l'égard de ceux de nos concitoyens qui subissent les risques naturels est d'autant plus choquant que, lors de la tempête Xynthia, l'État avait précisément modifié la loi Barnier pour permettre le jeu de la solidarité nationale et l'indemnisation des propriétaires concernés.

L'intérêt du dossier est ici de poser très clairement la question des conséquences indemnitaires de l'érosion des côtes, question qui ne peut évidemment être détachée de celle de la constructibilité sur le littoral. Cette affaire illustre la politique de gribouille qui est suivie dans ce domaine. Alors que le Parlement a donc décidé d'indemniser à hauteur des deux tiers de la valeur des biens concernés les propriétaires du Signal, tout en veillant à ce que cette bienveillance ne puisse être qu'exceptionnelle[1], dans le même temps il a voté dans la loi Élan des dispositions permettant de réduire la portée de la loi littoral.

Une telle politique, consistant, d'une part, à encourager la construction dans les espaces proches du rivage et, d'autre part, à refuser de prendre en considération les conséquences financières des démolitions inéluctables liées à l'avancée de la mer, ne peut que nous interroger non seulement sur la cohérence, mais encore et surtout sur la capacité du législateur à prendre

1. Il s'agit d'un dispositif législatif propre à cette affaire et les requérants ont renoncé à toute action.

en considération la question de l'adaptation au changement climatique.

43. LA TEMPÊTE XYNTHIA : LES ÉLUS FACE À LEURS RESPONSABILITÉS

Lorsque les maires et l'État sont incapables de gérer les risques[1]

Faits et procédures

Dans la nuit du 27 au 28 février 2010, une violente tempête se déchaîna sur le littoral vendéen, faisant vingt-neuf morts dans la seule commune de La Faute-sur-Mer. Au cours des vingt-cinq années qui avaient précédé la tempête, cette commune paisible avait vu se développer, dans une zone parfaitement connue pour son exposition au risque d'inondation, de très nombreux pavillons sans qu'aucune information soit donnée à leurs acquéreurs et sans que la construction d'un étage soit autorisée. Depuis 2000, un atlas des zones inondables avait classé en zone dangereuse ces espaces situés entre l'estuaire du Lay et la mer, et protégés par une "digue" qui n'était qu'un monticule de 7 mètres érigé par les éleveurs, à la fin du XIXe siècle, pour protéger les moutons de prés salés qui paissaient en contrebas.

Malgré les demandes réitérées de l'État, entre 2000 et 2009, de voir cette digue renforcée et une véritable politique de prévention des risques mise en place, rien ne fut fait. Il faut préciser que la maire adjointe chargée de l'urbanisme se trouvait être en même temps propriétaire de la zone maudite, agent immobilier et loueur de maisons…

Malgré une alerte de Météo France, classant l'épisode à venir en alerte rouge, et des messages adressés par le préfet au maire,

1. TGI des Sables-d'Olonne, 10 décembre 2014. CA de Poitiers, 4 décembre 2016. TA de Nantes, 12 février 2018. CAA de Nantes, 10 décembre 2019.

et reçus par ce dernier, aucune mesure préventive ne sera prise. Dans la nuit, la vague submergera la digue, noyant de nombreux habitants dans leur maison dont ils étaient prisonniers et marquant à vie ceux qui survivront.

Quatre années d'instruction conduiront au renvoi en correctionnelle de trois élus, le maire, M. Marratier, sa première adjointe, Mme Babin (non poursuivie pour prise illégale d'intérêts), et un autre élu chargé de l'urbanisme et constructeur de maisons inondées, et de deux autres personnes, à savoir le fils de Mme Babin comme président de l'association chargée de veiller sur la digue et un directeur de l'administration préfectorale de l'équipement, pour n'avoir pas transmis au maire un appel téléphonique en direct le samedi soir.

Par jugement en date du 10 décembre 2014, le tribunal correctionnel des Sables-d'Olonne condamna René Marratier à quatre ans de prison, dont deux ans ferme, et Mme Babin à la même peine. Cette condamnation sévère était supérieure aux peines requises par le procureur. Le tribunal a considéré que le maire et sa première adjointe avaient signé de très nombreux permis de construire illégaux et ignoré les signaux d'alerte sur la dangerosité du quartier ; qu'ils connaissaient parfaitement les risques qu'ils avaient occultés. Ils ont donc été condamnés pour mise en danger délibérée d'autrui et homicide involontaire sur ces deux fondements. Le fils Babin et les sociétés de construction poursuivies en raison du décès de leur gérant[1] furent condamnés à un an avec sursis. En revanche, le fonctionnaire de l'équipement fut relaxé.

Le même jugement condamnait le maire et sa première adjointe à indemniser les victimes à hauteur de près de 4 millions

1. La personne physique était poursuivie devant le tribunal correctionnel en tant que gérant de deux sociétés de construction. Son décès durant la procédure a éteint l'action publique à son égard, qui a été maintenue à l'égard des sociétés.

d'euros. Ce jugement créa un très grand émoi dans la communauté des maires qui, de manière assez surprenante, considéraient que l'attitude – incompréhensible pour un élu – de M. Marratier, qui avait préféré s'occuper de son garage et festoyer avec ses amis dans les heures qui avaient précédé la tempête plutôt que de s'occuper de ses administrés, était généralisable à tous les élus.

Appel fut interjeté et la cour d'appel de Poitiers, par un arrêt du 4 avril 2016, réduisit considérablement la sanction en limitant à deux ans de prison avec sursis la peine pour M. Marratier et en relaxant Mme Babin, son fils et les sociétés de BTP poursuivies en tant que personnes morales. Cet arrêt, très en retrait des réquisitions du ministère public qui avait demandé quatre ans de prison dont deux ferme contre M. Marratier et son inéligibilité, ainsi que de la prison ferme contre les autres prévenus, n'a pourtant pas fait l'objet d'un pourvoi en cassation, en raison du refus de la chancellerie.

Cette position très bienveillante s'explique notamment par la pression exercée par les maires qui craignaient, en tout cas tous ceux qui avaient délivré des permis de construire en zones inondables, d'être un jour poursuivis dans un cas analogue à celui de La Faute-sur-Mer. C'était n'avoir pas compris la position du tribunal correctionnel qui n'avait pas tant sanctionné la délivrance des permis de construire que le refus du maire d'informer convenablement la population sur les risques, son inaction grossière et l'attitude très discutable de la première adjointe dans cette affaire.

Quant aux cent trente victimes, elles se voyaient renvoyées devant le tribunal administratif pour être indemnisées, la cour considérant que les élus n'avaient pas commis de faute personnelle détachable du service. Décision pour le moins surprenante que pourtant la Cour de cassation, saisie par les parties civiles, confirmera. On peut donc aujourd'hui s'interroger sur le point de savoir s'il existe encore des cas de figure dans lesquels une faute personnelle sera suffisamment grave pour ne pas être considérée comme “non détachable du service”.

Ainsi, de manière paradoxale, la cour trouvait tout à fait normal que les victimes en tant que contribuables participent à leur propre indemnisation ! Ce que l'on a vu et qui a été validé par la Cour de cassation.

Il faudra donc attendre deux jugements du 2 février 2018 et du 6 juillet 2018 pour que les victimes obtiennent enfin réparation à hauteur de 1,86 million d'euros, soit la moitié de ce qu'avait jugé le tribunal correctionnel des Sables-d'Olonne. Le tribunal partagera la responsabilité financière entre la ville, l'État, reconnu fautif pour son inaction, et l'association chargée de protéger les digues. Cependant, l'État, ayant payé la totalité des sommes, a interjeté appel, suivi par toutes les autres parties, pour réduire sa part de responsabilité et obtenir le paiement par la ville des sommes qu'il estime être dues. La cour d'appel de Nantes a globalement validé le jugement du tribunal administratif en changeant les indemnités à la marge[1].

Intérêt de l'affaire

Il est multiple. Tout d'abord, cette affaire témoigne de l'efficacité du droit pénal pour sanctionner des comportements fautifs en matière de risques, même s'il est peu compréhensible que les préfets ou des hauts fonctionnaires du département n'aient pas été poursuivis. La condamnation par la juridiction administrative pour faute de l'État à un niveau très élevé de responsabilité (presque autant que la commune) en témoigne.

Cela s'explique peut-être par des circonstances très particulières : d'une part, l'arrivée d'un nouveau préfet quelques jours avant la catastrophe, préfet qui a convenablement géré la crise, et d'autre part la prescription à l'égard de ses prédécesseurs qui avaient fort mal assumé leurs responsabilités. De la même manière, l'incroyable désorganisation et la succession de dysfonctionnements des services de l'équipement et de l'aménagement

1. CAA de Nantes, 10 décembre 2019.

du territoire du département n'ont pas été sanctionnées sur le plan pénal. On peut également s'étonner que la première adjointe soit passée à travers les gouttes alors qu'elle portait l'essentiel de la réalisation du dommage de cette tragédie. En définitive, le poids politique des élus locaux a été puissant pour obtenir la réduction *a minima* de la condamnation des élus de La Faute-sur-Mer, à telle enseigne que René Marratier siégeait encore récemment au conseil municipal et qu'il s'est même représenté (sans succès) aux élections de 2020, mais le poids de la chancellerie dans le refus de former un pourvoi en cassation a été déterminant, ce qui montre bien, une fois encore, comment des choix politiques viennent infléchir le cours de la justice…

De plus, l'affaire Xynthia a illustré la manière dont les victimes pouvaient s'organiser et ainsi disposer de la ténacité suffisante pour mener à bien une longue procédure. L'Association des victimes de La Faute-sur-Mer (Avif) a su, non sans difficulté, entretenir la communauté des victimes, servir de lien entre l'organisation de la défense et les cent trente victimes, et garder le cap, malgré les vicissitudes. Malheureusement, dans notre pays, la prise en charge des victimes et leur accompagnement restent un sujet secondaire, ce dont témoigne la suppression du secrétariat d'État[1] chargé de s'en préoccuper.

Enfin et surtout, l'intérêt juridique de l'affaire Xynthia est considérable. Les différents juges ont en effet exclu, malgré la violence de la tempête, le caractère de force majeure. Ils ont retenu la responsabilité des élus, mais, entre la juridiction judiciaire et la juridiction administrative, le débat sur la faute de l'État a évolué. Il est intéressant de noter que la responsabilité des fonctionnaires, qui n'avait été retenue ni par la juridiction d'instruction ni par la juridiction de jugement, a été retenue

1. Le secrétariat général à l'Aide aux victimes a été recréé en février 2017 et placé sous l'autorité du Premier ministre après avoir été créé la première fois en 2004 ; il a été supprimé en mai 2017 et remplacé par un simple délégué interministériel.

par le tribunal administratif dans le cas de la responsabilité de l'État, évaluée à 35 % de l'ensemble.

En dernier lieu, elle a mis en lumière la différence d'indemnisation bien connue entre juge administratif et juge judiciaire. Il est pour le moins anormal que les victimes aient été indemnisées à moitié au seul motif qu'elles ont dû passer de la juridiction judiciaire à la juridiction administrative.

Portée de l'affaire

L'affaire Xynthia a été un électrochoc. Elle a permis de prendre conscience des risques d'inondation sur notre littoral et, de manière plus générale, de l'importance des phénomènes dits "extrêmes", qui ne peuvent que s'accroître avec le changement climatique. Elle a permis à l'État de mettre en place une politique beaucoup plus rigoureuse en matière de plans de prévention des risques et découragé les élus de maintenir une politique laxiste en matière de délivrance de permis de construire dans des zones inondables. Malheureusement, l'électrochoc est encore insuffisant puisque la loi Élan semble ne pas vouloir hésiter à réduire la portée de la loi littoral, alors qu'il faudrait au contraire l'étendre et commencer à engager les collectivités territoriales littorales à construire à l'intérieur des terres.

44. L'AFFAIRE DES BERGES DE LA SEINE : STOP À LA VOITURE !

Comment réduire la place de la voiture en ville pour diminuer la pollution atmosphérique et les émissions de CO_2

Faits et procédures

Cette affaire est très différente des précédentes. Elle témoigne de la difficulté d'un élu, fût-il (ou elle) maire de Paris, pour essayer de changer les habitudes des automobilistes.

L'affaire de la protection des berges de la Seine consistait à supprimer la circulation de la voiture et des transports automobiles tant sur la rive gauche que sur la rive droite. Elle a été entreprise en deux temps : 2013 pour la rive gauche et 2016 pour la rive droite, à l'initiative de la maire de Paris, Anne Hidalgo.

La question de la rive gauche a fait l'objet d'un contentieux qui s'est terminé par une décision de la cour administrative d'appel de Paris de 2014, qui a rejeté tous les recours. Le contentieux de la rive droite a été le plus délicat et le plus difficile, compte tenu des habitudes des automobilistes d'emprunter l'axe rapide de la voie dite "Georges-Pompidou".

Derrière la démarche relative à la piétonnisation des voies sur berge se trouvent la préoccupation de la lutte contre le changement climatique et surtout la lutte contre la pollution atmosphérique, qui a conduit à la nécessaire limitation de l'entrée des automobiles en ville (la ville étant l'un des plus grands producteurs de gaz à effet de serre avec ceux qu'il faut naturellement inclure, liés à l'habitation et aux immeubles qui ont, eux aussi, une part importante). Toutes les capitales européennes et de très nombreuses grandes villes se sont lancées dans des politiques de ce genre.

Dès 1991, l'Unesco avait engagé le classement des berges de la Seine au patrimoine mondial de l'humanité, puis elle a renforcé cette protection par une délibération de novembre 2017 prévoyant que, pour une meilleure préservation du site, il convenait d'y interdire la circulation automobile.

Le contentieux sur les actes administratifs visant l'interdiction de la circulation automobile et la piétonnisation des berges de la rive droite est une véritable saga, constituée de multiples rebondissements, en raison de l'opposition fondamentale de la région Île-de-France, des collectivités et des associations d'usagers ou de défense de l'automobile qui y ont été associées. La région a investi des sommes considérables, mobilisé des experts et des avocats chevronnés pour obtenir l'annulation de l'arrêté municipal visant le nouvel aménagement du site, qui est un acte administratif relevant du Code de l'environnement, ainsi que de l'arrêté de piétonnisation pris, lui, au titre du Code général des collectivités territoriales.

C'est ainsi que, par une première décision du 21 février 2018, le tribunal administratif a annulé l'autorisation d'aménagement pour insuffisance d'étude d'impact et, par voie de conséquence, l'arrêté de piétonnisation qui lui était rattaché.

Appel fut interjeté mais l'urgence imposait qu'une solution soit trouvée pour ne pas remettre les voitures sur la voie sur berge. C'est alors que la Mairie de Paris a demandé au cabinet de collaborer en profondeur avec ses services juridiques et ses avocats pour tenter de retourner le contentieux. Celle-ci a pris, dès le mois de mars 2018, un nouvel arrêté sur des fondements juridiques tout à fait différents, celui de la protection des sites et des monuments, et celui du classement par l'Unesco des berges de la Seine, liant ainsi la protection de l'esthétique et la piétonnisation.

De plus, l'arrivée dans le dossier, sur notre conseil, des associations de défense de l'environnement et de protection de la santé, pour soutenir la Ville, commençait à changer la donne dans un conflit qui devenait éminemment politique.

Dans un premier temps, la cour administrative d'appel de Paris confirma le jugement du tribunal administratif, alors qu'il avait été démontré en appel qu'une étude d'impact était inutile dans ce cas précis, car la réglementation avait changé[1]. La cour a estimé qu'à partir du moment où l'Administration avait eu recours à une procédure non obligatoire, le fait que l'étude ait été jugée insuffisante suffisait à faire regarder la décision comme illégale.

Restait la décision de piétonnisation fondée sur la protection des sites. Un deuxième arrêté avait été pris par la maire

1. En effet, le champ d'application des études d'impact avait été réduit et la création de ce type de voie, qui consistait plutôt dans la transformation d'une voie préexistante dédiée à la voiture, n'était pas soumise à étude d'impact.

de Paris sur la base de la protection par l'Unesco de ce site exceptionnel. Les opposants avaient saisi le tribunal administratif d'une deuxième requête. Soutenue par les associations, la Ville de Paris l'emporta devant le tribunal administratif.

À cet égard, il a fallu démontrer que la disparition de la circulation automobile est tout à fait conforme aux principes de l'Unesco relatifs à la protection du patrimoine telle que cette organisation internationale l'avait envisagée, prévue et appliquée.

Intérêt de l'affaire

L'intérêt de cette affaire, qui a défrayé la chronique, est multiple. Tout d'abord, sur un plan général, elle démontre la difficulté, pour un maire, de changer les habitudes et de s'attaquer réellement – et pas seulement par les mots – aux problèmes de la pollution et du dérèglement climatique. Elle démontre aussi la manière dont le droit est en réalité très mal adapté à des décisions qui sont prises pour l'environnement et non contre. Tout notre droit de l'environnement a été conçu pour limiter si possible – et on insistera sur le "si possible" – la pollution et les nuisances. Il n'a pas du tout été conçu pour favoriser les mesures pérennes de protection de l'environnement.

Le fait d'avoir changé de base juridique pour finalement recourir à la protection des sites est symptomatique de cette réalité. Cela s'explique sans doute par le fait que, la législation sur le patrimoine historique et naturel étant plus ancienne et mieux ancrée que celle concernant l'environnement et *a fortiori* le dérèglement climatique, la position adoptée en droit paraît plus solide.

Accessoirement, le jugement valide et donne de la consistance au processus de reconnaissance par l'Unesco de la nécessaire et impérieuse préservation des sites inscrits au patrimoine mondial, dont la valeur juridique est incertaine. La cour administrative d'appel de Paris a confirmé le jugement. Et, désormais, nul responsable politique digne de ce nom n'envisage de remettre les voitures sur les voies sur berge…

Il est certain que cette prise de position fera jurisprudence et aidera à protéger les sites, les paysages et les monuments qui bénéficient de ce statut. La question environnementale et la qualité de l'air étant résolues, de ce fait, en quelque sorte par surcroît.

Cette mesure d'interdiction de la circulation automobile sur les berges s'inspire de nombreuses politiques menées dans les grandes villes du Nord de l'Europe et même de politiques suivies par l'Unesco dans les grandes villes d'Amérique du Sud, et elle servira d'exemple aux autres.

Si la mesure a heurté de nombreuses personnes utilisant leur voiture depuis la banlieue, en particulier une grande partie des automobilistes parisiens, on ne peut nier son efficacité non seulement à court et moyen termes, mais également à plus long terme car il est bien connu que "c'est le premier pas qui coûte".

45. L'AFFAIRE DE GRANDE-SYNTHE

La carence de l'État en matière de lutte contre le dérèglement climatique

Plus de 1 500 procès concernant la justice climatique ont été lancés dans le monde. Cela signifie qu'en réalité, sur tous les continents (surtout en Amérique du Nord, ne serait-ce que parce que leurs entreprises sévissent dans la plupart des pays du monde[1]), des collectivités publiques, des citoyens, des associations, des enfants et des jeunes ont lancé des procès pour faire condamner les émetteurs de gaz à effet de serre à réparer, et surtout les États à agir. Les Pays-Bas, avec l'affaire Urgenda[2], ont

1. Voir Christian Huglo, *Le Contentieux climatique : une révolution judiciaire mondiale*, *op. cit.*

2. L'affaire Urgenda (du nom d'une association appelée Urgenda, ce qui signifie "urgence d'agenda") est une affaire jugée aux Pays-Bas où, en première instance, en appel et au niveau de la Cour suprême, les requérants ont obtenu gain de cause. Ils ont fait juger que les efforts accomplis par les Pays-Bas pour réduire

été des précurseurs mais ils ne sont pas les seuls. En France, une pétition de plus de 2 millions de personnes a soutenu l'initiative "L'affaire du siècle" qui a donné lieu, en avril 2019, à la saisine du tribunal administratif de Paris d'un recours indemnitaire contre l'incurie de l'État[1]. Mais, antérieurement, la commune de Grande-Synthe et son maire, Damien Carême, avaient engagé une action différente devant le Conseil d'État. Il s'avère que deux dossiers aujourd'hui suivis par notre cabinet sont les premiers à avoir été engagés en France sur le sujet de la carence de l'État, en ce qui concerne tant la lutte contre le dérèglement climatique que les politiques d'adaptation au changement climatique.

Faits et procédures

La commune de Grande-Synthe (située à proximité de Dunkerque et menacée de submersion), ainsi que son maire, Damien Carême, agissant à titre personnel, ont saisi le ministre de l'Écologie et le Premier ministre d'un recours tendant à voir l'État respecter le budget carbone qui a été voté[2], renforcer les politiques mises en place pour accélérer la réduction de nos

les émissions de gaz à effet de serre étaient insuffisants et qu'ils devaient être augmentés de 19 à 25 % en 2000, et ce notamment en application des dispositions de la Convention européenne des droits de l'homme, article 2 (droit à la santé) et article 8 (droit à une vie familiale normale, qui intègre en fait la protection de l'environnement). Cette jurisprudence a été utilisée dans de très nombreux pays.

1. Par jugement en date du 3 février 2021, le tribunal administratif de Paris a emboîté le pas du Conseil d'État et a reconnu la responsabilité de l'État pour carence climatique.

2. Le budget carbone, concept scientifique issu du rapport du GIEC de 2014, fixe le tonnage de gaz à effet de serre qu'il ne faudrait pas dépasser pour respecter la limite des 2 °C, voire de 1,5 °C, de réchauffement. En France, la loi sur la transition énergétique a mis en place une feuille de route pour atteindre des objectifs de réduction des émissions de gaz à effet de serre (– 40 % en 2030, neutralité carbone en 2050). Sur cette base, des budgets carbone ont été fixés (2015-2018, 2019-2023 et 2024-2028). Ils devront évidemment être revus compte tenu de nouveaux objectifs communautaires.

émissions de gaz à effet de serre et mettre un terme aux politiques accélérant ces mêmes émissions. Ce recours repose, d'une part, sur les obligations législatives de l'État et, d'autre part, sur les principes 2 et 8 de la Convention européenne des droits de l'homme, interprétés par la jurisprudence Urgenda comme fondant une obligation pour les États d'assurer la survie et des conditions de vie normale à leur population.

L'État n'a pas répondu et, en mars 2019, le Conseil d'État a donc été saisi d'un recours contre le silence de l'État durant plus de deux mois, ce qui constitue une décision implicite de rejet. Il a donc été demandé au Conseil d'État non seulement d'annuler ce refus de l'État d'intervenir pour mener une réelle politique de réduction des émissions de gaz à effet de serre, mais également de lui enjoindre, en application de la jurisprudence déjà intervenue à propos de la lutte contre la pollution de l'air et du non-respect des normes communautaires concernant le dioxyde d'azote et les particules fines, de le faire dans les meilleurs délais. La présence de Damien Carême dans la procédure avait évidemment pour objectif de permettre, en cas de refus du Conseil d'État, de saisir la Cour européenne des droits de l'homme pour faire juger le droit des citoyens européens de voir les États agir efficacement pour réduire les émissions de gaz à effet de serre et, ainsi, assurer leur survie dans de bonnes conditions. Par une décision du 19 novembre 2020 reconnue comme "un tsunami juridique[1]", le Conseil d'État a fait droit à la commune de Grande-Synthe en reconnaissant la recevabilité de sa requête, comme celle des Villes de Paris et de Grenoble. Après avoir admis le fait que la France n'avait pas rempli ses objectifs dans la période 2016-2019, le Conseil d'État a donné un délai de trois mois au Gouvernement pour apporter la preuve que les politiques mises en place permettraient, année par année, d'atteindre les objectifs prévus

1. Béatrice Parance et Judith Rochfeld, blog *Le Club des juristes*, 23 novembre 2020.

pour 2030. La difficulté pour le Gouvernement s'est encore accrue du fait de la décision prise en décembre 2020 par l'Union européenne de porter de 40 à 55 % l'effort de réduction des émissions de gaz à effet de serre pour 2030[1].

La carence de l'État dans la mise en place d'une politique d'adaptation au changement climatique

La question climatique présente deux volets qui peuvent de moins en moins être dissociés. En effet, l'impact du dérèglement climatique impose des mesures d'adaptation qui, elles-mêmes, sont tributaires des mesures de réduction des émissions. Un premier plan national d'adaptation au changement climatique avait été décidé après une concertation en 2010, valable pour la période 2011-2015, date à laquelle devait intervenir le deuxième plan. Un rapport sévère du Commissariat général au développement durable (CGDD)[2] met en lumière les faiblesses de ce premier plan. Il faudra néanmoins attendre décembre 2018 pour que le deuxième plan voie le jour, plan qui ne tient aucun compte du rapport du CGDD et qui, dans les faits, ne dispose ni de moyens ni d'objectifs précis et chiffrés. C'est la raison pour laquelle un deuxième contentieux a été engagé par la commune de Grande-Synthe pour voir constater l'illégalité de ce plan en raison de ses insuffisances criantes.

Si la haute juridiction française suit le mouvement des différentes juridictions nationales qui se sont déjà prononcées[3], elle

1. L'agenda présenté par le Conseil d'État laisse envisager une audience en juin 2021 et donc une décision avant les vacations 2021.
2. Le Commissariat général au développement durable a été mis en place en 2008 pour produire des données et des connaissances éclairant l'action du ministère de l'Écologie, sur l'ensemble de son champ de compétences.
3. 1 500 procès relatifs au changement climatique ont été engagés dans le monde. L'Onu a publié un rapport sur le contentieux climatique, *Le Climat mondial, rapport sur les litiges : révision de la situation en 2020*, Programme des Nations unies pour l'environnement.

devrait aller dans le sens des requérants. Il est également plus que probable[1] que la Cour européenne des droits de l'homme et la Cour de justice de l'Union européenne auront également à se prononcer sur le sérieux des politiques menées pour assurer une vie digne et pérenne sur notre planète. Les positions qu'elles prendront seront bien entendu majeures. Si les juridictions nationales et européennes confortent la volonté des peuples de voir de réelles mesures de transition écologique mises en place par les États, ceux-ci n'auront pas d'autre choix que de se plier à l'État de droit, et ce d'autant plus que les textes actuellement votés au niveau communautaire, au moins, vont dans le sens d'une rigueur très accrue des exigences en termes d'objectifs obligatoires à atteindre pour 2030, puis 2040 et 2050.

Mais nul ne peut douter que le lobbying des pétroliers, gaziers, firmes automobiles, nucléocrates et autres intérêts économiques liés aux énergies non renouvelables continuera à savoir se faire entendre, notamment grâce aux chefs d'État qui sont leurs porte-voix. C'est donc un combat judiciaire de titans qui se met en place avec, d'un côté, les acteurs de la société civile, aux premiers rangs desquels les jeunes, et, de l'autre, les lobbies économiques et financiers puissants, dont des États qui ne voient dans les énergies fossiles qu'une machine à cash à laquelle ils sont totalement addicts, sans du reste que, dans l'immense majorité des cas, les populations locales en soient bénéficiaires.

Les questions liées à la justice sanitaire, que nous allons désormais aborder, sont voisines mais légèrement différentes.

1. La Cour européenne des droits de l'homme a fait savoir en décembre 2020 qu'elle avait accepté la recevabilité de la requête déposée par 23 jeunes Portugais contre 32 États européens et allait examiner cette affaire par priorité.

IX

LA JUSTICE SANITAIRE EST-ELLE POSSIBLE ?

Si la justice climatique n'est pas simple à mettre en œuvre, la justice sanitaire est encore beaucoup plus aléatoire. En effet, deux questions au moins rendent extrêmement difficile l'aboutissement des procès. La première est celle de l'absence d'une justice internationale dans le domaine de la santé de l'environnement, absence qui sur tous les sujets transfrontières, dont la pollution, limite considérablement les possibilités. La seconde, plus préoccupante encore, est celle de la charge de la preuve, mise sur les victimes qui ne peuvent que très exceptionnellement prouver que leur pathologie est due à tel ou tel produit ou telle ou telle technologie. Le système a bien évidemment été conçu par le monde industriel, préoccupé par le fait de ne pas supporter la responsabilité des conséquences négatives et toxiques des produits mis sur le marché à son initiative.

Cependant, peu à peu, des progrès sont accomplis en raison de la mobilisation de la société civile, souvent soutenue par les collectivités locales. De plus, comme dans le cas de la justice climatique, la justice sanitaire s'internationalise. Non pas au sens du tribunal Monsanto[1], mais en ce que les différentes juridictions nationales saisies, bien qu'elles soient censées

1. Il s'agit d'un avis en droit rendu par une entité composée de magistrats, sur la base des pactes n°s 1 et 2 des Nations unies et des engagements formels pris par Monsanto (voir p. 271-275).

appliquer un droit différent, finissent par accepter un certain nombre d'interférences. En effet, du fait de la mondialisation, les mêmes produits toxiques sont utilisés dans le monde entier. Cela explique que le dossier du glyphosate et des produits dont il constitue le principe actif (dont le Roundup) donne lieu à de nombreux procès dans le monde, dont les résultats sont progressivement utilisés par les différentes victimes de ces produits. En particulier, les procès californiens (qui ont donné lieu à la publication des Monsanto Papers) jouent un rôle central, d'une part par leurs retombées médiatiques, d'autre part par les informations très précieuses qu'ils ont permis de diffuser quant au comportement de Monsanto, ses pressions sur les pouvoirs publics, la manipulation des scientifiques et la connaissance qu'avait Monsanto, depuis les années 1980, de la dangerosité de ce produit.

LA MISE EN DANGER DÉLIBÉRÉE D'AUTRUI OU LE CALVAIRE DES DOSSIERS DE SANTÉ ENVIRONNEMENTALE

La question de la reconnaissance de la responsabilité des pollueurs et sans doute, dans les années qui viennent, de ceux, experts et scientifiques, qui ont délibérément manipulé l'information et la connaissance scientifique, devient un sujet central.

Certes, des procédures administratives peuvent être menées mais elles sont très limitées et surtout, comme elles ne mettent en cause la responsabilité d'aucune personne physique, publique ou privée, elles ne gênent pas grand monde... dans les cas où elles aboutissent.

Lorsqu'il y a risque de mort, de maladies graves ou de pollution définitive, la procédure pénale est évidemment la bonne solution. Mais elle se heurte à des difficultés sans limites et le dossier de l'incinérateur de Maincy est une excellente illustration du parcours du combattant que constitue ce type d'affaire.

Si la situation est très difficile au niveau national, elle l'est encore beaucoup plus au niveau international où il n'existe rien, ni sur le plan d'une juridiction, ni sur le plan de règles de droit applicables pour mettre en cause une multinationale dont les produits sont une source de pathologies et de destruction de l'environnement. Le "procès" Monsanto, qui constitue une première du genre, pourrait inspirer d'autres "procès" du même ordre et surtout permettre l'émergence d'une juridiction internationale capable de juger de l'écocide et de l'"humanicide".

46. L'AFFAIRE DE VAUX-LE-PÉNIL

Jusqu'où un incinérateur peut-il dysfonctionner sans que personne s'en émeuve[1] ?

Faits et procédures

L'incinérateur de Vaux-le-Pénil avait été construit dans les années 1960 afin de brûler les ordures ménagères d'une partie de la Seine-et-Marne. En 1974, il a été autorisé à étendre ses capacités. Ses dysfonctionnements étaient parfaitement connus dès le milieu des années 1990, époque à laquelle la France aurait dû se mettre en conformité avec les normes communautaires concernant les incinérateurs. En février 1997, le ministre de l'Environnement de l'époque avait publié une circulaire pour imposer à tous les nouveaux incinérateurs le respect de la norme de 1 nanogramme par mètre cube et par seconde[2]. Les préfets avaient été invités à adresser des mises en demeure aux exploitants des vieux incinérateurs qui étaient les plus polluants. L'incinérateur de Vaux-le-Pénil en faisait partie et, entre 1996 et 2002, une dizaine de rapports seront adressés au préfet par l'inspection des installations classées, constatant la non-conformité de l'installation. La direction régionale de l'industrie, de la recherche et de l'environnement[3] ira jusqu'à

1. TC de Paris, 6 mars 2018, Commune de Maincy c/ CAMVS. CA de Paris, 11 octobre 2019. Cette affaire a été cotraitée avec le bâtonnier Sur, avocat des personnes physiques.

2. Cette mesure permet de fixer une limite à l'émission de dioxines dans l'air. Les mètres cubes correspondent aux mètres cubes d'air pulsés. Cela signifie donc que plus un incinérateur est grand, plus la mesure de dioxines peut s'élever puisque le nombre de mètres cubes d'air pulsés est plus important. Le nanogramme équivaut à 1 millionième de milligramme ou 1 milliardième de gramme.

3. Les Drire étaient les services déconcentrés du ministère de l'Écologie et de l'Industrie chargés à la fois de contrôler les installations classées et de développer l'industrie. Aujourd'hui, les Drire sont fondues dans les directions régionales de l'environnement, de l'aménagement et du logement (Dreal).

écrire en 1996 que cette installation fonctionnait dans des “conditions épouvantables”.

De fait, la procédure permettra de constater que l’usine rejetait jusqu’à 10 fois le nombre maximal de poussières totales autorisées par les normes, entre 5 et 10 fois le maximum d’émissions d’acide chlorhydrique, 6 fois pour le monoxyde de carbone et 2 000 fois pour les dioxines par rapport aux normes respectives. Mais l’exploitant, parfaitement conscient de l’état de dégradation avancée de cette installation, souhaitait la faire perdurer le temps qu’une nouvelle soit réalisée. L’installation était gérée par des collectivités publiques à l’égard desquelles l’État a su montrer sa très grande bienveillance. C’est bien connu : une pollution gravissime émanant d’une personne publique est beaucoup moins dangereuse pour les riverains que la même pollution émanant d’une personne privée !

Sous l’impulsion de Mme Coffinet, une habitante de la commune voisine de Maincy qui se trouvait sous le panache de l’incinérateur, une association de défense des habitants se constitua en raison de la pollution et des risques sanitaires qu’elle générait. En 2001, Mme Coffinet devint maire de Maincy et fit procéder à des analyses des végétaux, du sol, des œufs, et du sang d’un certain nombre d’habitants de la commune, dont elle-même. Les résultats étaient accablants et, en particulier, les œufs contenaient 40 picogrammes de dioxines par gramme de matière sèche, la limite maximale étant de 3 pour permettre une consommation desdits œufs.

Elle prit donc un arrêté d’interdiction de consommation de ces œufs pendant que l’État non seulement ne prenait aucune mesure de protection des habitants, mais encore osait, en la personne du préfet, convoquer Mme Coffinet et exiger le retrait de cet arrêté, ce que, bien entendu, elle refusa. Le préfet n’osa pas aller jusqu’au tribunal administratif parce qu’il aurait sans doute eu à s’expliquer sur sa parfaite incurie dans la gestion de ce dossier.

Finalement, après de longues tergiversations, le préfet prit un premier arrêté de mise en demeure d'avoir à respecter les normes de l'arrêté d'autorisation dans un délai de trois mois, prorogé une nouvelle fois pour trois mois. Mais, devant la carence complète de l'exploitant, le préfet décida de la fermeture de l'incinérateur.

Une première action fut lancée contre la réalisation du deuxième incinérateur, sur le site du premier, effectuée sans aucune étude d'impact préalable permettant de connaître l'importance de la pollution liée aux poussières et aux dioxines. La juridiction administrative ne voulait rien entendre. (Vingt ans plus tard, c'est-à-dire aujourd'hui, dans la commune de Maincy, le niveau de pollution des toits est de 1 000 fois la dose admissible. On peut donc imaginer ce que doivent être le sol et le sous-sol du site de l'incinérateur.)

C'est dans ces conditions qu'une plainte avec constitution de partie civile fut déposée, d'une part au nom de la commune de Maincy, d'autre part au nom d'une centaine d'habitants, entre 2002 et 2004.

Le pôle santé publique de Paris fut saisi en juillet 2005 et une ordonnance de renvoi intervint le 29 novembre 2011 des chefs de mise en danger délibérée d'autrui et d'exploitation d'une installation classée sans se conformer à l'arrêté d'autorisation. En revanche, la qualification de blessures et homicide involontaire n'était pas retenue.

Après un dernier aller-retour jusqu'à la Cour de cassation, le dossier fut finalement renvoyé devant le tribunal correctionnel de Paris qui, par jugement en date du 6 mars 2018, condamna la communauté de communes (CAVMS) pour ces deux infractions.

Si l'infraction concernant la législation des installations classées ne posait aucun problème juridique, en revanche le délit de mise en danger délibérée d'autrui impliquait que soit retenu le risque de mort ou de blessures graves du fait des pollutions dues à la dioxine, ce qui a été le cas. Le sujet était très délicat. En effet, à la différence de l'homicide qui exige celle d'un lien de causalité entre un décès et une cause particulière – en l'espèce la pollution à la dioxine –, la preuve de la mise en danger exige celle d'un risque particulier de mort ou de maladies graves. Les études sur le caractère cancérigène de la dioxine sont très nombreuses. Mais la prudence des scientifiques à établir avec certitude un lien de causalité entre un produit et une pathologie se marie très mal avec les règles du droit. Pourtant, le tribunal a retenu les études qui lui avaient été produites, montrant une augmentation du risque de cancer de 20 % sous le panache de l'incinérateur, et a considéré que cette circonstance constituait bien le lien de causalité nécessaire à la constitution de l'infraction.

Le tribunal a évalué le préjudice des personnes physiques habitant dans une zone de 5 kilomètres autour de l'incinérateur à la somme de 500 euros par mois d'infraction, soit 21 000 euros par personne, et a fixé l'indemnisation de la commune, du fait du non-respect de la législation des installations classées, à 15 000 euros pour le préjudice écologique.

La cour d'appel de Paris a confirmé en son principe le jugement[1].

Portée de l'affaire

Cette décision, qui intervient au terme de seize ans de procédure, est extrêmement importante, d'autant plus qu'il n'y a pas eu de pourvoi en cassation. En premier lieu, c'est la première fois qu'une décision pénale intervient de manière positive à la suite des dysfonctionnements d'un incinérateur. Le précédent de Gilly-sur-Isère[2], tout aussi inconvenant que celui de

1. L'arrêt du 11 octobre 2019 (n° 18-04919) a été reconnu par le procureur général lors de ses vœux en 2020 comme une décision historique.
Il a été commenté par Corinne Lepage, Benoît Denis et Valérie Saintaman, "Condamnation pénale pour mise en danger des populations exposées aux dioxines d'un incinérateur", *Énergie, environnement, infrastructures*, n° 12, décembre 2019, commentaire 60, LexisNexis.

2. Il s'agissait d'un autre incinérateur situé à Gilly-sur-Isère, qui avait gravement dysfonctionné, mais la personne morale responsable s'était dissoute. La première

Vaux-le-Pénil, n'avait pas abouti grâce à un montage juridique permettant à l'exploitant d'échapper à toute sanction.

En deuxième lieu, c'est au terme d'un raisonnement extrêmement étayé que le tribunal puis la cour d'appel, après avoir pris connaissance de différentes études établissant une croissance du risque de cancer pour les personnes vivant sous le panache d'un incinérateur – la dioxine ayant été reconnue comme une substance cancérigène par le Centre international de recherche sur le cancer (CIRC) –, ont admis l'existence d'un risque de mort ou de blessures graves et ont reconnu qu'il y avait une violation délibérée d'une obligation de sécurité fixée précisément dans les normes applicables aux incinérateurs, même s'il n'existait pas à l'époque une norme spécifique pour les dioxines.

En troisième lieu, c'est un arrêt confirmatif très important car les décisions de justice reconnaissant la mise en danger délibérée d'autrui sont finalement très rares dans le domaine de la santé environnementale. Il constitue un précédent extrêmement utile dans tous les dossiers de pollution chimique.

Enfin, la personne condamnée est une personne morale qui a succédé en ses droits et devoirs à la personne morale qui exploitait à l'époque l'incinérateur. Aucune personne physique n'a en définitive été poursuivie, alors même que ce sont bien des personnes physiques qui ont fait ces choix. Et le préfet et les services de l'État sont restés à l'écart de toute mise en cause alors même que, si la direction des installations classées avait tiré la sonnette d'alarme, la carence du préfet était plus qu'évidente : non seulement il avait laissé fonctionner en toute connaissance de cause un incinérateur défaillant, mais il s'était opposé à toute mesure de protection de la population.

procédure avait échoué de ce fait. Il semblerait que les victimes aient trouvé une autre voie.

47. LE "PROCÈS" MONSANTO[1]

Lorsque la société civile se substitue aux institutions défaillantes

Le procès Monsanto n'est pas à proprement parler un procès et n'a pas été conduit directement par notre cabinet. Néanmoins, nous avons souhaité l'intégrer dans cet ouvrage pour une double raison :

– Tout d'abord, nous y avons pris une part importante sur un plan strictement juridique, en concevant avec Olivier De Schutter[2] l'organisation de l'avis en droit et en essayant de trouver des magistrats qui accepteraient de siéger dans cette juridiction d'un type bien particulier ;

– Ensuite, cet avis en droit, qui doit beaucoup à la qualité de la décision rendue, illustre parfaitement ce que la société civile est désormais en mesure de faire lorsque l'organisation judiciaire internationale est défaillante pour juger de cas qui intéressent pourtant l'ensemble de l'humanité.

Déroulement de l'affaire

L'idée du "procès" Monsanto revient à René Lehrer et Marie-Monique Robin, auteurs de plusieurs ouvrages sur le sujet des OGM et de Monsanto, et de plusieurs films, et qui ont suggéré que soit organisé un véritable procès mettant en cause cette entreprise très particulière qui, depuis l'usage de l'agent orange jusqu'au fameux Roundup, est considérée par beaucoup comme la cause de pathologies extrêmement graves, souvent mortelles. Les difficultés juridiques résultaient notamment de ce qu'il n'existe aucune juridiction internationale capable de juger de

1. Décision du tribunal *ad hoc* de La Haye du 18 avril 2017, disponible sur le site fr.monsantotribunal.org/upload/asset_cache/119865256.pdf (résumé) et fr.monsantotribunal.org/upload/asset_cache/180671266.pdf (texte intégral).

2. Juriste belge et professeur de droit international à l'université catholique de Louvain. À l'époque rapporteur spécial de l'Onu pour le droit à l'alimentation, actuellement rapporteur spécial de l'Onu sur l'extrême pauvreté et les droits de l'homme.

cette affaire, de même qu'il n'existe pas de droit pénal international, hormis la référence au crime contre l'humanité, qui soit à même de servir de base, à un niveau internationale, à des poursuites. Nous ne souhaitions pas un nouveau tribunal Russell, c'est-à-dire une condamnation purement morale. Nous ne souhaitions pas davantage un procès "bidon", c'est-à-dire ne reposant sur aucune base juridique sérieuse. L'idée a donc été de solliciter un avis de conformité, en suivant les règles relatives au jugement en interprétation devant la Cour internationale de justice de La Haye. En ce qui concerne les bases juridiques, il a été proposé de se fonder notamment sur les deux pactes des Nations unies[1], et sur les chartes et accords signés par Monsanto[2]. Partant de là, il ne s'agissait évidemment pas d'un procès pénal, mais bien d'un avis en droit qui devait être rendu par des magistrats dont la professionnalité était acquise.

C'était la deuxième étape et la deuxième difficulté de l'exercice. Elle a été franchie grâce à des courriers cosignés par l'un d'entre nous à des éminents magistrats choisis avec soin, et dans les cinq continents. Certains d'entre eux ont répondu présents et sept ont été sélectionnés, venus d'Europe, d'Amérique (Nord et Sud) et d'Afrique, les deux magistrats asiatiques n'ayant finalement pu faire le déplacement pour raison de santé. La présidence remarquable de Françoise Tulkens, ancienne vice-présidente de la Cour européenne des droits de l'homme, a permis d'asseoir la légitimité de ce tribunal.

La troisième étape était celle du travail purement juridique de préparation du procès. Émilie Gaillard, maître de conférences à l'université de Caen, a joué un rôle considérable en préparant

1. Il s'agit d'une part du Pacte international relatif aux droits civils et politiques, adopté à New York le 16 décembre 1966 et qui comprend les droits et libertés classiques, et d'autre part du pacte entré en vigueur le 23 mars 1976, qui concerne les droits économiques, sociaux et culturels.
2. Il s'agit des principes directeurs de l'Onu relatifs aux entreprises et des engagements propres présentés par Monsanto.

les questions à poser au tribunal en termes de conformité et en faisant travailler des étudiants, en liaison avec ceux d'Olivier De Schutter, pour recueillir toute la jurisprudence existante. Six questions ont été posées :

1. Le comportement de la firme Monsanto est-il conforme au droit à un environnement sûr, propre, sain et durable, tel que celui-ci est reconnu en droit international des droits de l'homme ?

2. Est-il conforme au droit à l'alimentation reconnu par plusieurs traités de l'Onu[1] ?

3. Est-il conforme au droit à la santé[2] ?

4. Est-il conforme à la liberté de la recherche et des chercheurs[3] ?

5. L'utilisation de l'agent orange pendant la guerre du Vietnam a-t-elle constitué une complicité de crime de guerre[4] ?

6. Enfin, si l'infraction d'écocide[5] existait, est-ce que Monsanto l'aurait commise ?

Marie-Monique Robin a pu réunir les différentes personnes, prises sur l'ensemble de la planète, qui étaient en capacité de témoigner sur ces différents points et, surtout, a su obtenir les moyens financiers nécessaires à l'organisation du procès lui-même à La Haye.

1. Article 11 du Pacte international relatif aux droits économiques, sociaux et culturels, articles 24.2(c) et (e), et 27.3 de la Convention relative aux droits de l'enfant, articles 25(f) et 28.1 de la Convention sur l'élimination de toutes les formes de discrimination à l'égard des femmes.
2. Reconnu par l'article 12 du Pacte international relatif aux droits économiques, sociaux et culturels, et par l'article 24 de la Convention relative aux droits de l'enfant.
3. Garantie à l'article 15, paragraphe 3, du Pacte international relatif aux droits économiques, sociaux et culturels, ainsi qu'aux libertés d'opinion et d'expression consacrées à l'article 19 du Pacte international relatif aux droits civils et politiques.
4. Au sens de l'article 8, paragraphe 2, du Statut de la Cour pénale internationale.
5. Entendu comme consistant dans le fait de porter une atteinte grave à l'environnement ou de détruire celui-ci de manière à altérer de façon grave et durable des communaux globaux ou des services écosystémiques dont dépendent certains groupes humains.

Monsanto a évidemment été priée de participer à ce procès, y compris par acte extrajudiciaire. L'entreprise a refusé, tout en tentant de jeter le discrédit sur cette opération. Elle a fourni une explication médiatique qui a été transmise au tribunal comme la position de l'entreprise.

En définitive, après un procès de quarante-huit heures au cours duquel les différents témoins ont pu s'exprimer sur les six questions posées, puis après six mois de délibéré, le tribunal a rendu un avis en droit répondant positivement aux quatre premières questions, négativement à la cinquième et, en réponse à la sixième, soulignant l'intérêt de reconnaître un écocide[1] dont il a estimé qu'il aurait été commis si l'infraction avait existé.

Cet avis en droit, très motivé (cinquante pages de décision), a été largement commenté et parfois utilisé comme élément de droit à prendre en considération dans des procès sous juridiction étatique.

Intérêt de l'affaire

L'intérêt de ce procès Monsanto est triple.

En premier lieu, il a mis en lumière la carence du droit international et de l'organisation judiciaire internationale, incapable de disposer d'une véritable juridiction et d'un corpus juridique permettant de juger des comportements planétaires de firmes ayant un impact très grave sur la santé de toutes les espèces, y compris humaines, et sur l'environnement. Si la Cour pénale internationale de La Haye[2] accepte de juger des crimes

1. L'écocide n'existe pas en droit international ni en droit national. L'intérêt était de faire définir ce dont il s'agissait par des magistrats, d'établir l'intérêt d'une telle disposition et de répondre à la question de savoir si, dans l'hypothèse où ce crime aurait existé, Monsanto l'aurait commis.

2. La Cour pénale internationale est une juridiction pénale internationale permanente à vocation universelle, chargée de juger les personnes accusées de génocide, de crime contre l'humanité, de crime d'agression et de crime de guerre.

environnementaux lorsqu'ils sont accessoires de guerre[1], et si la procureure générale a récemment fait savoir qu'elle souhaitait que l'environnement puisse entrer dans la compétence de la cour[2], pour le moment il n'en est rien. Il est clair que nous avons besoin d'un tribunal international de la santé et de l'environnement et d'un corpus pénal reconnaissant non seulement l'écocide mais aussi l'humanicide.

En deuxième lieu, il constitue une des premières manifestations par lesquelles la société civile a montré sa capacité à s'organiser, en se substituant à un système juridique défaillant mais en utilisant le droit et les procédures existants pour démontrer l'absence de conformité du fonctionnement d'une entreprise au regard des règles du droit international comme de ses propres règles, ouvrant ainsi la porte à des procès nationaux reposant sur l'analyse juridique faite par le tribunal.

Enfin, et peut-être surtout, les témoignages ont permis de faire progresser le partage de l'information par les victimes. Car la justice sanitaire, qui devient internationale, s'appuie précisément sur des études scientifiques solides et publiées, mais aussi sur les différentes jurisprudences rendues dans les différents pays, dont l'avis en droit du "procès" Monsanto constitue incontestablement un élément de référence.

Le Statut de Rome est le traité qui a fondé cette cour en 1998. Son siège est à La Haye, aux Pays-Bas.

1. Les crimes environnementaux peuvent être examinés selon le statut de la CPI s'ils ont été commis dans le cadre d'opérations de guerre considérées comme des crimes de guerre.

2. Déclaration de la procureure générale de la Cour pénale internationale en date du 16 septembre 2016, indiquant que la cour s'intéressera aux crimes liés à l'exploitation illicite de ressources naturelles et à l'appropriation illicite de terres ou à la destruction de l'environnement.

48. LE GLYPHOSATE HORS LA LOI[1]

La procédure engagée

La première procédure a été initiée en 2017 par le Criigen pour demander l'annulation de l'autorisation de mise sur le marché du Roundup Pro 360, autorisation délivrée par l'Anses[2] sur la base d'une précédente autorisation délivrée en 2007 pour un produit voisin : le Typhon. De nombreux moyens étaient articulés à l'encontre de cette autorisation mais l'essentiel tenait au risque lié au glyphosate, malgré l'avis positif de l'EFSA[3], dont la suite des événements a permis de révéler qu'il reposait sur un argumentaire niant toute exposition à un risque pour la santé largement copié-collé de l'argumentaire de l'industriel lui-même.

Le tribunal administratif de Lyon, par un jugement en date du 15 janvier 2019, a annulé cette autorisation, sur la proposition du rapporteur public qui avait conclu plus d'une heure en s'appuyant notamment sur les jurisprudences américaines et les nombreuses études publiées concernant la dangerosité de ce produit. Le tribunal a en effet considéré qu'en dépit de

1. TA de Lyon, 15 juin 2019, Criigen c/ Anses et Monsanto, affaire 1704067. Jugement frappé d'appel en mars 2017.

2. Voir la note 1, p. 97.

3. Voir la note 1, p. 188. L'EFSA a rendu un rapport favorable à la réautorisation du glyphosate le 12 novembre 2015.

l'approbation de la substance active (glyphosate) par l'Union européenne, les études scientifiques et les expériences animales montraient que le Roundup Pro 360, préparation dont la toxicité est plus importante que celle du glyphosate, est un produit potentiellement cancérigène pour l'homme, suspecté d'être toxique pour la reproduction humaine et pour les organismes aquatiques. Il en a déduit que l'utilisation du Roundup Pro 360 porte une atteinte à l'environnement susceptible de nuire de manière grave à la santé humaine.

Ce jugement, très motivé, a fait l'objet de nombreux commentaires bien au-delà de nos frontières puisqu'il a été relayé par la presse américaine, anglaise, allemande et même africaine. Il a été frappé d'appel par l'Anses. La procédure devant la cour administrative d'appel de Lyon est en cours.

Portée du jugement

Il s'agit là de la première décision de justice française et même européenne reconnaissant le risque lié au glyphosate. Elle reconnaît l'erreur manifeste d'appréciation dans l'application du principe de précaution pour délivrer l'autorisation de mise sur le marché du produit. Ce jugement s'inscrit donc dans la logique des procès menés dans différents pays, mettant en cause la dangerosité du glyphosate, devenu un véritable symbole des effets délétères des pesticides et de la carence des États à protéger la santé publique de leur population.

Les conséquences du jugement en ce qui concerne les procès en responsabilité

Le jugement du tribunal administratif de Lyon, rendu dans des termes assez génériques – puisqu'il concerne en définitive tous les produits contenant du glyphosate –, a conduit à ce que soit demandé au ministre de l'Agriculture, qui en a le pouvoir, de retirer les autorisations de mise sur le marché de produits contenant du glyphosate, dont certains ont été autorisés en 2018, voire en 2019. Le ministre a, bien entendu, refusé de répondre et le tribunal administratif a donc été saisi d'une demande tendant à voir annuler cette décision de rejet.

Parallèlement, à la suite des nombreuses études publiées au début de l'année 2019, qui toutes confortent la toxicité du glyphosate comme cancérogène et son caractère de perturbateur endocrinien, les ministres de l'Agriculture, de la Santé et de l'Écologie ont été saisis d'un recours engageant leur responsabilité pour ne pas interdire un produit toxique et exposer ainsi la population à un risque sanitaire. Le recours est pendant devant la juridiction administrative.

Ce recours s'inscrit de manière générale dans la mise en cause de la responsabilité non seulement des firmes productrices de ces produits toxiques, mais également de l'État qui les autorise. Ainsi, un recours est également pendant à la Cour de justice de l'Union européenne contre l'autorisation donnée par la Commission européenne pour la prolongation de l'autorisation accordée au glyphosate. Ce recours est un appel contre une décision d'irrecevabilité du tribunal de première instance à l'encontre du recours déposé par la région de Bruxelles-Capitale. La Cour de justice l'a récemment rejeté pour irrecevabilité sans se prononcer sur le fond[1].

Il est clair que, comme pour la justice climatique, la justice sanitaire au niveau international se met en place et il est évident que le monde associatif y contribue très largement. Il devrait en aller de même de la communauté des médecins et plus généralement du corps médical, directement interpellé par les tragédies sanitaires qui nous menacent. C'est dans cet esprit que des organisations à l'échelle internationale, ciblées sur des sujets précis, se mettent en place pour permettre une coopération de toutes les victimes potentielles et une utilisation mutualisée

1. CJUE, 3 décembre 2020, Bruxelles-Capitale, n° C 352/19.

des décisions de justice. Dans cet esprit a été créée en 2017 Justice pesticides[1], une organisation dont le conseil d'administration est planétaire et que l'un d'entre nous a l'honneur de présider. Cette association a pour objectif, avec un site d'accès très simple en français et en anglais, de permettre à toutes les victimes de pesticides de pouvoir disposer des décisions rendues dans le monde et des études scientifiques validées par des publications dans des revues à comité de lecture. Ainsi, une véritable coopération peut se mettre en place pour tenter de répondre à la puissance des structures des multinationales qui, jusqu'à présent, ont pu bénéficier de la faiblesse des victimes et de l'incapacité dans laquelle elles étaient de connaître les actions qui pourraient être menées ailleurs dans le monde sur des sujets identiques à ceux qu'elles abordaient.

L'exigence de registres ou l'obligation d'information en action

Ainsi le dossier des pesticides est-il bien ouvert, et malheureusement pas près de se refermer. En effet, la multiplication de leurs effets négatifs a conduit la société civile à une véritable révolte contre des pathologies et des anomalies congénitales qui résultent de leur contact. Ainsi la Commission de recherche d'informations indépendantes pour la création de registres de santé a-t-elle saisi le ministre de la Santé d'une demande tendant à voir mis en place sur tout le territoire national, y compris dans les outre-mer, des registres aux échelles nationale, régionale et départementale permettant de suivre les malformations congénitales et les cancers.

Il est en effet incroyable que, dans un pays comme la France, l'État se refuse, pour des raisons qui ne sont pas seulement budgétaires, à mettre en place un suivi digne de ce nom des malformations congénitales et des cancers, ce qui constitue un minimum car bien d'autres pathologies devraient être

1. Justicepesticides.org

également suivies. Mais la crainte de voir établis des liens de causalité entre les perturbateurs endocriniens, les pesticides et ces cas, ou encore entre les effluents radioactifs et certains types de cancers, explique sans doute (autant que le coût généralement avancé pour refuser la constitution de ces registres) cette opposition frontale de l'État. Pourtant, l'affaire dite "des bébés sans bras[1]", qui a ému et interpellé toute la France, ne peut pas rester sans conséquence : tel est l'objet d'une nouvelle procédure qui est lancée par des collectifs de médecins et de professionnels de santé pour obtenir la mise en place de registres nationaux, régionaux et locaux des malformations congénitales et des cancers[2].

49. LES ARRÊTÉS ANTIPESTICIDES
La révolte des maires contre l'incurie de l'État

De même que la carence climatique est stigmatisée, la carence sanitaire l'est tout autant et l'exemple des arrêtés antipesticides des maires en est une excellente illustration.

Faits et procédures

Les directives communautaires concernant l'utilisation des pesticides ont prévu que les États devaient prendre une réglementation pour protéger les personnes vulnérables. Le

1. Un certain nombre de malformations congénitales ont été constatées sur des bébés dans des zones proches et à la même époque sans qu'il y ait de facteurs explicatifs. Des études ont été demandées par les parents mais il semblerait que celles-ci n'aient débouché sur rien quand elles ont été réalisées. On se heurte à un très mauvais vouloir de l'État qui ne veut pas rechercher les causes, et c'est la raison pour laquelle son opposition à la généralisation de registres de malformations congénitales et de cancers est si manifeste.

2. Une étude récente conteste l'absence d'anomalie statistique et reconnaît un cluster dans l'Ain. (Stéphane Foucart, *Le Monde*, 4 mars 2021.)

gouvernement français a sorti en 2017 un arrêté concernant l'utilisation des pesticides en omettant comme par hasard de protéger les riverains. Par un arrêt du 21 juin 2019, le Conseil d'État a annulé cet arrêté en considérant que les riverains étaient des personnes vulnérables et a donné six mois au gouvernement français pour réglementer l'utilisation des pesticides au voisinage des habitations.

Par ailleurs, une réglementation prise par Ségolène Royal interdit désormais l'utilisation d'un certain nombre de pesticides, dont les produits à base de glyphosate, par les particuliers et les collectivités locales.

Dans ce contexte, le maire de Langouët, en Ille-et-Vilaine, a pris en mai 2019 un arrêté pour interdire l'utilisation de pesticides à moins de 150 mètres des habitations et de 100 mètres lorsque des mesures de protection particulières étaient prises. Le préfet a déféré[1] cet arrêté au tribunal administratif et a demandé qu'il soit suspendu. Une ordonnance du juge des référés de Rennes lui a donné raison et a suspendu l'arrêté au motif que lorsqu'il existe une police spéciale, en l'occurrence celle qui concerne l'usage des pesticides, le maire perd tout pouvoir[2].

De nombreux maires ont suivi l'exemple de Langouët et, à l'heure où ces lignes sont écrites, plus de 80 maires de France, dont les maires des très grandes villes, ont pris le même arrêté. Le maire du Perray-en-Yvelines, commune située dans un département où le pouvoir agricole est très puissant, a pris un arrêté de cet ordre. Le préfet l'a déféré au tribunal administratif de Versailles, devant lequel le débat juridique a été beaucoup plus précis[3]. En effet, la commune a soutenu que dans

1. On appelle "déféré préfectoral" la procédure qui permet à un préfet de demander à un tribunal d'annuler un acte municipal et d'en obtenir la suspension immédiate si le tribunal estime qu'il y a un moyen sérieux de contestation de la légalité.
2. TA de Rennes, 27 août 2019, Commune de Langouët.
3. TA de Versailles, 21 septembre 2019, Commune du Perray-en-Yvelines. TA de Besançon, 18 septembre 2019, Commune d'Audincourt.

la mesure où la police spéciale n'était pas exercée, puisque l'arrêté ministériel avait été annulé et qu'il n'y avait donc aucune mesure de protection des riverains, la police générale retrouvait son entier pouvoir. De plus, la commune a produit des analyses d'urine montrant des concentrations extrêmement importantes de glyphosate chez des enfants, allant jusqu'à plus de 30 fois la moyenne nationale. Elle a donc conclu qu'il y avait urgence à intervenir. L'ordonnance rendue par le tribunal administratif entrouvre une porte qu'avaient fermée celles des juges de Rennes ou de Besançon. En effet, le juge des référés reconnaît qu'il y a carence de la police spéciale placée sous la responsabilité de l'État. Néanmoins, il ne reconnaît pas le droit du maire d'agir sur la base de sa police générale, en considérant que la production d'une quarantaine d'analyses d'urine ne suffit pas à justifier l'urgence à agir. Cette décision a, bien entendu, été frappée d'appel devant la cour administrative d'appel de Versailles.

Si la plupart des juges des référés n'ont pas osé innover, il n'en a pas été de même du juge des référés de Cergy-Pontoise, lequel, par une ordonnance[1] extrêmement motivée, reconnaît

1. "Dans ces conditions, eu égard à la présomption suffisamment établie de dangerosité et de persistance dans le temps des effets néfastes pour la santé publique et l'environnement des produits que l'arrêté attaqué interdit sur le territoire de la commune de Gennevilliers et en l'absence de mesures réglementaires suffisantes prises par les ministres titulaires de la police spéciale, le maire de cette commune a pu à bon droit considérer que les habitants de celle-ci étaient exposés à un danger grave, justifiant qu'il prescrive les mesures contestées, en vertu des articles L. 2212-1, L. 2212-2 et L. 2212-4 précités du Code général des collectivités territoriales, et ce alors même que l'organisation d'une police spéciale relative aux produits concernés a pour objet de garantir une cohérence au niveau national des décisions prises, dans un contexte où les connaissances et expertises scientifiques sont désormais largement diffusées et accessibles.
[...] Il résulte de ce qui précède que les moyens tirés de ce que le maire de la commune de Gennevilliers était incompétent pour prendre l'arrêté attaqué et de ce qu'ont été méconnues les dispositions des articles L. 253-7 du Code rural et de la pêche maritime, des articles L. 2212-1, L. 2212-2 et L. 2212-4 précités du Code général des collectivités territoriales et les stipulations de l'article 11 de la

le caractère dangereux des pesticides et le bien-fondé de l'action des maires. Le tribunal administratif de Montreuil lui a emboîté le pas et ces deux juridictions ont maintenu leur position malgré la position contraire des cours d'appel. Le Conseil d'État, saisi en cassation sur les décisions de référé, vient de rendre un arrêt[1] interdisant aux maires d'agir en se basant sur les dispositions législatives qui donnent une compétence exclusive à l'État, et peu importe que cette compétence soit ou non exercée et que les voisins soient ou non protégés.

Mais des questions prioritaires de constitutionnalité[2] ont été soulevées devant plusieurs juridictions et ne sont pas jugées[3]. La question posée est de savoir ce qui doit l'emporter, entre le respect de l'organisation des compétences, qui donne à l'État un pouvoir de police spéciale qu'il n'exerce pas (puisque les riverains ne sont pas protégés), ou le principe de précaution et les principes de valeur constitutionnelle de droit à la santé et à un environnement sain. Le juge communautaire pourrait également être saisi.

Le combat continue d'autant plus qu'un article publié récemment[4] met en lumière la pollution massive aux pesticides d'un certain nombre de régions de France et le caractère plus que probable de l'existence d'un lien entre les pesticides et certaines pathologies comme la maladie de Parkinson ou les cancers. Sans oublier les études de plus en plus convergentes (Harvard, études italiennes, chinoises, anglaises) qui établissent une corrélation, à défaut d'un lien de causalité, entre les cas de

directive du Parlement européen et du Conseil du 21 octobre 2009 ne sont pas de nature à faire naître un doute sérieux quant à la légalité de l'arrêté contesté."

1. CE, 31 décembre 2020, Ville d'Arcueil.

2. Voir note 2, p. 206.

3. Le tribunal administratif de Montreuil vient d'envoyer au Conseil d'État (qui a trois mois pour décider ou non de saisir le Conseil constitutionnel) une question prioritaire de constitutionnalité portant sur l'application du principe de droit à la santé et du principe de précaution.

4. "Quelles régions de France sont les plus exposées aux pesticides les plus toxiques ?", *Le Monde*, 22 septembre 2019.

Covid-19 et la pollution aux particules fines, à laquelle participent bien sûr les pesticides. Toutes ces révélations devraient contribuer à une plus grande prise de conscience.

Intérêt de l'affaire

Cette affaire est très symbolique et symptomatique.

Elle témoigne tout d'abord de la compréhension qu'ont les élus locaux de la demande des populations et de la réunion qui se fait entre les associations et les communes pour défendre la santé et l'environnement. Elle témoigne également de la territorialisation des problèmes et de la volonté des citoyens de les voir régler à leur porte. Elle traduit également la surdité de l'État et son incompréhension des transformations et du caractère devenu totalement insupportable du jacobinisme français défendu par le Conseil d'État. Elle montre enfin la gestion devenue incompréhensible des problèmes de santé en raison de la conquête par les lobbies des grands organismes d'expertise, paralysés soit directement par des conflits d'intérêts mal gérés, soit très indirectement par un système d'évaluation et d'études fait entièrement à l'avantage des producteurs des substances mises en cause.

Si les procès contre les pesticides qui se déroulent en France participent d'un mouvement planétaire, la justice sanitaire revêt en France certaines particularités liées à la multiplication des affaires dont les responsables n'ont jamais été condamnés, comme ceux de l'amiante.

Un dossier exemplaire et explosif, même si ses conséquences sanitaires demeurent difficiles à cerner, est celui des compteurs Linky.

50. LA FRONDE GÉNÉRALISÉE CONTRE LES COMPTEURS LINKY

La révolte massive contre une technologie jugée invasive

L'affaire évoquée ici illustre l'arrivée d'un contentieux de masse en France dans les affaires sanitaires, en raison de la mobilisation de la société civile contre une forme de déni du pouvoir politique à l'égard de la santé environnementale.

Faits et procédures

En 2012, en s'appuyant sur une directive communautaire destinée à développer les compteurs intelligents pour permettre à tout un chacun de réduire sa consommation électrique, EDF et sa filiale Enedis ont obtenu du Gouvernement le changement de tous les compteurs électriques pour les remplacer par le compteur Linky.

La réalité de ce changement n'avait pas grand-chose à voir avec l'intérêt du consommateur puisque le rapport du Commissariat général au développement durable en date du 3 mai 2017 reconnaissait lui-même que moins de 2 % des consommateurs étaient dotés du logiciel permettant de connaître sa consommation à tout moment et, ainsi, de la moduler. Les objectifs de la pose de ce compteur étaient manifestement dans l'intérêt économique et industriel de ses promoteurs, à savoir la collecte de données massives pour Enedis et la possibilité pour EDF d'écrêter de manière beaucoup plus efficace les pics de consommation.

Très vite, de très nombreuses personnes se sont opposées à la pose des compteurs chez elles et se sont heurtées à une attitude extrêmement agressive des sous-traitants d'Enedis, voire d'Enedis elle-même, qui menaçaient en particulier les personnes âgées ou fragiles et prétendaient pouvoir entrer de force dans les domiciles. De plus, les questionnements autour de l'utilisation des données par Enedis et de leur commercialisation, ainsi que les problèmes de sécurité posés par ces nouveaux compteurs – puisque de nombreux incendies étaient à déplorer – restaient sans réponses. Mais le plus sérieux était la question de la santé. En effet, ces compteurs émettent des ondes dont les premiers rapports de l'Anses ont indiqué qu'elles étaient sans conséquences sanitaires, tout en reconnaissant que les connaissances sur ce type d'ondes électromagnétiques étaient somme toute très modestes. Dans d'autres pays, certaines études mettent en cause ces compteurs intelligents et demandent un moratoire. De plus, plusieurs études montrent des effets potentiels sur certains malades souffrant de pathologies comme l'électrosensibilité, l'hypertension ou le diabète.

Cette forte opposition des populations à une démarche considérée comme totalement intrusive et sans aucun intérêt visible pour les personnes a conduit à de multiples délibérations de conseils municipaux et à des décisions de maires interdisant la pose de compteurs Linky sur leur territoire. Même lorsque les compteurs appartiennent aux communes, les tribunaux administratifs leur ont dénié le droit de réglementer quoi que ce soit, au motif quelque peu tiré par les cheveux que les communes avaient perdu leurs compétences et la propriété des compteurs du fait de la transmission des unes et de l'autre aux établissements publics de coopération intercommunale (EPCI[1]). De plus, appliquant une fois encore la prééminence de la police spéciale sur la police générale, la juridiction administrative a considéré que les maires n'avaient pas, dans le cadre de leur compétence de police générale chargée de veiller sur la sécurité et la salubrité publique, la possibilité de réglementer la pose des compteurs Linky. Bien évidemment, le Conseil d'État a confirmé cette interprétation[2].

1. Il est question des regroupements de communes et de villes, qu'il s'agisse des communautés de communes ou d'agglomération, des métropoles ou d'établissements publics spécifiques.
2. CE, 11 juillet 2019, Commune de Cast, n° 426 063.

Mais la particularité, dans ce dossier, est que de très nombreuses actions individuelles et collectives ont été lancées dans toute la France pour refuser la pose de compteurs Linky ou pour en demander le retrait lorsqu'ils avaient été posés de force. Cinq mille référés ont été déposés dans toute la France par un collectif d'avocats auquel nous appartenions. Ils ont été largement perdus, mais un certain nombre de points ont été marqués.

Tout d'abord, le juge des référés a rappelé qu'on ne pouvait pénétrer de force dans un domicile. C'était très important de le rappeler, permettant ainsi aux particuliers d'informer Enedis que la porte serait fermée et qu'elle ne pouvait être ouverte de force.

Ensuite, certaines ordonnances de référé (Toulouse, Bordeaux, Tours) ont reconnu le droit pour des malades de refuser la pose d'un compteur ou d'en obtenir le retrait. D'autres ont jugé que ces mêmes malades avaient droit à un filtre posé sur les compteurs pour réduire les ondes. Ils ont donc ouvert la porte à une reconnaissance d'un impact sanitaire possible.

De plus, un certain nombre de décisions de justice (en particulier Nanterre[1]) ont considéré que les études étaient insuffisantes pour pouvoir établir un lien de causalité entre les ondes électromagnétiques et les pathologies. Ce type de jugement n'est pas sans rappeler ceux qui ont été rendus dans les années 1980 à propos des lignes à très haute tension. Mais cette incertitude scientifique volontairement entretenue fait l'objet d'un contentieux devant le juge administratif puisqu'il a été demandé aux ministres de la Santé et de l'Environnement de solliciter des études supplémentaires auprès de l'Anses. Le contentieux est en cours.

Enfin, la cour d'appel de Bordeaux[2] vient de juger très récemment que non seulement la pose des compteurs Linky n'était pas une obligation qui s'imposait aux usagers, mais que, de surcroît, les personnes fragiles et électrosensibles pouvaient exiger

1. TGI de Nanterre, 2 août 2019.

2. CA de Bordeaux, 1re chambre, 17 novembre 2020, requête n° 1902419.

la pose d'une protection particulière pour réduire leur exposition aux ondes électromagnétiques.

Ce qu'il faut retenir de ce contentieux en construction

D'une part, la très forte tension qui existe dans la société entre les expertises réglementaires[1] et les études académiques, qui sont de plus en plus connues et diffusées dans des journaux à grand tirage et qui remettent en cause les conditions dans lesquelles se déroulent ces expertises réglementaires[2]. D'autre part, une défiance de plus en plus grande du public à l'égard des technologies présentées comme saines par les pouvoirs publics, tout simplement parce que, depuis quarante ans, ce qui était présenté comme sain ne l'est pas en réalité et que les consommateurs ne sont absolument plus dupes. Même s'ils sont qualifiés de complotistes ou d'obscurantistes, nos concitoyens, comme du reste les autres Européens, ne font plus aucune confiance aux institutions publiques en raison de ce qu'ils ont vécu depuis des décennies. L'intérêt du forum judiciaire est précisément de pouvoir obliger à un débat contradictoire qui est refusé ailleurs.

C'est donc un véritable commencement de révolution juridique grâce au pouvoir judiciaire, à l'échelle planétaire comme nationale, auquel nous assistons. Elle ne pourra aboutir que si un certain nombre de conditions sont remplies.

1. Voir Stéphane Foucart, "Pesticides SDHI : la controverse révèle le hiatus entre science réglementaire et académique", *Le Monde*, 20 septembre 2019.

2. On consultera sur ce sujet majeur Stéphane Foucart, *La Fabrique du mensonge*, *op. cit.*

LE RÔLE MAJEUR DES JUGES FACE AUX DÉFIS ÉCOLOGIQUES

PREMIÈRE ÉVIDENCE : LES ÉTATS DOIVENT SORTIR DES FAUX-SEMBLANTS

L'attitude d'un certain nombre de dirigeants de la planète, nationalistes en général et particulièrement proches des lobbies des énergies fossiles et de l'agrosemence, pose la question sur laquelle se termine cet ouvrage, à savoir l'évolution du droit international vers la reconnaissance des droits et devoirs de l'humanité vis-à-vis de la santé, d'une part, et de l'environnement, d'autre part. La tragédie vient de ce que les États qui se prétendent défenseurs de la cause planétaire, à commencer par le nôtre, n'engagent finalement aucune action concrète. Bien au contraire, "pendant les affaires, les affaires continuent[1]", ce qui signifie que, pendant que l'on pleure sur les incendies qui ravagent l'Australie ou la Sibérie, on signe le Céta[2], on continue de détruire les terres agricoles pour faire des infrastructures inutiles, on refuse d'interdire les pesticides, on se bat contre des énergies renouvelables pour favoriser le nucléaire, et la sobriété énergétique n'est toujours pas un impératif.

1. Denis Robert, *Pendant les "affaires", les affaires continuent*, Stock, 1996.
2. Le Céta (Comprehensive and Economic Trade Agreement) est le traité signé entre l'Europe et le Canada le 30 octobre 2016 et entré en vigueur le 21 septembre 2017, qui aura des conséquences négatives sur le niveau des émissions de gaz à effet de serre.

Cette écologie de la communication est d'une certaine manière plus pernicieuse que la politique de Bolsonaro ou de l'ancien président Trump, car elle laisse supposer que l'État agit alors que c'est faux, réduisant d'autant les initiatives individuelles.

Il faut donc aller vers une écologie contraignante, contraignante pour les États et les entreprises qui menacent le reste de l'humanité. Lorsqu'il s'agit de terrorisme, qui met en péril des vies humaines, mais en définitive beaucoup moins que la menace climatique ou la menace chimique, nous acceptons parfaitement des atteintes réelles à nos libertés individuelles et nous sommes quelque part réconfortés car nous avons le sentiment d'être protégés. C'est tout le contraire dans les domaines sanitaire et climatique, et c'est cette logique qu'il convient de changer. À cet égard, dans le débat sur la modification ou non de l'article premier de la Constitution pour y introduire le climat, la biodiversité et l'environnement, le vrai sujet est en fait celui de la combinaison entre ces impératifs et d'autres principes et droits de valeur constitutionnelle que sont la liberté d'entreprendre et le droit de propriété. C'est ce nouvel équilibre qu'il convient impérativement d'établir.

Le seul contrepoids, ce sont les juges saisis par la société civile. Il ne faut donc pas s'étonner que les États, comme les grands lobbies et les multinationales, aient pour objectif de réduire autant que faire se peut le pouvoir des juges et les moyens qui leur sont donnés. Suivant le même objectif, il s'agit d'empêcher l'application des grands principes du droit qui pourraient l'emporter sur des règles faites sur mesure pour favoriser les grands prédateurs. Ils cherchent également à réduire les capacités d'action de la société civile et réduisent à néant les accords multilatéraux d'environnement, jugés toujours beaucoup moins importants que les accords commerciaux. C'est la raison pour laquelle nous avons besoin, comme première étape, de la Déclaration universelle des droits de l'humanité, qui devrait être suivie de conventions internationales et d'un tribunal pénal de la santé et de l'environnement, mais il faut en priorité protéger les juges.

RENFORCER LES POUVOIRS DES JUGES

Il s'agit tout d'abord de renforcer à tous les niveaux les pouvoirs des juges. Pour y parvenir, il faut exclure toutes les conventions internationales de type Céta, dont un des objectifs majeurs est de priver les justiciables de leur juge naturel et de permettre aux multinationales de poursuivre des États qui auraient la mauvaise idée de protéger leur population. Une mobilisation planétaire est à cet égard indispensable contre les volontés prédatrices des États qui se mettent au service des multinationales.

Même si le Conseil constitutionnel a rendu une décision plus qu'étonnante, en validant le Céta et le recours à l'arbitrage international, il est clair que le droit à un procès équitable est un des droits fondamentaux de l'homme et que les conventions internationales et en particulier la convention d'Aarhus ou la Convention européenne des droits de l'homme (CEDH) reconnaissent le droit à un juge, y compris en matière d'environnement. Il est donc clair que, dans les années qui viennent, la question de l'inapplicabilité des conventions internationales qui violent les droits des citoyens sera posée devant les juridictions nationales et probablement européennes.

Mais il y a également la question du juge interne. En France, la situation devient tragique. Les gouvernements successifs n'ont jamais aimé les juges et la menace du "gouvernement des juges", qui a plané sur la société française lors des parlements de l'Ancien Régime, est un chiffon rouge régulièrement agité par tous ceux qui, pour des raisons personnelles, généralement de probité revendiquée, ou des raisons plus politiques, ne veulent pas entendre parler d'une application du droit qui leur serait imposée. Le droit en France est à géométrie variable. On vote des lois qu'on n'applique pas, le Parlement ne contrôle pas leur application réelle et efficace, et l'organisation de la justice, avec le double ordre de juridiction[1], a toujours permis à l'Administration et donc à l'exécutif de "s'arranger" avec le droit.

Malheureusement, au lieu de s'améliorer, la situation ne cesse de se détériorer. La misère de la justice en France est une réalité qui n'en finit pas de se dégrader dans une forme d'indifférence générale. Le pouvoir actuel, qui redoute sans doute la justice plus qu'un autre, ne cesse de réduire les moyens d'une justice qui est déjà la lanterne rouge de l'Europe. Sous-payés, sans greffiers, sans moyens suffisants pour ordonner des expertises, les juges d'instruction n'ont cessé de voir leur capacité se réduire. De plus, bien loin d'aller dans le sens d'un renforcement de l'indépendance de la justice, tout va dans le sens de son asservissement. Le Parquet, dont il convient une fois encore de rappeler que la Cour européenne des droits de l'homme considère qu'il n'est pas composé de magistrats au sens juridique européen du terme[2], n'est toujours pas autonome. La nomination à la tête de Tracfin[3] (après le limogeage du directeur qui devait être en poste jusqu'en 2021, pour s'être intéressé à une personnalité proche de la tête de l'État) d'un fonctionnaire et non plus d'un magistrat, et ce pour la première fois, témoigne de la prise de contrôle du sujet par l'exécutif. Le champ de compétence réelle des juges d'instruction qui ne cesse de se réduire, la faiblesse du nombre de magistrats, tant au pôle financier qu'au

1. Désigne l'existence des deux juridictions séparées que constituent l'ordre administratif et l'ordre judiciaire, respectivement chapeautés par le Conseil d'État et la Cour de cassation.
2. CEDH, 29 mars 2010, aff. Medvedyev ; 23 novembre 2010, aff. France Moulin.
3. Tracfin (Traitement du renseignement et action contre les circuits financiers clandestins) est le service de renseignements placé sous l'autorité du ministère des Finances. Mme Lebrignonen en a été nommée directrice ; il s'agit d'une énarque, inspectrice générale des finances, qui vient remplacer le magistrat Bruno Dalles.

pôle santé-environnement, et le fort mouvement de turn-over attestent la volonté de réduire au strict minimum les risques pour les politiques d'être poursuivis pour leurs infractions pénales, qu'elles soient financières ou dans le domaine de la santé publique.

De plus, devant la juridiction administrative, la situation devient critique. La première partie de cet ouvrage a permis de constater le rôle généralement conservateur que le Conseil d'État avait joué entre 1970 et 1995. On ne peut malheureusement que constater qu'il en va de même, sauf à de rares exceptions, aujourd'hui. Le Conseil d'État est à l'origine de modifications législatives importantes, qui ont réduit comme une peau de chagrin le droit au recours des citoyens français. Or, l'efficacité des décisions de justice dans le domaine de l'environnement est avérée même si, parallèlement, beaucoup de décisions rendues sont désespérantes. En réalité, le principe de non-régression du droit de l'environnement, cher au Pr Michel Prieur, n'a été affirmé que pour mieux couvrir une régression généralisée que le Conseil d'État tolère. Aujourd'hui, on peut clairement affirmer que le citoyen français ne peut obtenir du juge administratif l'application du droit de l'environnement comme une priorité. Il est indispensable, pour obtenir réellement l'application de la règle de droit, de passer par-dessus le Conseil d'État en ayant recours à la Cour de justice de l'Union européenne ou à la Cour européenne des droits de l'homme. L'une comme l'autre n'hésitent d'ailleurs plus à mettre en cause le Conseil d'État lui-même pour des décisions qu'il a rendues.

Plus que jamais, la question de l'unité de l'ordre de juridiction est posée, dans la mesure où le juge judiciaire se montre bien plus protecteur des libertés et des droits individuels que la juridiction administrative.

Il s'avère qu'un certain nombre de tribunaux administratifs, voire de cours administratives d'appel, essaient de promouvoir des jurisprudences plutôt progressistes. Mais, la plupart du temps, le Conseil d'État les rappelle à l'ordre, c'est-à-dire à la primauté donnée aux intérêts économiques et financiers, incluant ceux de l'État, sur l'intérêt à long terme de l'intégrité environnementale du territoire et de la santé de l'environnement. Toutefois, les récents arrêts Grande-Synthe, Amis de la Terre, concernant la pollution atmosphérique[1], ou encore Total, concernant l'illégalité du régime fiscal privilégié de l'huile de palme[2], constituent des innovations dont il est encore trop tôt pour savoir si elles marquent un véritable changement de cap ou quelques décisions destinées à donner le change au regard de toutes les autres qui restent dans la ligne d'une jurisprudence extrêmement conservatrice et favorable *a priori* aux intérêts économiques.

Il est plus que temps de mettre un terme au rôle du Conseil d'État, conseil et juge du Gouvernement, ce qui constitue un conflit d'intérêts permanent et évident, sans parler bien sûr des portes tournantes des membres du Conseil d'État entre l'administration active, les grandes entreprises et les cabinets d'affaires – américains de préférence. Une cour suprême, comme l'avait proposé le président Louvel, devrait chapeauter les deux ordres de juridiction, une partie du Conseil d'État devenant une chambre de ladite cour suprême. Les cours administratives d'appel et les tribunaux administratifs pourraient rester ce qu'ils sont et le Conseil d'État ne serait plus que le conseil administratif du Gouvernement. Ainsi, l'organisation judiciaire française entrerait dans le XXIe siècle et dans la conformité avec la Convention européenne des droits de l'homme.

Quant au Conseil constitutionnel, dont on aurait pu espérer qu'il devienne réellement une cour suprême, sa composition de

1. CE, 12 juillet 2017, Amis de la Terre France, reconnaissant la carence à agir en ce qui concerne les particules fines et le dioxyde d'azote ; nouvel arrêt le 10 juillet 2020, prononçant une astreinte de 10 millions d'euros pour non-respect de la décision précédente.
2. CE, 24 février 2021, Association Canopée et Amis de la Terre c/ Total.

plus en plus politique et de moins en moins juridique l'éloigne des espoirs qu'avait suscités un conseil dans lequel avaient siégé Robert Badinter, le doyen Vedel, Simone Veil ou Guy Canivet, ancien premier président de la Cour de cassation.

Bref, la justice occupant une place d'une telle importance dans les sujets de santé environnementale – dans les autres aussi, bien entendu –, il est fondamental de transformer notre système pour que la France puisse réellement devenir un modèle et un grand pays de droit.

LA SOCIÉTÉ CIVILE PEUT ET DOIT S'ORGANISER

Chacun peut agir et commencer, là où il se trouve, à être un lanceur d'alerte.

Pour l'anecdote et pour montrer que l'on peut, là où on se trouve et sans être pour autant juriste ni procédurier, agir selon son devoir, on rapportera comment l'information réelle sur les effets de l'explosion de Tchernobyl est parvenue en France, et cela grâce à deux voyages de retour d'Allemagne et de Hollande fin avril 1976.

Mieux qu'un procès, ou comment l'information sur la pollution nucléaire issue du nuage de Tchernobyl est jadis arrivée en France

Nombreux sont ceux qui se souviennent de la formule selon laquelle "le nuage de Tchernobyl s'est arrêté à la frontière". C'est ainsi que l'on peut résumer la période de désinformation vécue en France entre l'accident de Tchernobyl, survenu le 26 avril 1986, et le moment où la chaîne de télévision TF1, le vendredi qui a suivi de quinze jours l'accident de Tchernobyl, a envoyé sa collaboratrice Corinne Lalo poser symboliquement sur la frontière franco-allemande en tenant dans sa main deux salades et en faisant observer aux téléspectateurs : "Ici c'est permis, là-bas c'est interdit, pourquoi ?" Le lendemain, samedi midi, au journal de TF1, le présentateur Jean-Claude Bourret faisait confirmer le fait que le nuage de Tchernobyl n'avait pas évité la France.

En fait, si l'information est arrivée en France par cette chaîne de télévision, ce n'est pas le fruit du hasard.

Chacun se souvient des affirmations du Pr Pellerin qui démontrait par A + B, cartes à la main, que le nuage ne pouvait pas atteindre la France compte tenu des contre-pressions barométriques… Dans les faits, l'information sur l'accident de Tchernobyl n'est pas remontée très rapidement, même en URSS. Le président Gorbatchev s'est plaint par la suite de n'avoir pas été informé de la réalité et de l'importance du sinistre.

À l'époque de l'accident de la centrale de Tchernobyl, il se trouvait que l'un de nous deux était en Hollande et que l'autre était au ministère de l'Environnement de Sarrebruck. Le premier étant en mission d'expertise pour l'affaire de la pollution du Rhin (il s'agissait de découper, sous contrôle judiciaire, des tuyaux d'alimentation de la ville d'Amsterdam pour montrer leur corrosion par le sel provenant des Mines de potasse d'Alsace), il se trouva effectivement que le service des eaux dont nous étions l'avocat fut informé des importantes retombées radioactives dans le Rhin.

D'ailleurs, notre mission d'expertise se déroulait uniquement dans des lieux couverts, nous nous déplacions avec des parapluies et nous pouvions constater, à l'occasion de nos déplacements, que les vaches étaient rentrées à leurs étables.

En France, il ne se passait rien. Nous obtînmes des chiffres de pollution radioactive par le ministère de l'Environnement de la Sarre et nous retournâmes à Paris bardés d'éléments d'information… que personne ne voulait entendre, jusqu'à ce que Corinne Lalo, journaliste à TF1, fasse son métier, parte interviewer les Sarrois, consulte les documents auprès des services des eaux de la Hollande et de la Sarre. L'information était vérifiée. Le lien entre journalistes et "voyageurs" avait pu ouvrir l'information sur un nuage que certains avaient voulu confiner à l'extérieur de l'Hexagone.

COMMENT AGIR AUJOURD'HUI ?

Aujourd'hui encore, c'est peu de dire que l'organisation du monde n'est pas faite pour que la société civile puisse faire prévaloir ses droits. Les victimes du changement climatique sont extrêmement nombreuses, réparties sur la planète entière. Il en va exactement de même des victimes sanitaires. Quant à la biodiversité et aux espèces vivantes autres que l'espèce humaine, en particulier les animaux, leur droit à la vie est encore très faiblement reconnu.

Le contre-pouvoir que représente la société civile, par rapport aux États et aux multinationales qui ne la défendent pas, ne peut être puissant que dans la mesure où, d'une part, il s'appuie sur une justice efficace et où, d'autre part, il dispose de l'organisation et des moyens lui permettant de combattre efficacement. Cela passe par toute une série de conditions qui tiennent bien entendu à la possibilité d'agir en justice, et donc à la recevabilité des actions, mais aussi aux moyens, et notamment aux moyens financiers qui peuvent permettre de se doter d'expertises à même de contrebalancer celles des industriels.

Les grandes ONG internationales comme WWF ou Greenpeace, qui sont totalement indépendantes des États, disposent de moyens puissants d'expertise, même s'ils sont moindres que ceux du monde industriel. En revanche, en France nos grandes associations souffrent non seulement d'un manque de moyens criant, mais encore d'une trop grande dépendance à l'égard des autorités publiques qui les financent.

Car la force des associations vient précisément de leur caractère international, qui leur permet de disposer d'informations venues du monde entier, ou tout au moins de tous les pays dans lesquels elles ont une représentation[1]. Il en va de même d'organisations de lutte contre la corruption comme Transparency International. La capacité d'accéder aux informations dans les différents pays et d'essayer d'élaborer une stratégie de défense à l'échelle mondiale est évidemment extrêmement importante.

Mais, sans même aller jusqu'à cette stratégie mondiale, le seul fait de pouvoir accéder aux informations relatives aux différentes procédures menées dans le monde est un élément de première importance. Le Sabin Center, aux États-Unis, fait ce travail pour tous les procès climatiques, et Justice pesticides mène en France un travail identique avec des moyens malheureusement beaucoup plus modestes.

L'accès aux différentes procédures et aux différents éléments techniques et scientifiques qui ont pu fonder ces procédures et leur permettre de gagner, ou qui sont la cause de leur échec, est évidemment crucial pour organiser les défenses dans le monde.

Mais, de plus en plus, des fondations et des entreprises privées dont l'intérêt économique va dans le sens de la transition, par exemple le secteur de l'agriculture biologique ou encore celui des énergies renouvelables et de l'efficacité énergétique, trouvent un intérêt à soutenir les associations engagées dans des contentieux environnementaux.

Les collectivités publiques, qui certes ont vu leurs moyens considérablement diminuer (tout au moins en France) au cours des années passées, sont également des acteurs de plus en plus importants dans les prétoires, qu'il s'agisse de la justice climatique, avec les grands procès lancés par les villes américaines, ou des mouvements de révolte des communes françaises sur les questions sanitaires.

La pression sera de plus en plus forte, l'échange d'informations de plus en plus efficace grâce aux réseaux sociaux, et cela

1. Ces grandes structures associatives disposent d'associations nationales (WWF France ou Greenpeace France, par exemple) et leurs responsables participent à la gouvernance mondiale de l'association.

devrait permettre à la justice de rétablir un certain équilibre qui devra s'accompagner d'une évolution du droit international. Car c'est bien vers le droit international qu'il convient de se tourner. Il n'est pas nécessaire que le droit constitutionnel intègre le droit climatique s'il intègre le droit de l'environnement.

EN FRANCE, FAUT-IL MODIFIER LA CONSTITUTION ?

Il est admis aujourd'hui sans difficulté que le réchauffement climatique menace la biodiversité d'une façon globale et impose, si l'on veut aboutir à en faire reculer les effets, compte tenu de ce que l'on peut appeler sa cause anthropique établie, un vrai changement de nos modes de production et de consommation : modifier la Constitution est inutile car le droit positif actuel le permet déjà.

Il se trouve, si l'on veut bien regarder le texte de notre Charte constitutionnelle de l'environnement, que cette perspective a déjà été prise en considération. En effet, l'article 6 de la Charte définit une double direction à suivre : "Les politiques publiques doivent promouvoir un développement durable. À cet effet, elles concilient la protection et la mise en valeur de l'environnement, le développement économique et le progrès social."

Le préambule de la Charte avait déjà annoncé dans son premier considérant "Que les ressources et les équilibres naturels ont conditionné l'émergence de l'humanité ; que l'avenir et l'existence même de l'humanité sont indissociables de son milieu naturel". Et si l'on n'avait pas compris les raisons d'être de cette situation, le même texte explique "que l'homme exerce une influence croissante sur les conditions de la vie et sur sa propre évolution". Et encore "Que la diversité biologique, l'épanouissement de la personne et le progrès des sociétés humaines sont affectés par certains modes de consommation ou de production et par l'exploitation excessive des ressources naturelles".

Et en toute fin “Qu’afin d’assurer un développement durable, les choix destinés à répondre aux besoins du présent ne doivent pas compromettre la capacité des générations futures et des autres peuples à satisfaire leurs propres besoins[1]”.

Que rajouter, si ce n’est que la Charte intègre déjà tout ce qu’il y a à dire sur la problématique du développement durable face au réchauffement climatique ? Alors, pourquoi vouloir changer encore ? La seule justification consisterait à créer une obligation de résultat, à intégrer le progrès constant de l’environnement et peut-être à ajouter à la lutte contre le dérèglement climatique celle contre la pollution de l’air, fléau qui tue plus de 50 000 Français tous les ans.

À cet égard, il existe trois types de projets. Il faudrait modifier la Charte elle-même, mais on peut se demander en quoi. Il faudrait ajouter le climat dans les préoccupations et les compétences du Parlement au titre de l’article 34, ou encore modifier les premiers articles de la Constitution en proclamant que “la République veille à la lutte contre le réchauffement climatique et à la protection de la biodiversité”.

Il est vrai que certains textes du Code de l’environnement sur le réchauffement climatique, de nature législative, et en particulier l’article L. 229-1, doivent être révisés. Ce texte dispose en effet que “[l]a lutte contre l’intensification de l’effet de serre et la prévention des risques liés au réchauffement climatique sont reconnues priorités nationales”. Les juridictions administratives ne se sont pas trompées, elles considèrent à juste titre que cet article du code ne fixe que des objectifs et ne contient aucun impératif[2]. On veut changer cette loi ? Il suffit de changer la loi par une autre loi.

1. Après avoir considéré que le préambule n’avait pas de valeur juridique, le Conseil constitutionnel a jugé qu’il contenait des “objectifs de valeur constitutionnelle” (Conseil constitutionnel, 30 janvier 2020, décision 2019.824).
2. CAA de Nancy, 21 juin 2007, requête 0NC00102.

Le projet de loi de révision de la Constitution, en discussion à l'heure où ces lignes sont écrites, prévoit que "la France garantit la lutte contre le dérèglement climatique, la protection de la biodiversité et la préservation de l'environnement". Cette formule soulève un certain nombre de difficultés juridiques mais comporte un mot fort, indispensable : "garantit". La garantie porte une obligation de résultat non pas sur la réduction du dérèglement climatique, mais sur le fait que tous les moyens sont mis, à notre niveau, pour lutter contre ce risque mortel. Mais la référence à la France pour garantir est source de difficulté juridique car la France n'est pas une personne morale. C'est l'État qui est une personne morale et c'est lui qui devrait porter cette garantie. Enfin, limiter l'objectif à la préservation de l'environnement sans intégrer son amélioration est une régression par rapport à la Charte de l'environnement. En fait, deux sujets majeurs ne sont pas traités.

Il s'agit tout d'abord de reconnaître moins le principe de non-régression du droit de l'environnement que celui de progression continue du droit de l'environnement. Or, ce changement majeur n'est pas retenu dans la proposition, alors qu'il figurait dans la proposition de modification constitutionnelle formulée par Matthieu Orphelin, qui ajoutait un deuxième membre de phrase à la proposition actuelle[1].

Le second point essentiel est celui du rapport entre urgence climatique et écologique, et maintien sous leur forme actuelle du droit de la propriété et de la liberté d'entreprendre. Le Conseil constitutionnel a ouvert une brèche avec la décision du 30 janvier 2020 en considérant que l'interdiction d'exporter des produits toxiques interdits en France tout en laissant un laps de temps long d'adaptation (deux ans pour écouler les stocks) ne constituait pas une atteinte disproportionnée au

1. Le texte était le suivant : "La République garantit [...], son action ne pouvant faire l'objet que d'une amélioration constante".

droit de propriété et à la liberté d'entreprendre. Mais ce n'est qu'une petite incursion dans le sujet qui est au cœur du débat : y a-t-il ou non une priorité écologique ?

Il est peu probable qu'un référendum puisse être organisé avant 2022 sur un texte sur lequel le Sénat et l'Assemblée nationale se seraient mis d'accord, mais il est clair que, sans obligation de résultat clairement affirmée, il est totalement inutile de modifier la Constitution.

Dans tous les cas de figure, si l'on veut réellement protéger l'environnement et favoriser la lutte contre le réchauffement climatique en passant par le droit constitutionnel, il conviendrait alors d'adopter une perspective réaliste, c'est-à-dire issue des données de l'examen du contentieux environnemental au niveau mondial : les travaux de Christel Cournil et notre ouvrage *Le Contentieux climatique : une révolution judiciaire mondiale*[1] montrent à l'évidence que, dans le contentieux climatique qui se développe actuellement à une vitesse fulgurante dans le monde entier, est appliqué le droit constitutionnel de l'environnement dans sa version la plus classique : tout simplement comme droit de la protection de la nature en tant que tel et comme condition du droit à la vie des humains et du vivant.

Si environ 145 États sur 195 ont aujourd'hui un droit constitutionnel à l'environnement, celui-ci peut avoir des effets directs. On peut prendre ici l'exemple du contentieux du contrôle des autorisations administratives en vue de l'obligation d'intégrer dans l'étude d'impact écologique la dimension climatique, comme c'est le cas en Europe et en France, ou celui de la responsabilité des États dans leurs manquements à leurs devoirs

1. *Les Procès climatiques : entre le national et l'international*, sous la dir. de Christel Cournil et Leandro Varison, Pedone, 2018. Christian Huglo, *Le Contentieux climatique : une révolution judiciaire mondiale*, *op. cit.* Voir également les travaux de Marta Torre-Schaub (dir.), *Les Dynamiques du contentieux climatique*, Mission de recherche Droit et Justice, 2019, et Christian Huglo, *Méthodologie de l'étude d'impact climatique*, Bruylant, 2019.

de protéger l'environnement face au réchauffement climatique (obligation de *due diligence*).

Si l'on veut aller davantage au fond des choses, on doit se rappeler que le droit de l'environnement classique contient toujours deux propositions conjointes essentielles, à savoir, à égalité, le droit des protections et le droit de la lutte contre les pollutions. Et ici, si l'on veut mettre au rang de norme supérieure la lutte contre le réchauffement climatique, il conviendrait d'y associer immédiatement la protection de la biodiversité et des équilibres écologiques. En effet, le droit constitutionnel de l'environnement comme le Code de l'environnement marchent tous deux sur deux jambes et proclamer comme objectif constitutionnel seulement la lutte contre le réchauffement climatique, c'est déséquilibrer tout l'édifice patiemment et progressivement construit. Il faut encore ajouter que le droit de l'environnement peut également se retourner contre l'environnement : l'extension au monde entier de l'énergie nucléaire pour limiter les émanations de CO_2 est à terme un danger pour l'environnement.

S'engager véritablement pour le climat, c'est rendre le droit de l'environnement effectif sur tous les plans, non seulement sur le plan national mais également et surtout sur le plan international. À cet égard, on relèvera l'importante évolution qui vient se manifester à ce dernier niveau à travers la décision du 2 février 2018 de la Cour internationale de justice dans l'affaire Costa Rica contre Nicaragua, qui a reconnu le droit de réparation du dommage écologique dans des conditions précises[1].

La lutte contre le réchauffement climatique passe donc par la prise en considération de l'obligation de réparer par anticipation le dommage écologique présent ou à venir. Celle-ci est sans doute la partie négative mais indispensable du droit de l'environnement, mais elle doit aussi s'accompagner de la partie

1. Voir note 1, p. 63.

positive, liée au principe de prévention incarné dans le droit de la protection de la biodiversité. En tout dernier lieu, l'idée de modifier la Constitution amène à se demander si la jurisprudence du Conseil constitutionnel en matière d'environnement a vraiment progressé comme on aurait pu l'espérer. Les décisions rendues par la haute juridiction sur l'accord de l'Union européenne avec le Canada[1], à l'égard de la compatibilité avec la Constitution française, n'ont pas permis de constater une avancée importante. Il est vrai sans doute que cette affirmation doit être relativement nuancée puisque l'on peut noter deux décisions dignes d'intérêt : d'une part, la décision du 7 avril 2011 en ce qui concerne la proclamation du *principe de vigilance* et, d'autre part, la validation du *principe de non-régression* dans la décision du 4 août 2016. Mais, comme l'a relevé le Pr Stéphane Mouton lors d'un récent colloque tenu à l'Assemblée nationale et organisé par l'université de Paris-XIII, la jurisprudence du Conseil constitutionnel n'a jusqu'à présent apporté aucune reconnaissance au droit subjectif à un environnement sain. La récente décision validant la réautorisation des néonicotinoïdes[2] n'incite pas vraiment à l'optimisme.

Reste à prendre en considération une dernière évidence : toute modification de la Constitution d'un État ne touche que l'État dans lequel cette Constitution s'applique, elle n'a pas en soi d'effet à l'étranger. Sans doute l'idée d'établir un texte exemplaire n'est-elle pas blâmable, mais encore faudrait-il que ce texte soit à la fois cohérent et pensé en termes d'efficacité, c'est-à-dire qu'il soit conçu pour être appliqué par un juge français,

1. Il s'agit du Céta, voir note 2, p. 289. Le Conseil constitutionnel, malgré l'impact négatif sur le climat reconnu par les experts, n'a pas considéré que cette convention violait la Constitution (décision n° 2017-749 DC du 31 juillet 2017).
2. Conseil constitutionnel, 10 décembre 2020 – décision rendue malgré un très grand nombre d'interventions devant le Conseil constitutionnel pour obtenir la reconnaissance du principe de progression du droit de l'environnement.

qu'il soit constitutionnel ou non. Une simple proclamation ne saurait suffire, sauf à vouloir privilégier la communication sur l'efficience, comme on le voit trop souvent.

VERS UN NOUVEAU DROIT INTERNATIONAL

La constitution du droit international climatique s'opère d'abord par le juge national, mais de nouveaux horizons s'ouvrent aujourd'hui.

Il n'est pas possible de dire que le droit international de l'environnement n'existe pas : les conventions sont multiples et les accords multilatéraux de l'environnement, innombrables. La seule difficulté réside dans le fait que ces accords ne sont généralement pas contraignants ou le sont bien peu, le meilleur exemple étant l'accord de Paris, contraignant dans la forme et totalement souple dans le fond.

Cette situation ne permet évidemment pas de progresser de manière suffisamment rapide et c'est la raison pour laquelle on voit bien que le relais est pris à l'échelle nationale, avec une utilisation du droit comparé qui conduit à une forme d'élaboration de grands principes internationaux qui transcendent les États. Les exemples donnés en matière de justice climatique sont à cet égard particulièrement éclairants, comme le sont ceux donnés en matière de glyphosate.

On peut penser, compte tenu de l'uniformisation du monde, notamment quant aux produits, aux manières de consommer et de vivre, que cette traînée de poudre s'étendra, y compris probablement de manière indirecte dans des pays comme la Chine qui, à ce jour, sont fermés non pas aux préoccupations décrites tout au long de cet ouvrage, mais à ce type de procédure. Mais, la question environnementale revêtant en Chine un caractère politique extrêmement important du fait des révoltes quotidiennes contre la pollution, c'est en fait l'État central qui pousse, lorsqu'il considère que c'est utile, le juge à intervenir.

Ainsi peut-on constater une forme de retour vers les principes fondamentaux du droit naturel, qui était déjà pensé par Claude Lévi-Strauss dans une interview au journal *Le Monde* en 1979. Il s'exprimait ainsi : "Les droits que l'on peut reconnaître à l'homme ne sont qu'un cas particulier des droits qu'il nous faut reconnaître au pouvoir créateur de la vie car l'homme ne possède des droits qu'en tant qu'à l'échelle individuelle il parvient à réaliser ce que la nature réalise sous forme d'espèces vivantes." Et il poursuivait : "Si l'on ne fait pas cette constatation c'est, qu'on le veuille ou non, conduire l'humanité à s'opprimer elle-même et lui ouvrir le chemin de l'auto-oppression et de l'auto-exploitation[1]."

C'est dans cette logique que s'inscrit la Déclaration universelle des droits de l'humanité. Ce texte, voulu par le président de la République François Hollande dans le cadre de la préparation de la Cop 21, est très particulier. Cette déclaration simple, traduite aujourd'hui dans quarante langues, comporte quatre principes (responsabilité, dignité, équité intergénérationnelle, pérennité de l'espèce humaine), six droits et six devoirs qui traitent tant des grandes questions de ressources que du droit des espèces vivantes à vivre dans un univers sain ou de la gestion du progrès technique.

Cette déclaration connaît aujourd'hui un grand succès dans la société civile, au sens large du terme, puisqu'elle est soutenue par de très grandes villes du C40[2] mais également par l'association Cités et gouvernements locaux unis, qui ne regroupe pas

1. Interview au journal *Le Monde*, 21-22 janvier 1979, p. 14, entretien avec Jean-Marie Benoist, cité par Alain Renaud, *Naturalisme, humanisme, écologie, une question d'éthique contemporaine*, Stock, 2006, p. 788.

2. Le C40 (Cities Climate Leadership Group) est une association de mégalopoles créée à l'origine par le maire de Londres en 2006, qui regroupe les grandes métropoles pour lutter contre le dérèglement climatique. Y participent 94 villes parmi

moins de 240 000 villes dans le monde, représentant plus de 5 milliards de personnes.

Dans le monde entier, des ONG, des entreprises, des universités, des barreaux, des organismes professionnels adhèrent progressivement à ce texte qui, sous couvert d'une simple déclaration et non d'une convention, porte en lui des principes si ce n'est contraignants, du moins éthiquement incontournables.

Le Pacte pour l'environnement porté par la France, dont le contenu était au demeurant fort modeste puisqu'il ne s'agissait, selon son promoteur Yann Aguila, que d'une reprise des principes existants, a connu un échec cuisant et regrettable. Il s'est heurté à l'opposition frontale d'un certain nombre d'États qui ne veulent pas entendre parler de convention internationale dans le domaine de l'environnement et d'autres États qui y sont favorables mais qui craignent que, sous couvert d'une discussion autour de ce pacte, des acquis en termes environnementaux ou d'égalité des droits disparaissent.

L'avantage de la Déclaration universelle des droits – et devoirs – de l'humanité (DUDH) est que ce texte, qui n'est pas ouvert à la discussion mais à la signature, est le seul aujourd'hui à pouvoir être signé par toute l'humanité, depuis de simples individus jusqu'aux États.

L'accélération du soutien aujourd'hui porté à ce texte, les colloques et les ouvrages qui y sont consacrés démontrent qu'il répond bien à la transformation du droit portée par la société civile et non plus seulement par les États[1].

Il est clair que, pour trouver sa force juridique complète, il devra bien être adopté par des États, mais cette adoption se fera

les plus grandes, représentant 49 pays, 600 millions d'habitants et 25 % du PIB mondial, mais aussi 70 % des émissions de gaz à effet de serre.

1. Voir *Déclaration universelle des droits de l'humanité. Commentaire article par article*, par seize professeurs de droit sous la direction de Fabrice Picod et Christian Huglo, Bruylant, 2018, et le texte en annexe, p. 315-319.

en quelque sorte de manière naturelle, lorsque des pans entiers de la société civile l'auront adopté.

Ce texte doit être considéré comme une première étape en raison de son caractère très souple et il devrait pouvoir déboucher sur des étapes ultérieures, comportant la reconnaissance de l'écocide et de l'humanicide, c'est-à-dire le crime porté aux ressources naturelles et aux espèces vivantes autres que l'homme et le crime concernant l'espèce humaine en tant que telle. Certes, le crime contre l'humanité est reconnu par la convention de Rome qui a donné lieu à la création d'un tribunal pénal international qui siège à La Haye. Mais cette notion juridique est rattachée à des actes de guerre. L'humanicide pourrait être beaucoup plus général et comporter tous les crimes susceptibles de mettre en péril tout ou partie de l'humanité.

La dernière étape serait bien entendu la création d'un tribunal pénal international chargé de juger ce type de crimes. Une nouvelle chambre constituée auprès de la Cour pénale internationale pourrait parfaitement jouer ce rôle. La Cour internationale de justice de La Haye[1] pourrait également créer une chambre particulière chargée de traiter ces questions non plus sous un angle civil et étatique, mais sous un angle pénal.

Tout cela peut sans doute paraître utopique.

Nous ne le croyons pas et c'est le sens de ce livre.

1. La Cour internationale de justice, qui a son siège à La Haye, est l'organe judiciaire principal des Nations unies. Elle a pris la succession de la Cour permanente de justice internationale prévue par le Pacte de la Société des Nations, créée en 1922. Elle est composée de quinze juges et possède une attribution consultative pour répondre aux demandes d'avis juridiques qui lui sont soumis et une compétence contentieuse pour régler les différends entre États.

CONCLUSION

AU DROIT, CITOYENS !

Il est bien délicat de tenter une conclusion dans un domaine aussi évolutif.

Le droit de l'environnement, né au début des années 1970, était à l'origine un droit très technique lié à la protection de la nature *versus* le cadre de vie et à la lutte contre des pollutions locales et réversibles. Il est aujourd'hui devenu le cœur du droit de survie de l'humanité. C'est donc un changement complet d'échelle et de perspective auquel nous assistons et où chacun, juriste ou non, doit prendre sa part.

Nous espérons que ce livre ouvrira des perspectives à tous ceux, optimistes – car il faut l'être par les temps qui courent –, qui croient que le droit, qui protège le faible contre le fort, est une source de progrès de l'humanité et qu'à défaut de droit, ce sont les armes qui parleront.

Nous avons de très nombreux outils qui peuvent nous permettre de gagner, de constituer à nous tous un contre-pouvoir suffisamment puissant pour que l'humanité, consciente de sa responsabilité vis-à-vis d'elle-même, vis-à-vis des autres espèces ou encore des ressources, puisse faire échec au matérialisme suicidaire dans lequel elle est entrée, et donc transformer notre modèle de société.

Devant la carence des États et la puissance des multinationales, seule la société civile entendue au sens large du terme, c'est-à-dire incluant les collectivités locales, les ONG et les entreprises de bonne volonté, peut ouvrir la voie au changement. Les citoyens ont réellement entrepris des efforts utiles pour relever le défi, généralement en saisissant un juge national.

C'est un mouvement que l'on constate dans tous les pays du monde, mais l'efficacité de l'action citoyenne dépend d'un certain nombre de conditions.

Tout d'abord, l'ouverture de la recevabilité des actions. Un des moyens que les États ont trouvés pour se protéger de leurs citoyens consiste à réduire les actions possibles. La question de la recevabilité est donc tout à fait essentielle et celle-là doit être ouverte pour faciliter les actions qui vont dans le sens de l'intérêt général.

Ensuite, les moyens d'agir. Les multinationales ont des moyens illimités pour combattre leurs détracteurs, lesquels n'ont quasiment pas de moyens financiers. En France, les subventions dont les associations étaient dotées ont fondu comme neige au soleil et, le plus souvent, sont conditionnées directement ou indirectement au fait de ne pas déposer certains types de recours. Malheureusement, force est de constater que le système marche bien, ce qui explique qu'un certain nombre d'actions majeures sont menées non pas par les grandes associations françaises, mais par des associations internationales ou par des associations qui ne bénéficient pas de subventions publiques, ce qui les rend libres. Il est indispensable de trouver un système de financement des actions considérées comme étant d'intérêt général, qu'il s'agisse du climat, de la santé ou de la nature, de manière à donner des moyens non pas comparables – car il ne faut pas rêver – mais suffisants pour permettre d'agir efficacement.

Il ne s'agit pas seulement pour nous de trouver les moyens pour sauver la planète, mais bien d'aider l'homme à se sauver lui-même. Les difficultés que nous rencontrons ont d'évidence été créées par nous, les humains. Or, précisément, rien ne fait obstacle (sauf si l'on accepte de perdre notre dignité d'homme) à ce que le mouvement se fasse en sens contraire : il a déjà été amorcé, il est tout juste encore possible de renverser ce qui va devenir l'irréversible.

Aubussargues, Paris, juillet-décembre 2020

ANNEXES

Déclaration universelle des droits de l'humanité

1. Rappelant que l'humanité et la nature sont en péril et qu'en particulier les effets néfastes des changements climatiques, l'accélération de la perte de la biodiversité, la dégradation des terres et des océans, constituent autant de violations des droits fondamentaux des êtres humains et une menace vitale pour les générations présentes et futures,

2. Constatant que l'extrême gravité de la situation, qui est un sujet de préoccupation pour l'humanité tout entière, impose la reconnaissance de nouveaux principes et de nouveaux droits et devoirs,

3. Rappelant son attachement aux principes et droits reconnus dans la Déclaration universelle des droits de l'homme, y compris à l'égalité entre les femmes et les hommes, ainsi qu'aux buts et principes de la Charte des Nations unies,

4. Rappelant la Déclaration sur l'environnement de Stockholm de 1972, la Charte mondiale de la nature de New York de 1982, la Déclaration sur l'environnement et le développement de Rio de 1992, les résolutions de l'Assemblée générale des Nations unies "Déclaration du millénaire" de 2000 et "L'avenir que nous voulons" de 2012,

5. Rappelant que ce même péril est reconnu par les acteurs de la société civile, en particulier les réseaux de personnes, d'organisations, d'institutions, de villes dans la Charte de la Terre de 2000,

6. Rappelant que l'humanité, qui inclut tous les individus et organisations humaines, comprend à la fois les générations passées, présentes et futures, et que la continuité de l'humanité repose sur ce lien intergénérationnel,

7. Réaffirmant que la Terre, foyer de l'humanité, constitue un tout marqué par l'interdépendance et que l'existence et l'avenir de l'humanité sont indissociables de son milieu naturel,

8. Convaincus que les droits fondamentaux des êtres humains et les devoirs de sauvegarder la nature sont intrinsèquement interdépendants, et convaincus de l'importance essentielle de la conservation du bon état de l'environnement et de l'amélioration de sa qualité,

9. Considérant la responsabilité particulière des générations présentes, en particulier des États qui ont la responsabilité première en la matière, mais aussi des peuples, des organisations intergouvernementales, des entreprises, notamment des sociétés multinationales, des organisations non gouvernementales, des autorités locales et des individus,

10. Considérant que cette responsabilité particulière constitue des devoirs à l'égard de l'humanité, et que ces devoirs, comme ces droits, doivent être mis en œuvre à travers des moyens justes, démocratiques, écologiques et pacifiques,

11. Considérant que la reconnaissance de la dignité inhérente à l'humanité et à ses membres constitue le fondement de la liberté, de la justice et de la paix dans le monde,

12. Proclame les principes, les droits et les devoirs qui suivent et adopte la présente déclaration :

I. LES PRINCIPES

Article 1 : Le principe de responsabilité, d'équité et de solidarité, intragénérationnelles et intergénérationnelles, exige de la famille humaine et notamment des États d'œuvrer, de manière commune et différenciée, à la sauvegarde et à la préservation de l'humanité et de la Terre.

Article 2 : Le principe de dignité de l'humanité et de ses membres implique la satisfaction de leurs besoins fondamentaux ainsi que la protection de leurs droits intangibles. Chaque génération garantit le respect de ce principe dans le temps.

Article 3 : Le principe de continuité de l'existence de l'humanité garantit la sauvegarde et la préservation de l'humanité et de la Terre, à travers des activités humaines prudentes et respectueuses de la nature, notamment du vivant, humain et non humain, mettant tout en œuvre pour prévenir toutes les conséquences transgénérationnelles graves ou irréversibles.

Article 4 : Le principe de non-discrimination à raison de l'appartenance à une génération préserve l'humanité, en particulier les générations futures, et exige que les activités ou mesures entreprises par les générations présentes n'aient pas pour effet de provoquer ou de perpétuer une réduction excessive des ressources et des choix pour les générations futures.

II. LES DROITS DE L'HUMANITÉ

Article 5 : L'humanité, comme l'ensemble des espèces vivantes, a droit de vivre dans un environnement sain et écologiquement soutenable.

Article 6 : L'humanité a droit à un développement responsable, équitable, solidaire et durable.

Article 7 : L'humanité a droit à la protection du patrimoine commun et de son patrimoine naturel et culturel, matériel et immatériel.

Article 8 : L'humanité a droit à la préservation des biens communs, en particulier l'air, l'eau et le sol, et à l'accès universel et effectif aux ressources vitales. Les générations futures ont droit à leur transmission.

Article 9 : L'humanité a droit à la paix, en particulier au règlement pacifique des différends, et à la sécurité humaine, sur les plans environnemental, alimentaire, sanitaire, économique et politique. Ce droit vise, notamment, à préserver les générations successives du fléau de la guerre.

Article 10 : L'humanité a droit au libre choix de déterminer son destin. Ce droit s'exerce par la prise en compte du long terme, et notamment des rythmes inhérents à l'humanité et à la nature, dans les choix collectifs.

III. LES DEVOIRS À L'ÉGARD DE L'HUMANITÉ

Article 11 : Les générations présentes ont le devoir d'assurer le respect des droits de l'humanité, comme celui de l'ensemble des espèces vivantes. Le respect des droits de l'humanité et de l'homme, qui sont indissociables, s'appliquent à l'égard des générations successives.

Article 12 : Les générations présentes, garantes des ressources, des équilibres écologiques, du patrimoine commun et du patrimoine naturel, culturel, matériel et immatériel, ont le devoir de faire en sorte que ce legs soit préservé et qu'il en soit fait usage avec prudence, responsabilité et équité.

Article 13 : Afin d'assurer la pérennité de la vie sur Terre, les générations présentes ont le devoir de tout mettre en œuvre pour préserver l'atmosphère et les équilibres climatiques et de faire en sorte de prévenir autant que possible les déplacements de personnes liés à des facteurs environnementaux et, à défaut, de secourir les personnes concernées et de les protéger.

Article 14 : Les générations présentes ont le devoir d'orienter le progrès scientifique et technique vers la préservation et la santé de l'espèce humaine et des autres espèces. À cette fin, elles doivent, en particulier, assurer un accès et une utilisation des ressources biologiques et génétiques respectant la dignité humaine, les savoirs traditionnels et le maintien de la biodiversité.

Article 15 : Les États et les autres sujets et acteurs publics et privés ont le devoir d'intégrer le long terme et de promouvoir un développement humain et durable. Celui-ci ainsi que les principes, droits et devoirs proclamés par la présente déclaration doivent faire l'objet d'actions d'enseignements, d'éducation et de mise en œuvre.

Article 16 : Les États ont le devoir d'assurer l'effectivité des principes, droits et devoirs proclamés par la présente déclaration, y compris en organisant des mécanismes permettant d'en assurer le respect.

OUVRAGE RÉALISÉ
PAR NORD COMPO
REPRODUIT ET ACHEVÉ D'IMPRIMER
EN AVRIL 2021
PAR NORMANDIE ROTO IMPRESSION S.A.S.
À LONRAI
POUR LE COMPTE DES ÉDITIONS
ACTES SUD
LE MÉJAN
PLACE NINA-BERBEROVA
13200 ARLES

DÉPÔT LÉGAL : AVRIL 2021
N° impr. : 2101428
(Imprimé en France)